KB108528

북핵과 분단을 넘어

북핵과 분단을 넘어

발행일	2022년 3월 21일		
지은이	곽길섭		
펴낸이	손형국		
펴낸곳	(주)북랩		
편집인	선일영	편집	정두철, 배진용, 김현아, 박준, 장하영
디자인	이현수, 김민하, 허지혜, 안유경, 신혜림	제작	박기성, 황동현, 구성우, 권태련
마케팅	김회란, 박진관		
출판등록	2004. 12. 1(제2012-000051호)		
주소	서울특별시 금천구 가산디지털 1로 168, 우림라이온스밸리 B동 B113~114호, C동 B101호		
홈페이지	www.book.co.kr		
전화번호	(02)2026-5777	팩스	(02)2026-5747

ISBN	979-11-6836-229-1 03340 (종이책)	979-11-6836-230-7 05340 (전자책)

잘못된 책은 구입한 곳에서 교환해드립니다.
이 책은 저작권법에 따라 보호받는 저작물이므로 무단 전재와 복제를 금합니다.

(주)북랩 성공출판의 파트너

북랩 홈페이지와 패밀리 사이트에서 다양한 출판 솔루션을 만나 보세요!

홈페이지 book.co.kr • **블로그** blog.naver.com/essaybook • **출판문의** book@book.co.kr

작가 연락처 문의 ▶ ask.book.co.kr

작가 연락처는 개인정보이므로 북랩에서 알려드릴 수 없습니다.

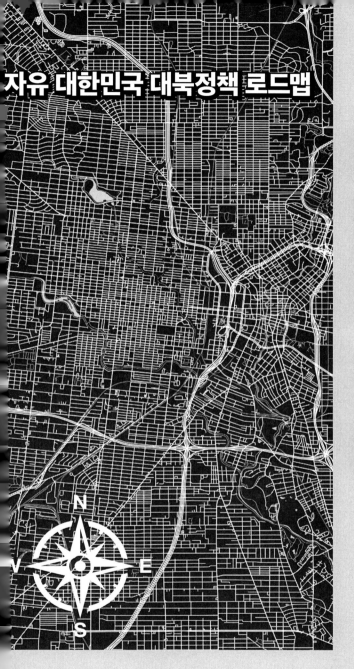

자유 대한민국 대북정책 로드맵

북핵과 분단을 넘어

곽길섭 지음

북랩

♥

가족에게

서문

◆

반면교사(反面教師)

　문재인 정부 5년의 대북정책은 완전 실패다. 오로지 이상과 소망, 현란한 수사(rhetoric), 오판과 억지로 점철된 시간이었다. 정확한 현실 인식에 기초한 전략전술적 사고와 행보는 그 어디에서도 찾아볼 수 없었다. 북한이 핵·미사일 도발을 거듭해도, "삶은 소대가리, 오지랖 넓은···바보 멍청이" 등 차마 입에 담을 수 없는 말로 대통령을 무시해도, 우리 국민을 무참히 살해·소각하여도, 국민 혈세로 세워진 개성 남북공동연락사무소를 폭파하여도, 대한민국을 목표로 한 전술핵과 미사일을 더욱 고도화·실전배치해도, 대통령을 비롯한 정부여당은 고장난 레코드판처럼 평화와 대화 타령만 주야장천 계속해 왔다. "2018년 한반도 평화의 봄"의 복선, 김정은의 이중전술을 제대로 이해하지 못하고 그 미몽(迷夢)에 취해 'Again 2018'만 열망해 왔다.

그러는 동안에 북한은 사실상의 핵보유국이 되어 대한민국과 세계를 더욱 노골적으로 위협하고 있다. 국제사회는 문재인 정부의 이해할 수 없는 친북·굴종적 행태에 의아한 눈길을 보내며 "北바라기, 김정은 수석대변인"으로 조롱하기까지 하였다. 그 결과, 자유 대한민국의 국격은 크게 훼손되고, 국민은 둘로 갈라지고, 안보의식은 마비되어 갔다.

『북핵과 분단을 넘어 - 자유 대한민국 대북정책 로드맵』은 문재인 정부 5년 동안의 기록물이다. 한반도 평화와 통일을 위한 메시지(message)를 전파하기 위해 설립한 비영리단체 '원코리아센터'가 2017년 제19대 정부 출범 직전인 4월 28일 '충무공 이순신 탄신일'에 닻을 올렸기 때문이다.

필자는 지난 5년간 '정론-화합-전진'을 모토로 140건의 정론을 발표했다. 이 중 일부는 조선·중앙일보 등 중앙지와 북한 전문 인터넷 언론매체 데일리NK 등에도 기고하였다. 이번에 원코리아센터 출범 5주년을 맞아 글을 정리하면서 무척 놀랐다. 지난 시기에 썼던 정론들이 생생한 기록·사료를 넘어, 거의 손을 대지 않더라도 새롭게 출범하는 정부의 대북정책 수립과 시행에 좋은 전략전술적 지침·화두(話頭)가 될 수 있다는 사실을 발견한 것이다. 너무나 놀라웠다. 아예 지난 5년이라는 시간이 없었던 듯했다. 신기함과 함께 그동안 답답했던 마음이 다시 한번 가슴을 아프게 짓눌렀다.

"역사는 반복된다. 과거는 오늘의 거울이다"라고 했다. 2022년 지금 이 시각 한반도 상황은 5년 전의 데자뷰(deja vu)를 보는 느낌이다. 아니, 좀 더 심각하고 복잡한 상황으로 발전했다. 우리는 핵을 개발 중인 북한이 아닌, 핵·미사일을 실전배치하기 시작한 김정은을 상대해야 한다. 아무쪼록 이분법적 진영논리와 낭만적 민족주의에 매몰된 문재인 정부가 귀담아듣지 않았던 이 작은 정론집(35테마 발췌·수록)이 '대한민국의 안보·통일 정책'에 조금이라도 도움이 되었으면 한다. 책의 성격상 일부 핵심 내용은 중복이 되는 경우도 있다. 또한 김정은과 북한의 실체(제5부)와 관련된 내용은 '지피지기 백전불태(知彼知己 百戰不殆)'의 관점에서 의미가 있는 부분이다.

다시 한번 강조한다. 우리 모두는 '남북관계와 국제정치는 가치와 이익을 달리하는 상대가 있는 그레이트 게임(great game)의 현장이고, 안보는 소망이 아니라 현실이다'라는 점을 분명히 인식해야 한다. 종전선언, 불가침조약이나 평화협정이 항구적인 평화를 보장해 주지 못한다는 것은 인류 역사의 교훈이다. 냉혹한 현실을 외면한 채 평화라는 그럴듯한 수사(修辭)만을 앞세운 나라들은 하나같이 굴종의 길로 들어서거나 사라졌다는 사실을 결코 잊어서는 안 된다.

전쟁의 반대말은 평화가 아니라 굴종·항복이다. 평화는 오직 국가가 힘이 있고, 국민이 하나로 뭉쳐 전쟁마저도 두려워하지 않을 때만 누릴 수 있다. 따라서 "북한의 다양한 도발에 당당히 대처하자"는 주장에 대해 최근 국내 일각에서 펼치고 있는 "그럼 전쟁하자는 것이냐?(평화 對 전쟁 프레임)", "전쟁광" 논리는 혹세무민(惑世誣民)의 전형이라고 할 수 있다. 그들 논리대로라면, "유비무환, 생즉사 사즉생"을 외친 충무공도 전쟁광일 뿐이다! 안보와 평화는 대립적 개념이 절대 아니다. 안보가 없는 평화는 불가능하기 때문이다. 푸틴의 우크라이나 무력 침공 사태가 이를 생생히 입증해주고 있다.

또한 '통일은 과정이 더욱 소중하다'라는 점도 간과해서는 안 된다. 달콤한 통일 감상주의·만능주의를 경계해야 한다. 동사무소(주민센터)와 같은 작은 조직 하나를 통합하는 것도 쉽지 않은 게 현실이 아닌가? 하물며, 승부사 김정은과 스트롱맨 바이든, 시진핑, 푸틴, 기시다를 상대하는 과정은 물어볼 필요도 없지 않을까?

지금은 바야흐로 세기적 대변혁기다. 코로나19 팬데믹(pandemic), 미·중 패권경쟁, 북한 핵·미사일 위기 등 눈앞에 펼쳐진 안보현실은 정말 녹록지 않다. 그렇지만 위기는 곧 기회다. 정부와 국민이 하나가 되어 '자유민주적 기본질서에 입각한 평화통일'을 규정한 대한민국 헌법(憲法) 정신에 충실하면서 ▲튼튼한 안보와 중장기적 안목을 기초로 ▲세계와 함께 하며 ▲인류보편적 가치와 실용·국익에 기초한 치밀한 전략전술을 차분히 전개해 나가면, 북핵 위기를 해소하고 자유·평화·번영이 넘치는 글로벌 중추국가·선진 자유민주통일국가로 우뚝 설 수 있다고 확신한다.

자랑스런 우리 대한민국은 할 수 있다!
가슴은 뜨겁게, 머리는 차갑게!
북핵과 분단을 넘어 세계로, 미래로, 하나로!

끝으로 이 책의 출판을 흔쾌히 맡아서 수고해준 도서출판 북랩, 언제나 제 곁에서 힘을 북돋아주고 있는 아내 권미애와 3남매 기광-기욱-기열, 반려견 누리, 일가친지(一家親知)들에게 고마움을 전한다. 특히 지금 이 순간에도 국가안보와 국익, 자유민주통일의 초석을 다지기 위해 묵묵히 헌신하고 있는 현직 후배들에게도 이 기회를 빌어 격려와 함께 감사의 마음을 보낸다.

2022년 봄날에
천장산 기슭 원코리아센터에서
수산 곽길섭

차례

제2부 | 남북대화, 대북정책

제3부 | 북한의 대남전략전술

제4부 | 북핵 문제

제5부 | 김정은과 북한

제6부 | 원코리아를 위한 단상

제1부

—

코어(core)
정론

'함께 가는 길'의
門을 열면서

원코리아센터 '함께 가는 길(Together-holics)'은 자유-정의-진리 모토하에 북한정세, 남북관계 등에 대해 ▲과장·왜곡이 아닌 '정론'만을 말하며 ▲대립·정체가 아닌 '화합·전진'의 길을 가려 한다.

어느덧 한반도의 허리가 두 동강난 지 70여 년의 세월이 지나고 있다. 남과 북은 피를 나눈 민족이지만 오랫동안 다른 체제에서 살아온 관계로 생각과 행동이 사뭇 달라지고 있다.

대한민국은 섬(島) 아닌 섬이 되어 있으며, 북한은 과거 100여 년 전 조선의 국운이 기울 때와 같은 쇄국정책으로 인해 주민들이 외부세계와 단절된 채 비참한 생활을 영위해 나가고 있다. 특히 2011년 12월 김정일 사망을 계기로 북한 지도자로 등장한 김정은은 내외의 많은 기대와는 달리 핵개발과 공포통치를 통한 정권 기반 공고화에만 올인하고 있다. 자신의 정권 유지와 치적 과시를 위해 주민들의 식량난은 아랑곳하지 않고 마식령 스키장, 초현대식 스카이라인을 자랑하는 려명거리 건설 등 전시성 정책과 핵·미사일 개발에 수백억 불을 쏟아부으면서 한반도 위기를 고조시키고 있다.

이제 우리는 민족의 안위와 세계평화를 위협하는 김정은의 핵질주를 하루라도 빨리 멈추게 해야 한다. 그리고 북한 주민들이 우리 국민들처럼 기본적인 자유권과 생존권을 누릴 수 있게 해야 한다. 남과 북이 점차 하나가 되고, 해양-대륙 세력 사이에서 희생물이 된 과거와 달리 21세기 '통일한국'의 위업을 달성함으로써 세계사에 새로운 한 획을 긋는 자랑스런 한민족이 되어야 할 것이다.

남북공영의 기초는 남남통합

그러나, 우리 앞에 놓인 현실은 만만치 않다. 북핵 문제와 동북아 역내 패권경쟁의 앞날은 한 치 앞을 내다보기 힘든 가운데 국내에서는 이념-지역-세대 간 갈등 등 민감한 현안들이 산적해 있다. 대북정책도 이러한 분열상의 한복판에 있다. 보수-진보의 진영논리에 매몰되어 5년 주기로 정부가 교체될 때마다 정책이 단절되는 악순환이 반복되고 있다. 이에 따라, 김정일·김정은에게 '시간은 북한 편'이라는 잘못된 신호를 보내왔던 것도 부정할 수 없는 사실이다.

안보 위기 타개와 북한 자유화 추진, 통일 달성을 위해서는 우리 스스로가 보수-진보의 남남갈등이 아닌 남남통합을 기초로 남북 간에 대결이 아닌 공영(共榮)의 환경을 만들어 나가야 한다. 이렇게 우리 정부가 국민 여론을 결집하여 민족의 운명을 주도적으로 개척해 나갈 때 중국을 비롯한 주변국들이 우리를 만만하게 볼 수 없을 것이며, 통일한국의 건설을 인정하고 지원하게 될 것이다.

압박(stick)과 대화(carrot)의 2트랙 대북정책

김정은의 핵질주로 한반도 위기가 최고조로 치닫고 있는 가운데 새 정부가 곧 출범한다. 새 정부 5년, 아니 앞으로 1~2년은 9부 능선에 와 있는 북핵 문제를 어떤 형태로든 해결을 보아야 하는, 한반도의 명운이 좌우되는 중요한 시기이다. 따라서 정부는 국민통합, 대북 압박과 협상, 전방위 외교 등 가용한 모든 역량을 총결집하여 북핵 위기를 해소해 나가야 한다.

우리는 지난 시기 진보-보수 정부의 유화-압박 정책을 다 경험하였다. 양 날개가 아니라 외 날개로만 날았으며, 국제사회의 대북제재 국면하에서 미·중 등 국제사회의 틀(frame)로 북한 문제 논의가 옮겨갔다고 해도 과언이 아니다.

이제 정부는 부지불식간에 방기한 대북 관리력과 주도권을 다시 찾아야 한다. 군건한 한미동맹과 자주국방을 기초로 세계와 함께 '북한 비핵화'와 '북한체제의 변화'를 도모해 나가야 한다. 이를 위해서는 압박(stick)과 대화(carrot)의 2트랙을 동시에 활용하는 것이 반드시 필요하다.

5대 원칙과 과제

이를 위해서는 대북정책과 통일방안에 대한 국민 공감대를 기초로, 5대 원칙에 충실해야 한다. 첫째, 북한 비핵화는 절대 양보할 수 없는 대전제이다. 둘째, 남북대화와 교류, 인도적 지원도 대북제재 압박과는 별도로 정부의 소중한 전략적 자산의 한 축(軸)으로 활용해야 한다. 셋째, 인권 등 인류보편적 가치의 소중함과 자유민주주의 체제의 장점을 북한 내부로 다양하게 전파해야 한다. 이 문제와 관련해서는 북한과 어떤 타협도 있어선 안 되며, 한순간도 머뭇거려서는 안 된다. 넷째, 북한과의 공존·변화 및 급변·전쟁 발발 등 각종 시나리오를 상정하고 대책을 수립해야 한다. 다섯째, 지난 정부 대북정책을 부정·단절하는 것이 아니라 계승·발전시켜 나가야 한다. 이것은 선택이 아니라 필수이다. 이와 같은 5대 원칙을 능동적으로 구현해 나가기 위한 우선 과제를 꼽아보면 다음과 같다.

1. 정부는 장기, 중기, 단기의 대북 전략전술 로드맵을 수립해야 한다. 여기에는 남북기본합의서, 북한 비핵화 관련 공동선언, 남북정상회담 합의서, 북한경제 지원방안 등 모든 것이 망라되어야 한다.

1. 정부는 북한 비핵화를 전제조건(입구론)이 아닌 최종목표(출구론)로 설정해야 한다. 이런 기본전제하에 '국방력 + 대북제재 강화'를 바탕으로 북한을 비핵화 회담테이블로 불러내야 한다.

1. 정부는 이를 위해 미·중과의 공조와는 별개로 북한과의 대화 창구를 시급하게 복원해야 한다. 대북 고위급 막후접촉은 우리 정부만 가질 수 있는 전략전술적인 카드이며, 제재 국면과 상치되는 게 아니다.

1. 정부는 대북정책 결정 및 시행 시스템을 개선해야 한다. 부처 간 역할 분담과 토론, 민간의 참여, 청와대와 국민 간 정책소통 등이 확대되어야 한다. 대통령이 주재하는 '북핵 위기 해소를 위한 민관합동위원회'를 설립하고 실제적인 대책 논의와 피드백이 있어야 한다. 과거 정부 시절의 대통령 직속위원회들의 정책도 검토, 반영할 필요가 있다.

1. 정부는 북한 인권법을 조속하게 시행함으로써 북한에 보다 많

은 진실을 알리면서, 영·유아 등 취약계층에 대한 인도적 지원도 병행한다.

맺음말

북핵을 비롯한 남북 간의 문제는 긴 호흡을 가지고 가야할 복잡한 사안이다. 이상적·소망성 사고(wishful thinking)는 절대 금물이다. 만만치 않은 상대가 있는 '퍼즐 게임'이라는 것을 명심하고 역지사지(易地思之)의 자세로 고민하면서 대책을 수립, 시행해 나가야 한다.

분명한 것은 '시간이 많이 남아 있지 않으며', '우리 정부가 주도적 역할을 수행해야 한다'라는 것이다. 그리고 무엇보다도 중요한 것은 '어떤 경우라도 한반도가 제2의 전쟁 참화에 휩싸이는 것을 예방해야 한다'라는 것이다.

유비무환-국론통합-주동작위(主動作爲)-적수천석(滴水穿石)!

- 2017. 4. 28. 원코리아센터 출범 기념 곽길섭 정론

한반도 평화체제 구축을 위한 대북정책 방향

5월 10일 출범하는 대한민국 새 정부 앞에 놓인 현실은 녹록지 않다. 내외의 많은 기대와 달리 역사 이래 최고의 시련과 도전에 직면할 가능성도 크다.

북한의 핵실험, 미사일 시험발사 엄포, 한·미의 사드(THAAD) 배치로 한반도를 둘러싼 정세가 극도로 혼미한 가운데, 대통령 선거 캠페인 과정에서 세대-지역-진영 간 갈등도 더욱 커졌다. 그러나, 시간은 우리를 기다려주지 않는다. '예측불가능한 김정은'은 물론이고 주변 4강의 스트롱맨들과 힘겨운 샅바 싸움을 통해 대한민국의 국익을 지켜내면서 북한의 비핵화, 한반도 평화를 달성해 나가야 한다.

새 정부 1~2년은 북핵 위기 해소를 위해 매우 중요한(critical) 시기이다. 가용할 수 있는 강·온 양면전술을 총동원하여 김정은의 핵질주를 멈추게 하지 않으면 우리는 핵 공포 속에서 살아갈 수밖에 없을 것이며 한반도 평화와 통일은 그야말로 신기루가 될 것이다. 그간 우리 정부가 원칙만 강조하고, 미국이 전략적 인내라는 구실하에 북핵 문제 해결에 우선 순위를 두지 않는 사이에 북한의 핵·미사일 능력은 미국 본토를 위협할 정도로 고도화된 게 부정할 수 없는 사실이다. 북한의 핵개발이 진보정부 햇볕정책의 부산물인지, 아니면 보수정부의 원론적인 강경정책의 탓인지를 한가롭게 논할 때가 아니다. '흑묘백묘론'에 입각하여 북핵 위기를 하루빨리 해소해야 한다.

물론, 말처럼 쉬운 일은 아니다. 그렇지만 새 정부가 대북정책 운용의 폭을 탄력적으로 넓히고 우리 민족의 운명을 스스로 개척해 나간다면, 중국을 비롯한 주변국들이 우리를 만만하게 볼 수 없을 것이며, 북한 비핵화를 넘어 통일한국의 건설을 인정하고 지원하게 될 것이다. 그리고 무엇보다도 북한 주민들이 김정은 정권에 대한 기대를 접고, 남북통일의 꿈을 꾸게 될 것이다.

이러한 염원을 담아, 우리 대북정책의 올바른 방향에 대한 평소 저의 생각을 가감 없이 기술해보고자 한다. 물론 독자에 따라 생각이 다를 수 있고, 특히 저의 짧은 공부로 인해 논리가 널뛸 수도 있다는 점은 미리 너그러운 이해를 당부한다.

5대 기본원칙

철저한 안보태세를 구축한 가운데 '북한 비핵화'와 '북한체제의 변화'에 정책의 최우선을 두고 압박(stick)과 대화(carrot)의 2트랙을 동시에 활용해 나가야 한다. 이를 위해서는 대북정책과 통일방안에 대한 국민 공감대 결집이 필수적이다.

(1) 첫째, 북한 비핵화는 절대 양보할 수 없는 대전제이다

북한이 '만능의 보검'이라고 선전하는 핵을 용인하는 것은 '앞으로 최소 50년은 독재자 김정은에게 민족의 운명을 맡겨놓고 사는' 격(格)이라 할 수 있다. 당면한 북한의 핵 위협에 대응해서 킬 체인(Kill-Chain), 한국형 미사일방어(KAMD), 대량응징보복(KMPR) 등 3축 체제 완비에 박차를 가하는 가운데 주변국과의 능동적인 외교를 강화해 나가야 할 것이다.

향후 북핵 문제에 대응해 나가는 과정에서 유의할 점은 혹시 있을 수 있는 우리 정부와 국제사회의 북핵 피로감과 조급증이다. 즉, 북한으로부터 핵 포기 약속을 받지 않은 상태에서 단순히 '핵실험 유보-핵 동결'이라는 북한의 유화 제스처에 현혹되어 '그간 어렵게 쌓은 공든 탑을 무너뜨리는' 우(憂)를 범해서는 안 된다. 그럴 경우, 우리는 김정은이 만든 틀에 또다시 갇히고, 김정은의 핵 정책은 우리의 기대와는 달리 또 다른 차원의 광란으로 발전할 가능성이 크다.

따라서 북한 비핵화는 어떤 상황에서도 타협할 수 없는 우리 정부의 대원칙, 마지노선이다. 그렇다고 '先 비핵화' 조치가 없이는 북한과 어떤 대화도 하지 말라는 이야기는 아니다. '북핵 불용' 원칙을 지속 천명하면서 남북대화와 국제회의 등 다양한 장(場)을 적극 활용해야 한다. 미국, 중국 등 국제사회의 공조가 기본이 되어야 한다. 섣부른 유화 제스처는 자칫 북한의 오판과 국제사회의 대북제재 전선에 균열을 초래할 수 있다는 점을 명심해야 한다. 즉, "핵은 체제 붕괴를 자초한다", "비핵화만 약속하면 안전보장과 막대한 경제지원이 뒤따른다"(對북한), "북한은 중국의 국익을 저해한다", "북한이 핵을 포기하면 사드도 필요없다"(對중국)는 등의 논리를 강조함으로써 김정은과 시진핑의 전략적 셈법을 바꾸어 나가야 한다.

⑵ 둘째, 남북대화-인도적 지원도 대북제재 압박과 함께 우리의 소중한 전략적 자산의 한 축으로 적극 활용해야 한다

대한민국이 출범한 이후 진보-보수 정부가 각기 추구했던 대북정책은 신념과 원칙, 시대적 상황 등을 고려해볼 때 그 나름의 의의가 있었다. 그렇지만, 이제 우리는 그간의 실험을 통해 유화(engage-

ment) 또는 압박(containment) 어느 한 방편으로는 북한을 제대로
다룰 수 없다는 것을 똑똑히 경험했다.

우리나라는 지정학적·지경학적 요인에 따라 정부 수립과 산업화-
민주화 과정은 물론이고, 미래 통일한국 건설의 전 과정까지도
미·일·중·러의 영향권하에 있을 수밖에 없는 운명이다. 자칫 잘못
하면 또다시 강대국의 논리에 따라 우리의 운명이 결정될 수도 있
다. 따라서 국제공조의 틀 속에서 우리가 움직이는 것은 당연하지
만, 같은 언어와 감성을 공유하는 동포라는 장점을 살려 남북 간의
'별도 채널'을 개척·발전시킴으로써 우리가 주도권을 쥐고 나갈 수
있는 여건을 만들어 가야 한다.

그렇게 하지 않으면, 사드(THAAD) 한반도 배치 과정에서 보았듯
이 우리의 목소리는 온데간데없고, 오로지 중국 등 주변 강대국의
논리만이 지배할 것이다. "전쟁 중에도 대화를 한다"라는 격언을 곱
씹어 보아야 한다. 반공통일을 외치던 박정희 대통령이 막후에서 '7
·4 남북공동성명'을 준비하고, 노태우 대통령이 냉전의 암흑기에 탈
냉전의 미세한 기운을 느끼며 '북방정책'을 기획한 것은 선구자적인
안목이 없었다면 할 수 없는 일이었다.

당국 간 접촉은 남북 사이 인식 조율은 물론, 유일령도체계하에
서 수령의 의사에 반하는 정책을 건의할 수 없는 북한의 대남실무자

들이 김정은의 의사에 반하는 내용을 상대방의 관점을 빌어 자연스럽게 전달할 수 있는 유용한 채널이다. 그리고 인도적 지원은 인류보편적 가치의 실현은 물론 친한화·친시장화의 토대를 마련할 수 있는 중요한 방편이다. 독일 통일의 교훈에서 보듯이, 북한 주민의 마음을 먼저 사야 통일 대업을 이룩할 수 있다. 인도적 지원은 우리의 발전상과 진정성을 북한 주민들의 가슴속에 불어넣어 남한사회를 동경하게 하고, 나아가 통일을 꿈꾸게 할 것이다.

당연히, 이러한 인도적 지원이 김정은 정권의 강화로 이어지지 않도록 지원 물품 선정에서부터 분배 모니터링까지 제도적 장치를 보완하는 데 만전을 기해야 할 것이다.

⑶ **셋째, 인류보편적 가치의 소중함과 자유민주주의 체제의 장점을 다양한 방법으로 전파해야 한다. 특히 동 문제와 관련해서는 북한과 어떠한 타협도 있어서는 안 되며, 한순간도 머뭇거려서는 안 된다**

북한은 그들 체제의 우월성으로 '핵무기'와 수령을 중심으로 한 '일심단결'을 자랑한다. 그럼 우리나라는 무엇이 있을까? 우리는 파괴적인 핵무기는 보유하고 있지 않지만, 자유민주주의와 시장경제를 기초로 '한강의 기적'을 일구어낸 열정과 끈기, 무엇보다도 '다양성(diversity)'이라는 무형의 큰 자산을 가지고 있다.

핵무기는 반대로 '자멸의 수단'이 될 수도 있으며, 혹세무민과 강압통치로 형성된 일심단결은 주민들이 속았다고 자각하는 순간에는 '물먹은 담벼락처럼' 쉽게 허물어질 수 있는 것이다. 그렇지만 대한민국이 이룩한 '한강의 기적', IMF 금융위기 극복, 평화적 촛불시위 등은 북한의 반(半)강요적인 일심단결과는 차원이 완전히 다른 자유민주주의 체제의 다양성의 힘이다. 그 누가 시켜서 하는 게 아니라, 스스로 느껴서 행동하는 것이다.

이제 우리는 한국의 민주화, 시민사회화 과정이 북한에서도 일어날 수 있도록 노력해 나가야 한다. 일부에서 이런 행동을 '북한체제 붕괴전략'으로 왜곡·폄훼하지만, 이는 매우 근시안적인 사고이다. 북한에 다양한 진실을 알리는 행동은 북한 주민들의 기본권을 신장하고 인류보편적 가치를 실현하는 과정이다. 우리는 북한에 진실을 알리는 활동을 잠시라도 머뭇거려서는 안 된다.

"인간은 자유롭게 생각하고, 말하고, 행동할 수 있는 천부적인 권리가 있다. 원하는 방송을 듣고, 보고 싶은 영상물을 볼 수 있어야 한다. 그런데 당국이 지정한 방송만 보고, 인터넷으로 전 세계가 연결된 세상에서 인터넷에 접근할 수 없다는 게 말이 되나…" 등 인간의 기본적인 권리에 대해 북한 주민들이 눈을 뜨게 해야 한다. "김정은은 백두혈통이 아니다. 외조부는 남한 출신이다. 어머니는 적대계층으로 분류한 조총련 무용수이며 김정일의 3번째 첩이다"라는 진실도 알게 해야 한다. 이것은 흑색선전이 아니라 팩트(fact)이다.

이런 의미에서 북한에 진실을 알리는 선봉대인 탈북민 단체들의 역할을 보장해줘야 한다. 정부의 적극적인 지원이 어렵다면 최소한 활동의 자유는 보장해주어야 한다. 물론, 안보 위기 예방을 위해 계도나 자제를 요청할 수 있지만, 대북 진실알리기 활동을 원천봉쇄하는 일이 절대로 있어서는 안 된다. 만일 이러한 일이 일어난다면 그건 바로 자유민주주의 체제의 헌법적 가치를 부정하는 것이다.

북한이 남북관계 경색을 위협하며 '북한으로의 진실 알리기 활동' 중지를 요구하면 우리는 당당하게 얘기해야 한다. "북한에 유일령도 체계 10대 원칙이 있듯이, 우리 헌법은 각 개인에게 표현의 자유를 보장하고 있다"라고 말이다. 정부는 탈북민들에게 재갈을 물려, '제2의 황장엽'을 만드는 우(憂)를 범해서는 안 된다. 눈과 피부 색깔이 다른 외국인들이 북한 인권 개선을 촉구하는 머리띠를 두르고, 주민들의 알 권리 보장을 위해 성경, USB, DVD를 북한에 투입하려고 밤잠을 설치고 있는 것을 간과해서는 안 된다.

故 노무현 대통령이 국방관계자들 앞에서 우리의 자주국방 노력이 부족함을 지적하면서 일갈(一喝)한 말, "부끄러운 줄 알아야지"라는 호통이 불현듯 생각난다.

⑷ 넷째, 북한과의 공존·변화 및 급변·전쟁 발발 등 각종 시나리오를
　　상정하고 대책을 수립해야 한다

　국가안보는 공공재(public goods)의 개념으로서, 어떠한 비용과 노력이 수반되더라도 0.001%의 발생 가능성에도 대비해야 한다.

　한 국가가 상대방을 붕괴시키는 것을 공식 국가목표로 내세울 수는 없으며, 급변 가능성을 공공연히 거론할 수는 없다. 그러나 정부는 비공개리에 있을 수 있는 모든 상황을 가정한 후 대비책을 수립해야 한다. 단, 정확한 판단이 아닌 소망성 사고에 기초해 특정 정책을 수립하거나 배제해서는 안 된다.

　청와대가 컨트롤타워가 되어 전반적인 대책을 관리하는 가운데, 국방부는 국방부답게, 통일부는 통일부답게, 외교부는 외교부답게, 국정원은 국정원답게 대북정책의 방점이 달라야 한다. 대북정책의 큰 흐름(main stream)은 견지하되 여러 갈래의 접근법, 즉 지천(支川)이 흐를 수 있게 해야 한다. 그래야만 강물이 범람하지 않고 큰 바다까지 갈수 있다.

⑸ 다섯째, 지난 정부 대북-통일 정책을 부정·단절하는 것이 아니라,
　　계승·발전시켜 나가야 한다. 이것은 선택이 아니라 필수이다

박정희, 노태우 대통령은 보수정권인데도 불구하고 7·4 남북공동성명, 유엔 동시가입 등의 파격적·진보적 조치를 통해 남북관계를 선도적으로 이끌어 나갔다. 그러나 최근 들어서는 정부가 냉탕, 온탕의 특정 간판에 너무 집착했다. 목욕탕에는 냉탕, 온탕, 열탕, 사우나가 있고, 필요에 따라 그것을 제대로 이용해야 효과가 만점이라는 것을 잊은 듯했다.

김정은도 김정일과 마찬가지로 '남북관계에서 시간은 자기 편'이라고 생각하고 있는 듯하다. 왜냐하면 우리나라는 5년마다 대통령 선거가 있고, 새로 출범하는 정부는 전임 정부의 정책을 부정하는 데서부터 출발한다고 판단하기 때문이다. 따라서, 새로 출범하는 정부는 전임 정부의 대북정책을 무조건 폐기(dumping)할 것이 아니라, 비판적 검증을 통해 계승할 것은 계승하고, 버릴 것은 버리는 성숙한 지혜가 무엇보다도 필요하다.

세부 실천방안

⑴ 정부는 장기, 중기, 단기 대북정책 로드맵(roadmap)을 수립, 시행해 나가야 한다

지금까지의 남북관계를 아주 단순하게 표현하면, 북한의 시그널과 타임테이블에 따라 움직였다고 말할 수 있다. 북한이 도발로 관계를 경색시켰다가도 대화만 제의를 해 오면 '언제 그랬느냐는 듯이' 대화에 응하는 그런 식이었다. 이제는 달라져야 한다. 우리가 갑(甲)이어야 한다. 고압적으로 행동하라는 얘기가 아니다. 최소한 우리의 생각을 말할 수 있는 '선의(善意)의 갑'일 필요가 있다는 것이다. 북한의 도발과 위장 평화 공세에 대한 그때그때의 대응 또는 국제사회의 대북정책에 공조하는 수준을 넘어 '우리 정부만의 목표와 타임테이블'을 미리 만들어놓고, 이를 기초로 노(no)도 할 수 있고, 반대로 파격적인 제의도 할 수 있어야 한다.

안보부처 합동회의를 매주, 매월, 분기마다 개최하여 단기-중기-장기 방안을 검토하고 현안과의 연관성도 지속 체크해서 시행해 나가야 한다. 현재와 같이 특정 사안에 대한 1~2회의 단기 대책회의로는 북한을 제대로 다룰 수 없다. 이를 위해서는 청와대 및 국가정보원의 역할을 개선해야 한다. 청와대는 '정책결정 회의체', 국가정보원은 '정보평가 회의체'로서의 기능을 보다 특성화할 필요가 있다.

⑵ 정부의 대북-통일 정책 수립, 시행, 피드백에 민간(民間)을 적극 참가시켜야 한다

박근혜 정부는 통일을 보다 능동적으로 대비하기 위해 통일부, 평통과는 별도로 민(民)과 관(官)이 함께 참가하는 '통일준비위원회'라는 조직을 설립, 운영하였다. 정부관료와 학자들이 동 위원회에서 머리를 맞대고 남북통일로 가는 로드맵을 성안하였으나 북핵 위기 등 사활적 현안으로 인해 소기의 성과를 거두지 못했다.

이제 북핵 문제가 9부 능선에 와 있는 국면에서 북핵 문제 해결과 통일을 위한 보다 정치(精緻)한 대북정책의 국민적 합의와 시행을 미룰 수 없다. 따라서 새로운 대통령 직속기구로 여-야, 진보-보수, 정부-민간이 함께 참가하는 가칭 '북핵 위기 해법 모색과 자유민주통일국가 건설을 위한 민관 합동위원회(약칭: 북핵통일위원회)'를 운영할 것을 제의한다. 동 위원회는 주기적으로 내부 토론을 통해 정부 정책에 대한 평가와 피드백을 하며, 필요시 정부부처와의 정책논의를 위한 정기채널을 구축한다. 대통령은 월 1회 전체회의를 주재한 후, 대(對)국민 보고를 통해 공감대를 형성한다. 형식적 논의를 지양해야 한다. 가능하다면 과거 정부 민관합동위원회의 정책연구 성과물(대통령기록물로 분류, 사실상 死藏)에 대한 검토를 통해 正-反-合의 정책을 도출해낸다.

(3) 비핵화는 가능한 한 빨리 목표를 달성하기 위해 총력을 기울이되, '출구론적 관점'에서 장기적인 시각을 가지고 대처해 나가야 한다

북핵 문제 해결은 '先 비핵화-後 평화체제' 논의가 가장 바람직하다. 그렇지만, 북한의 비핵화가 대화의 전제조건(입구론)이 되면 논의가 한 치도 앞으로 나갈 수 없는 게 현실이다.

따라서 '최종단계에서 비핵화가 완성되는 로드맵(출구론)'이 북한과 유관국들이 받아들일 수 있는 현실적인 안(案)이 될 것이다. 즉, 북한이 2005년 9·19 공동성명으로의 복귀 의사를 표시한 후 → 사찰(한·미·일·중·러) 對 보상(북한)의 상응조치를 단계별로 추진해 나가고 → 최종적인 비핵화 실현의 3단계를 상정해볼 수 있다. 이 같은 3단계 북핵 해법은 일부 전문가들이 제시하고 있는 현재 핵 활동 중단 → 미래 핵시설과 물질 해체 → 과거 핵 폐기와 맥락을 같이한다.

물론 '사찰 대 보상'이 과거의 '도발-협상-보상-도발-협상-재보상'으로 김정은 정권의 연명에 보탬이 되는 악순환이 되지 않는 안전장치를 마련하는 것이 반드시 필요하다. 비핵화의 최종시기는 김정은이 자신의 정권 보위에 불안감을 느끼지 않도록 하기 위해 수년간이 아니라 10년 이상을 보장하는 것도 하나의 카드가 될 수 있다. 이와 관련, 새 정부는 출범 이후 곧바로 비중 있는 인사를 북핵 문제 특사로 선정하여 북한에 파견(비공개 또는 공개)하는 것을 적극 검토해야 한다.

⑷ 자체 핵무장도 옵션 중의 하나로 검토해 나간다

남과 북이 합의한 '한반도 비핵화 공동선언'은 북한의 핵개발로 인해 자동폐기된 것으로 보는 게 순리이다. 북한이 핵 위협을 노골화하는데 우리만 순진하게 비핵화 정책을 계속 고집할 수만은 없다. '대한민국은 핵무장을 하지 않는 게 기본원칙이다. 앞으로도 그럴 것이며, 북한 비핵화를 위해 모든 노력을 경주할 것이다. 그렇지만 북한이 핵 포기를 계속 거부하고 우리를 위협할 경우에는 우리 정부도 모든 옵션을 고려하지 않을 수 없는 상황이 올 수도 있다'라는 사실 정도는 공표해 놓아야 한다.

정부의 공식 발표를 통해 문제를 키울 필요는 없다. 국방부장관 등이 특정 계기에 자연스럽게 언급하는 것만으로도 충분하다고 판단된다. 이렇게 함으로써, 정부가 미군의 전략적 자산 한반도 상시배치, 핵공유협정, 전술핵 재배치, 독자적 핵무장 등과 같은 다양한 옵션, 즉 공포의 균형정책(상호확증파괴: MAD)을 전략적 카드로 가지고 있을 수 있다.

⑸ 주변국의 출구전략 모색 가능성을 예의주시, 대처해야 한다

최근 미국의 대북한 정책을 종합적으로 고려해볼 때, 앞으로도 미국은 압박을 통한 북핵 문제 해결에 주안점을 두고 중국의 역할 강화를 촉구해 나갈 것으로 예측된다. 그렇지만, 그것이 미국의 국익에 도움이 되지 않거나, 한-미간 협상 국면에 도움이 되는 카드라는 판단이 서면 언제라도 독자적으로 북한과의 대화를 모색할 가능성도 배제할 수 없다. 그러므로 우리는 미국이 공개적으로 하는 말은 고도의 계산된 발언이며, 언제든지 깜짝 카드를 던질 수 있다는 것을 전제로 하여 대비해야 한다.

한편 중국은 김정은이 핵·미사일 개발의 고삐를 늦추지 않는 상황에서 미국의 대북제재 요구에 소극적으로 부응하는 조치를 취할 것이다. 그러나, 중국의 대한반도 정책은 어디까지나 비핵화보다는 안정이 우선이다. 북한의 혼란, 붕괴를 촉발하지 않는 범위 내에서 북한에 비핵화를 압박할 것이다. 중국은 한반도 분단구조 유지 또는 핵개발로 고조된 긴장 국면을 완화하는 것이 그들의 국익에 부합되므로 '비핵화-평화협정 동시 논의(쌍궤병행)', '북한 핵실험-한미합동군사훈련 동시 중단(쌍중단)'을 지속 주장하면서 한·미와 절충점을 모색하는 데 주력할 것이다. 필요시에는 김정은과의 관계를 강화하여 연합전선을 취할 가능성도 배제할 수 없다.

따라서, 우리 정부도 국제사회의 전방위적인 대북제재를 통한 북핵 문제 해결에 주안점을 두는 가운데, 미·중을 비롯한 주변국의 출구전략, 코리아 패싱(Korea passing)에 대해 항상 경계의 눈을 놓지 않으면서 주동적으로 대처해 나가야 할 것이다. 이를 위해서는 대북제재 국면하에서도 북핵 문제 해결의 원칙과 시나리오에 대한 우리 정부의 명확한 입장과 양보 가능선 등을 사전에 설정하고 조율해 나가야 한다. 국제사회의 대북제재는 시간이 갈수록 효과가 커질 것이지만, 최소한 올해 말까지는 대북제재의 루프홀(loophole)이 발생하지 않도록 미·중 등 유관국을 대상으로 한 외교활동을 적극 전개해 나가야 할 것이다.

⑹ 북한과의 비공식 대화 창구를 다양하게 개설해야 한다

한국의 정치체계는 입법-사법-행정부 삼권분립을 기초로 견제와 균형을 기본으로 하여 작동되는 복선형이지만, 북한은 수령 1인의 의사가 모든 것을 좌지우지하는 '단선형 정치문화'를 특징으로 한다.

특히 젊은 지도자 김정은은 자신의 취약한 정권 기반의 안정화에 모든 것을 올인하고 있다. 따라서 우리 정부는 김정은에게 목표를 정조준하고 대북정책을 펼쳐나가야 한다. 김정은에게 복심을 전달할 수 있는 북한의 핵심부서, 인물과의 대화 채널 확보가 관건이다. 대남접촉의 전면에 나서는 당 통일전선부는 물론, 당 조직지도부와 국가안전보위부 등 북한의 심장부에 끊임없는 신호를 보내야 한다. 여기에는 '북핵과 김정은 체제의 안전보장' 빅딜(big deal)은 물론이고 대북 인도적 지원, 이산가족-납북자 상봉, 남북 당국 간 회담, 개성공단-금강산관광 재개 등 모든 사안을 포함한다.

실제로 공식 회담은 이미 결정된 내용을 선전하는 장, 기싸움하는 곳 이상이 아니다. 모든 것은 막후에서 미리 결정된다. 그러므로 북한과의 대화는 사전 물밑 접촉이 매우 중요하다. 따라서 대통령 특사 파견, 국정원과 통일부 등의 대북 비선 접촉 라인은 물론 민간 차원의 창구도 적극 활용하여야 한다. 그렇지만 중구난방의 대북 접촉은 오히려 북한에게 잘못된 신호를 줄 수도 있으므로 청와대가 컨트롤타워 역할을 적절히 수행하여야 할 것이다.

(7) 남북 당국 간 대화도 다양한 수준의 채널을 통해 진행한다

북한의 '핵 동결-비핵화' 입장 표명 유도를 목표로 남북 당국간 공식-비공식 대화 채널을 총가동한다. 한반도 비핵화 공동선언, 6·15 공동선언, 10·4 공동선언 이행 문제를 토의하기 위한 큰 차원(big deal)의 회담과 함께 군, 경제부서, 민간 등 각 부문별 협의도 병행해 나간다.

이러한 논의에는 성사 여부를 떠나 북한이 관심을 가지고 있는 개성공단-금강산관광 재개 문제도 포함시킨다. 당연히 우리의 관심사인 이산가족 상봉 및 납북자 송환 문제도 포함시킨다.

⑻ 북한의 정상국가화를 위해 미국과의 수교를 포함한 국제사회로의 복귀도 전향적으로 지원한다

북한은 정권수립 이래 미국을 '최대의 (가상) 敵'으로 규정하고 북핵을 비롯한 모든 문제를 '미 제국주의와의 대결전'이라는 구도하에서 접근해 오고 있다.

이제는 북한의 전통적 관점과 정책을 허물어버리는 역발상도 고려해봄직하다. 즉, 북한의 피해망상적 또는 고립 자초적인 행태를 개선하기 위해서는 기존의 절차적-단계적 접근과는 별도로 파격적인 Top-down 방식의 미북수교 협상도 적극 지원해볼 필요가 있다. 미국과의 협상이 순조로울 경우, 일본과의 관계 개선도 지원함으로써 북한을 정상국가가 되도록 유도한다. 이러한 북한의 정상국가화를 위한 적극적인 관여 정책은 북핵 위기 해소는 물론 한반도 평화체제 구축을 위한 평화협정 체결, 다자안보체제의 필요충분 조건이 될 것이다.

(9) 북한 비핵화와 함께 자유화-시장화-친한화-세계화를 촉진하는
    정책을 적극적으로 전개해야 한다

  우리나라가 북핵 문제에 얽매여 '민족공동체 형성'이라는 중장기
차원의 목표를 방기하는 우(愚)를 범해서는 안 된다. 북핵 문제로 인
해 남북교류가 중단되는 동안 북한경제는 광물을 비롯, 전체 수출
입의 90%가 중국과 이루어지는 對중국 편중, 종속 현상이 심화되
어 가고 있다.

  북핵 문제와 국제사회의 대북제재 국면과는 별도로 우리는 북한
을 변화시키고 우리 사회와의 공감대를 형성하는 정책을 지속적으
로 추진해 나가야 한다. 거창하게 북한정권과 주민을 분리하는 정
책을 이야기할 필요도 없다. 북한에 진실의 바람을 불어넣어 주민
들을 깨어나게 하고, 주민들 사이에 당국이 없더라도 먹고사는 데
지장이 없다는 인식이 확산되도록 해야 한다. 이러한 과정에서 남
한사회와의 공존이 더 나은 생활을 보장하는 지름길이라는 공감대
가 형성되도록 해야 한다.

  이 같은 정책이 단기적으로 보면 북한정권에 도움이 될수 있지만,
좀 더 장기적인 시각으로 보면 북한의 변화, 나아가 김정은 정권의
근간을 흔드는 묘책이라 할 수 있다. 다시 말해서, 우리 정부는 '적
과의 동침' 그리고 큰 승리를 위해 작은 손해를 보는 전략인 '이대도

강(李代桃畺: 36계)'도 적극 고려해야 한다.

시장화, 친한화, 세계화는 남북교류가 진행되면 본격적으로 이루어질 것이지만, 현재와 같은 교착 국면하에서는 일단 case by case 식의 경제협력과 인도적 지원을 통해 협력의 모멘텀을 유지해 나가는 것이 급선무이다. 남북한 당국 및 민간 차원에서 다양한 레벨의 경협회담을 통해 북한의 SOC 건설 등 시장화-친한화에 파급영향이 큰 사업들을 선정하여 협의를 본격화해 나가야 한다. 이러한 협의는 세부 사업의 합의 여부를 떠나 논의 자체만으로도 북한의 시장화-친한화에 상당한 영향을 미칠 것이기 때문이다.

그리고 실제로 경제교류협력이 이루어질 경우에도, 현금 지원보다는 현물 위주로 협력을 하면서 영유아 등 취약계층에 대한 배려, 북한 주민의 시장경제교육, 병원 등 사회 인프라 건설 지원 등을 확대해 나간다면 김정은 정권의 강화에 도움을 주지 않으면서도 북한 사회의 변화와 민족공동체 의식을 고양시켜 나갈 수 있을 것이다.

특히 북한 자유화에도 각별히 신경을 써야 한다. 이를 위해서는 민간과 국제사회와 협조하여 북한에 진실을 알리는 활동을 강화해야 한다. 대북방송 역량을 더욱 확충하는 것도 좋은 방법 중의 하나이다. 북한을 적대시하는 공작방송을 강화하라는 게 절대 아니다. 외부세계의 소식을 있는 그대로 북한 주민들이 접할 수 있게만

하면 된다. 보다 근본적으로는 북한의 방송 채널 납땜 고정, 인터넷 접근 제한 등의 문제점을 공론화하여 시정해야 한다. 필요시에는 남북한 신문·방송 교류 문제도 전향적으로 검토해볼 만하다.

대한민국의 공식 통일방안인 민족공동체 통일방안은 화해협력 → 남북연합 → 통일국가의 3단계로 구성되어 있다. 필자가 제시한 '5화(化) 전략'은 '화해협력' 단계의 핵심과제가 되어야 한다. 지금까지는 각 정부가 남북 간 교류협력 쪽에만 무게를 두었지만 북한을 정상국가화시켜 나가는 문제는 여러 이유로 간과해 왔다. 이에 따라, 교류협력 정책이 북한 지도부의 비정상적인 통치행태 강화에 기여했다는 비판을 받아온 것도 사실이다. 대북정책은 당국 간 대화는 물론, 북한 주민의 공감대를 얻고 사회 저변을 변화시키는 데 기여해야 한다. 따라서, 가용한 방법을 총망라하여 북한사회를 위·아래에서 변화시켜 나가야 한다.

(10) 북한 인권법을 조속히, 제대로 시행해야 한다

인류보편적 가치인 인권 문제는 특정 정파 또는 이데올로기가 독점하여 좌지우지해서는 안 된다. 그러나 불행하게도, 우리 사회는 북한 인권 문제가 정치·이념적 잣대에 따라 움직이고 있는 게 작금의 현실이다. 이념적 지향에 따라 진영을 구축한 후 상대방을 적대시한다. 이른바 인권을 이야기하는 사람들이 상대방의 인권을 제대로 존중하지 못하는 이러한 세태를 과연 어떻게 설명할 수 있을까?

이제부터는 다른 시각을 가진 상대방을 인정하고, all or nothing(이분법)이 아닌 동행과 타협, 상호존중의 문화 속에서 북한 인권 문제를 다뤄 나가야 한다. 하나의 잣대로만 북한 인권 문제를 보아서는 안 된다. 인류보편적 가치 실현이라는 거대담론과 북한의 특수성도 동시에 고려하는, 다시 말해 북한 인권법에 명시된 대로 '자유권'과 '생존권'을 함께 추구하는 정책을 추진해야 한다.

우리는 진실을 말해야 하고, 북한 주민들의 고통을 외면해서는 안 된다. 북한의 인권침해에 대해 침묵하거나 왜곡 과장하는 일이 있어서는 절대 안 된다. 북한 자유화를 위해 일선에서 뛰고 있는 민간단체는 특정 현상을 부풀려 북한에 전파해서는 안 되며, 사실을 있는 그대로 알려야 한다. 북한 내부 실정도 있는 그대로 우리 사회에 알려야 한다.

한편, 진보 진영은 3대 세습 등 북한체제의 근본적인 모순점에 대해 침묵해서는 안 된다. 특히 정치범수용소 운영, 이동의 자유권 박탈 등의 문제점에 대해 말해야 한다. 북한의 특수성 또는 내정간섭 반대 논리로 '말을 아끼는 것'은 타당치 않다. 앞으로는 보다 더 당당해질 필요가 있다.

이런 의미에서 북한 인권법 제정(2016. 3.)은 대북 인권운동사에서 한 획을 긋는 사건이었다. 북한 인권법은 진보와 보수가 양 날개로 날 것을 요구하고 있다. 이제 독식(獨食)은 없으며, 과거와 같이 서로 반목하고 질시하기보다는 타협하고 같이 가야 한다. 보수와 진보 진영 사이에 의견이 다를 경우 '공동 토론회'를 개최하여 조율해 나가야 하며, 만나지도 않고 서로 손가락질하는 것은 지식인의 자세가 아니며 오히려 북한의 오판만을 도와줄 뿐이다.

대표적인 사례로 대북전단 살포 문제를 보면, 정부는 민간단체에 살포 자제를 당부할 수 있지만 헌법에 위배되는 행동을 해서는 안 된다. 그리고 민간단체는 진실된 내용만을 전파해야 하며, 살포 방법도 휴전선 인근의 주민 안전을 고려하여 비공개로 하는 지혜를 발휘해야 한다.

그리고 민간단체의 방북을 원천봉쇄하는 일도 있어서는 안 된다. 어떠한 상황에서도 민간은 만나고 토론해야 한다. 그 대신 접촉 결과는 반드시 정부와 공유해 나가야 할 것이다. 이러한 인식을 기초로, 약 130억 원의 예산이 배정되어 있으나 이사 선정 문제로 인해 출범조차도 하지 못하고 있는 '북한 인권 재단'을 하루속히 정상화하는 것이 급선무라고 생각한다. 지금까지 논의한 한반도 평화체제 구축을 위한 대북정책 방향을 요약하면 다음 표와 같다.

한반도 평화체제 구축을 위한 대북정책 방향	
구분	**내용**
목표	민족공동체 형성 및 자유민주통일국가 수립
정책기저	○ 민족공동체통일방안 ○ 7·4 남북공동성명, 남북기본합의서, 6·15 공동선언, 10·4 선언
대전략	○ 북한 비핵화 ○ 남북관계 긴장 완화 및 관계 복원 ○ 자유민주주의 가치 및 시장경제 원리 전파
기본전제	○ 한미동맹을 근간으로 한 튼튼한 안보태세 확립 ○ 대북정책에 대한 국민 공감대 형성
대북정책 5대 원칙	○ 북한 비핵화를 위한 국제적인 대북 압박 공조 ○ 남북대화와 대북 인도적 지원의 전략적 병행 ○ 북한 내 외부세계 소식 전파 활동 강화 ○ 북한과의 공존·변화 및 급변 대비 시나리오 수립, 시행 ○ 지난 정부 대북정책의 비판적 계승, 발전
10대 실천방안	○ 장기-중기-단기 대북정책 로드맵 수립 ○ 민간의 대북정책 수립·시행 참여 확대 ○ '입구론'이 아닌 '출구론'에 입각한 북핵 해법 모색 ○ 자체 핵무장도 옵션 중의 하나로 검토 ○ 주변국의 '출구전략' 예의주시, 능동 대처 ○ 북한과의 비공식 대화 창구 복원 ○ (북핵 해법 진전시) 다양한 수준의 당국-민간급 대화 진행 ○ 미북수교 협상 등을 통한 북한의 정상국가화 유도 ○ 북한 비핵화-자유화-시장화-친한화-세계화(5化) 전략 추진 ○ 국내 북한 인권법 조속 시행

맺음말

새 정부 임기 내, 아니 앞으로 1~2년은 북한의 핵개발과 국제사회의 대북제재 국면이 벼랑 끝에서 만나 어떤 형태로든 해결의 방향이 잡혀가는 변곡점(critical point)이 될 것이다.

누가 더 강하게 밀어붙이고 많이 인내하느냐, 그리고 화전양면(和戰兩面) 전술을 언제, 어떻게 적절히 배합하느냐에 따라 명암이 갈릴 것이다. 시간은 우리 편이 아니다. 그렇다고 너무 서두르면 안 된다. 북한이 핵개발에 집착하고 있고, 이에 대응하여 국제사회의 대북제재가 강화되는 국면하에서 정부는 '철저한 국제공조를 바탕으로 한 대북 압박을 통해 북한을 변화시키는 것'이 당연히 제1방안이지만, 이와 동시에 대화 국면으로의 전환 가능성에도 대비해야 한다.

북한의 핵을 머리맡에 이고서는 대한민국의 발전도, 향후 통일 대한민국의 건설도 생각할 수 없다. 따라서, 국가의 모든 역량을 총동원하여 북핵 해결의 단초를 마련하는 데 집중해야 할 것이다. 20여 년에 걸친 우리의 대북정책에 대한 철저한 반성을 기초로 국가정책의 최우선 순위에 북핵 문제를 놓아야 한다.

미국, 중국에 북핵 문제의 해결을 맡겨놓아서도 안 된다. 새로 출범하는 정부는 장기적·단계적인 관점을 가지고 북핵 문제에 접근하되, 최근 형성된 대북제재 골든타임(golden time)을 놓쳐서는 안 된다. 즉, 국제사회의 고강도 대북제재의 효과가 서서히 나타나고 있으므로, 북핵 문제를 근원적으로 해결하거나 최소한 김정은 정권의 변화를 이끌어내는 모멘텀을 반드시 창출해내야 한다.

남북관계는 기본적으로 민족 내부의 문제이자 국제문제라는 양면성을 가지고 있다. 한미동맹을 근간으로 한 튼튼한 안보와 국론통합을 바탕으로 국제사회와 긴밀한 공조체제하에 김정은이 전략적 셈법을 바꾸어 비핵화에 대해 진정성 있는 행동을 보일 때까지 압박을 강화해 나가야 한다. 중국의 지지 확보도 중요한 변수이다. 어렵더라도 결미연중(結美聯中)의 원칙하에 미국과의 동맹을 훼손하지 않으면서도 중국과의 협력을 유도해 나가는 혜안이 필요하다.

그리고 필요하다면, 막후 협상까지 활용하면서 우리 주도의 창의적 해법을 모색하고 제시해 나가는 데 주력해야 한다. 단기적으로는 '대북제재의 동력 유지', 중기적으로는 '비핵화', 장기적으로는 '통일'이라는 거대담론을 항상 유념해야 한다. 이런 과정에서 혹시 소망성 사고(wishful thinking)에 기초한 단기 전술 또는 장기 전략에 일방적으로 집착하거나, 또는 우리의 입장만을 고집하여 국제사회의 물밑 논의에서 소외되는 우(愚)를 범하지 않도록 각별히 유의해야 할 것이다.

특히, 북한과의 접촉이 이루어질 경우에는 그동안 북한이 대화를 일시적 위기탈출 또는 실리 획득을 위한 방편으로 활용한 점을 유념하여 '대화를 위한 대화', '비핵화를 벗어난 협상', '하세월 논의'가 되어서는 안 될 것이다. 이를 위해 무엇보다도 중요한 것은 안보 문제, 특히 북핵 문제 해결을 위한 해법에서는 이념이나 정파, 정권을 초월하여 국가적인 총력대응 체제를 구축하고 북핵 해결 로드맵을 재정비, 시행해 나가야 한다. 북핵 문제를 해결하려는 노력의 과정이 단순히 당면한 안보 위기 해소를 넘어, 북한에 자유와 진실의 바람을 보내고, 북한 주민들의 인권을 증진시키면서 남북통일의 기반을 쌓는 것이 되어야 한다.

북핵을 비롯한 대북 문제는 긴 호흡을 가지고 가야 할 복잡한 이슈인 것은 분명하지만, 하루하루 절박한 심정으로 고민하고 또 고민하면서 대책을 수립, 시행해 나가야 할 것이다.

- 2017. 5. 4. 원코리아센터 곽길섭 정론

※ 동 정론의 핵심 내용은 2017년 5월 11일자 중앙일보 시론
'새 정부 대북정책 양 날개로 날아야'로 게재

공진(共進)

어느 해부터인가, 8·15 광복절이 되면 해방이라는 단어보다 분단이라는 개념이 먼저 떠오른다. 무슨 이유일까? 분단에 대한 아쉬움과 아픔을 넘어, 우리 민족이 평행이론과 같은 전철(前轍)을 또다시 밟아서는 안 된다는 간절함 때문이라고 생각한다.

지금으로부터 70여 년 전 우리 민족의 선각자들은 강대국 패권정치에 대한 몰이해와 개인적인 정치야망에 집착하여 분단이라는 질곡의 역사로 우리 민족을 몰아넣었다. 그 이후 분단은 우리의 사고와 생활 전반을 지배하게 되었고, 남과 북의 지리적·정치적 분단과 함께 대한민국 내부의 극심한 좌우 대결로 이어졌다. 그리고 수백만의 피를 앗아간 6·25 동란과 개발독재 시대를 거치며 그 망령(亡靈)은 더욱 커져 갔고 지금도 우리의 인식체계를 지배하는 커다란 잔재로 남아 있다.

이분법적 틀 속에 갇혀 있는 한국사회

그럼, 오늘의 한국사회는 과연 어디에 서 있나? 대한민국의 정치지도자들은 과연 70여 년 전 역사의 교훈을 반면교사로 삼아 통합과 상생을 위해 노력하고 있다고 당당하게 말할 수 있는가? 그리고 평범한 시민들은 상대의 입장을 배려하며 하루하루를 살아가고 있는가? 진정으로 자문자답(自問自答)을 해보아야 할 것이다.

그러나, 많은 사람들이 "우리 사회가 건강한 경쟁이나 협치, 후손만대를 위한 백년대계보다는 단순한 권력논리나 이분법적인 틀(frame)에 매몰되어 있다"라고 걱정하고 있는 게 솔직한 현실이다. 이 같은 선과 악, 피아의 이분법(all or nothing)적인 사고는 한마디로 분단구조의 산물이다. 남과 북이 냉전의 최전선에서 수많은 피를 흘렸고, 어느 한편에 서지 않으면 자신과 가족의 목숨까지도 위협받는 시대를 거치며 터득한 처절한 자기세뇌와 생존술이라고 말할 수 있다.

이러한 정치사회적 구조에도 불구하고 산업화와 민주화를 짧은 시간에 동시 달성하는 세계사적인 기적을 창조한 시대에 성장한 필자는 8·15 광복절을 맞아 대한민국의 또 다른 도약과 통일 코리아의 미래를 위해 지금까지의 이분법적 사고의 굴레를 넘어 새로운 가치의 세계로 큰 발걸음을 내디딜 것을 주창해본다.

이제는 공진(共進)이 해답이다

21세기 대한민국이 나아가야 할 길은 공진(共進), 즉 함께 전진하는 것이다. 남과 북, 여와 야, 진보와 보수, 신세대와 구세대, 기업가와 노동자 등 다른 쪽에 있는 주체들이 서로를 배려하며 함께 가지 않고서는 노도와 같이 급변하고 있는 세계사 흐름에 휩쓸려 자칫 제2의 구한말 국치, 8·15 분단 갈등, IMF 경제 위기와 같은 총체적 위기를 다시 겪지 말라는 보장이 없다.

과거 20세기는 상대를 배려하지 않고 독식해도 문제가 되지 않는 시대였다. 그래도 사회는 굴러갔고, 을(乙)들은 운명을 빗대며 참았으며, 도저히 분노를 참지 못할 때만 분연히 일어섰다.

그러나 지금은 완전히 다르다. 인터넷과 SNS의 발달로 지구촌이 실시간대로 묶여 돌아가고 있으며, 민도는 상상을 초월하게 성장하였다. 그리고 한반도를 둘러싼 환경은 가히 4차원적으로 급변하고 있다. 이러한 급변하는 상황하에서 '일물일답(一物一答), 승자독식, 동종교배'와 같은 과거의 생각과 방식으로는 더 이상 변화에 능동적으로 대처해 나갈 수 없다. 그야말로 절대 가치와 방식은 없으며, 다윈이 설파한 적자생존(適者生存)을 21세기적으로 적용하는 지혜만이 해답이 될 수 있다. 가치가 다른 집단이나 국가가 서로를 적대시하여 투쟁만 하거나, 과거의 경험에 매몰되어서는 미래가 없으며, 어렵고 시간이 걸리더라도 머리를 맞대고 지혜를 모아나가는 전략적 대타협과 공진만이 시대의 화두이다. 특히 오늘의 한국사회는 경제·대북 문제를 비롯한 각 분야가 이러한 협치(協治)와 공식·비공식 공론화의 과정을 요구하고 있다.

독일 등 서구 선진국들은 연정과 협치를 한 지 이미 오래되었으며, 그래서 중요 정책은 이념을 넘어 다음 정부로 계승되고 있다. 독일의 동방정책, 영국의 국유화정책 등은 대표적 케이스이다. 굳이 외국의 사례가 아니더라도, 우리나라 지도자들도 안보와 국익의 관점에서 진영이나 정당의 논리를 넘는 결단을 통해 국격을 한 차원 격상시킨 경우가 많았다. 쿠데타의 주역이었던 노태우 대통령은 냉전이 끝나기도 전에 북방정책을 선도하였고, 산업화와 경제성장을 주도한 보수의 아이콘인 박정희 대통령은 국민의료보험·시장개입 등의 진보적 정책을 과감하게 도입하였으며, 노무현 대통령은 한미 FTA·이라크 파병 등과 같은 보수적 정책을 밀어붙였다. 그리고 김대중, 노무현 대통령은 국민통합을 기치로 걸고 지난 정부의 인물인 고건, 김종필 씨를 각각 초대 총리로 임명하고 상당한 재량권을 부여하기도 하였다.

여소야대의 현 정부도 이를 반면교사로 삼아야 할 것이다. 정책을 수립하고 시행할 때 다양한 시각이 표출되도록 해야 한다. 예를 들어 경제정책의 경우 국토교통부는 국토교통부 차원에서, 환경부는 환경부 차원에서 의견을 제출하게 하고 난상토론을 거쳐 정책을 결정해야 하며, 일단 결정이 되고 난 이후에는 전략적인 사고에 입각하여 역할을 분담하고 상황을 관리해 나갈 필요가 있다.

대북정책은 대화와 합리적 의심의 쌍두마차로

특히 북한을 상대해 나가는 데서는 이러한 노력이 더욱 필요하다. 왜냐하면 북한과의 대화와 협상은 길고 긴 시간이 필요하며, 예측 불가능한 북한 지도부와 상대하는 과정이고, 무엇보다도 이념을 달리하는 국민 여론을 한군데로 모아 가면서 진척시켜 나가야 하는, 쉽지 않은 과제이기 때문이다.

지난 70년의 남북관계사는 물론이고, 가깝게는 북한 비핵화 협상 과정만 뒤돌아보아도 잘 알 수 있을 것이다. 마치 롤러코스터를 타듯이 '절망-기대-환호-초조-막막-기대-의무감' 등이 엎치락뒤치락하고 있다. 우리 정부는 핵 문제를 비롯한 북한 문제에 대해서는 중재자, 촉진자를 넘어 당사자라는 인식을 가지고 북한을 상대해 나가야 한다. 과거 대결의 시대처럼 잠재적인 가해자가 되어서는 안 되지만, 피해자가 되어서는 더더욱 안 된다. 마냥 좋은 사람이 되려고 하거나, 어느 한 가지 역할로 한정해서는 북한 문제를 해결할 수 없다는 점을 명심해야 한다. 오죽하면 젊은 층을 중심으로 "통일이 우리에게 지금 당장 시급한 과제가 아니다"라는 반응이 나오는지를 곰곰이 되새겨보아야 한다.

북한은 하나를 주면 둘을 달라고 하고, 둘을 주면 셋을 달라고 하는 게, 그것마저도 뻣뻣하게 서서 받는 모양새를 취하는 게 통상적이다. 이러한 속성은 쉽게 변하지 않는다. 그래서 북한은 핵무기도 "남한을 보호해주기 위한 평화의 수단"이라고 억지를 부리고, 대북경협과 지원에 대해서도 "조금 주고 행세만 부린다"라며 불평하는 것이다.

최근 남북과 미북 간에는 대립과 갈등이 심화되고 있다. 앞으로 넘어가야 할 산은 너무나 많고 깊다. 그렇지만, 우리 정부가 '빠른 시일 내 비핵화 및 남북관계 진전'이라는 목표에 너무 집착하여 남북관계의 근간(비정상의 정상화와 대화·협력을 통한 공존공영)을 흔드는 우를 범해서는 안 된다. 다시 말해 북한이 회담장을 박차고 나갈 수 있다는 염려 때문에 반드시 해야 할 말이나 행동을 못 하는 상황이 일어나서는 안 된다는 것이다. 목표를 실현하는 것도 중요하지만 과정이 더욱 소중하기 때문이다. 북한과의 협상은 단기 승부가 아니라 길고 긴 여정이라는 점을 명심해야 한다.

민주사회인 대한민국의 최대 장점은 누구나 자신의 소신을 피력

할 수 있도록 보장해주는 법, 제도, 문화에 있다. 북한은 핵폭탄과 일심단결을 자랑한다. 그렇지만, 우리는 다양성이라는 큰 무기가 있다. 정부 내 관련 부처들이 대북정책에 대해 당연히 한 목소리(one voice)를 내야 하지만, 내부 토론은 치열해야 하며, 필요시 북한당국에 대해 공개·비공개적으로 경고를 하는 엄중함도 보여야 한다. 청와대가 정부 각 부처와 언론, 시민단체들이 각자의 위치에서 인류보편적 가치와 남북관계 발전에 장애가 되는 북한당국의 말과 행동에 대해 당당하게 말할 수 있도록 하면서, 한편으로는 북한의 취약계층을 위한 인도적 지원을 조용하게 추진해 나갈 때 남북관계는 우리가 바라는 대로 구현될 것이다.

한반도를 둘러싼 세계사적인 대변혁의 시대를 우리가 주도해 나가기 위해서는 과거에 얽매여서도 안 되며, 막연히 잘될 것이라는 기대감만 가지고 정책을 추진해서도 안 된다. 과거와 현재를 넘어서는 창의적 발상과 도전 정신으로 우리 스스로가 역사의 주인이 되어야 한다. 그리고 합리적 의심을 통해 안보와 국익에 한 치의 빈틈도 발생하지 않도록 하는 치밀함도 필요하다.

정당을 넘어 진정한 대한민국의 정부로

청와대와 정부 각 부처는 균형 있고 종합적인 정책을 추진해 나가야 한다. 집권을 가능하게 해준 여당의 정강정책은 당연히 바이블(bible)이다. 그렇지만, 국정을 효율적으로 운영해 나가기 위해서는 야당이나 지지를 표하지 않은 사람들의 견해도 함께 모아야 한다. 이를 위해서는 사명감과 실력에 기초한 다양한 인재(전문가) 풀을 가동하는 것이 급선무이다. 현실적인 제약 요건으로 인해 이런 조치를 취하기 어렵다면, 각 조직의 책임자들은 블루팀(아군)의 시각을 건강하게 비판하는 레드팀(대항군)을 적절하게 운영하는 것도 고려해야 한다.

정부는 이 같은 대승적·종합적 조치들을 선거를 통해 집권한 정부의 고유 권한을 제한하는 것으로 해석해서는 안 된다. 정당은 집권을 위해 진보, 보수 또는 중도의 정책을 표방하고 유권자들의 심판을 받아 집권한다. 같은 이념을 가진 사람들이 모여 정권을 장악하는 것이 최우선적 가치이기 때문에 당연히 특정 이데올로기·정책에 치우칠 수밖에 없다. 그렇지만, 집권 이후 출범하는 정부는 정당을 대표하는 '협의의 정부'가 아니라, 반대 세력의 의견·인물까지 포함하여 국정을 전반적으로 관리해 나가는 '대한민국의 정부'를 지향해야 한다. 이를 위해서는 선거공약에만 매달려서도, 지지자들만 바라봐서도 안 된다. 반대 진영을 끌어안고 그들의 정책과 인물을 포용해 나가야 한다. 그렇지 않으면 지지자들만을 위한 외눈박이 정부, 갈등을 양산하는 비효율적 정부로 전락할 수밖에 없다. 그리고 정권이 교체되는 경우 추진하던 정책이 사문화되는 악순환만 되풀이되는 것이다. 오늘은 어제가 있었기 때문에 존재하며, 미래는 오늘을 기초로 해서 이뤄진다는 평범한 진리를 간과해서는 안 된다.

역지사지와 다양성 존중

이제 우리 사회는 '함께 가는 정신'이 보다 일반화되어야 한다. '함께'라고 하여 적폐를 그대로 안고 간다거나, 물리적으로 한정된 자리를 고르게 나누어 가지라는 소리가 아니다. 양보와 타협, 전략적 역할 분담, 균형과 종합적 시각에서 정책을 추진해 나가자는 것이다. 정당은 정당답게, 정부는 정부답게, 시민사회는 시민사회답게 상대를 배려하면서 나아가자는 것이다. 그래야만 양극(꼴통)이 판치는 나라가 아닌 대다수 합리적인 시민이 주인이 되는 '건강하고 하나된 대한민국'이 되고, 후손들에게 세계경제와 문화를 선도할 수 있는 기반을 물려줄 수 있는 것이다.

자연계나 인간세상이나 언제나 양극은 있게 마련이다. 그것이 세상의 자연스러운 이치이다. 그러나 극단은 준거로서만 의의가 있다는 게 평소 생각이다. 우리 사회는 합리적 진보와 개혁적 보수들이 주축이 되어 서로를 배려하며 건강하게 토론하고, 협력하고, 상생해 나가는 나라가 되었으면 하는 바람이 간절하다. 이를 위해서는 우리 사회 내부에 기존의 진영논리에서 벗어나서 상대방의 입장에서 생각하는 역지사지(易地思之) 문화가 자리잡을 수 있도록 노력해야 한다.

이 과정에서 언론과 시민단체의 역할은 무엇보다도 중요하다. 정당과 정부는 이념과 권력의 굴레에서 빠져나오기가 만만치 않을 수 있지만, 언론과 시민단체는 비교적 자유롭게 행동할 수 있다. 자기 목소리도 중요하지만, 다른 사람들의 견해도 존중해줄 수 있어야 진정으로 성숙한 사회이다. 민주사회의 가치는 다양성이며, 방법론적으로는 건강한 토론과 다수결에 대한 승복이다. 비정부 단체들도 똑같은 사람들끼리 모여 토론하는 행동부터 자제해야 한다. 다른 의견을 가진 사람들과 만나, 질시와 물리적인 싸움 대신에 건강하게 토론하고 대책을 함께 고민해 나갈 수 있어야 진정한 시민단체이다.

그간 색깔논쟁이 오랫동안 우리 사회를 지배해 왔다. 선명성 경쟁에서 이기는 자가 헤게모니를 장악하는 그런 구조였다. 따라서 일방적인 강성 또는 감성적 대북관이 주류를 이루어 왔고, 합리적인 의심에 기초한 대북 화해협력 정책의 목소리는 자리 잡을 틈이 없었다. 협력, 공존, 상생, 균형 등의 가치는 마치 공자의 책에나 있는 말처럼 여기는 사회 풍조가 만연해 왔다.

따라서 진보는 보수의 가치를 부정하고, 반대로 보수는 진보를 나이브하다고 매도한다. 그리고 균형 있는 사고를 추구하는 인사들을 회색분자, 기회주의자, 이상론자로 매도해버린다. 오직 한쪽의 사고를 하는 사람들이 헤게모니를 잡고 다른 쪽을 투쟁과 청산의 대상으로 설정한다. 이런 현상들이 21세기 대한민국의 한복판에서 여전히 벌어지고 있다면 정상이라고 할 수 없다.

맺음말 - 공진(共進)과 호시우행(虎視牛行)

필자가 안보 분야에서 30여 년을 근무하면서 줄곧 강조했던 말이 있다. 체제 위협을 선봉에서 미연에 막아낸다는 임무의 특성상 보수적 관점이 중요하다. 그렇지만, 누구도 생각하지 않고 있을 때 미지의 세계를 개척해 나가는 선지자적 행보도 우리의 또 다른 중요한 임무다.

이러한 역할을 성공적으로 수행하기 위해서는, 대한민국의 안보와 국익, 통일을 위해서는 무엇이든지 할 수 있다는 마인드로 무장해야 하며, 학자와 같은 매크로적(macro) 관점과 함께 실무자의 마이크로적(micro) 시각을 동시에 가지려고 노력해야 한다고 말했다. 이런 의미에서 필자는 보수주의자도, 진보주의자도 아니다. 정확한 용어는 아니지만, '안보국익통일주의자'라는 표현이 더 맞을 것 같다. 대한민국의 안보와 국익, 통일을 위해서라면 때로는 보수주의자, 때로는 진보주의자가 되는 것을 서슴지 않을 것이기 때문이다.

결론적으로, 우리는 양극의 목소리가 아닌 공존·공진의 마인드로 대한민국을 한 단계 더 도약시켜 나가야 한다. 이를 위해서는 정당, 정부, 시민사회가 각자의 위치에서 민주사회의 기본가치인 다양성을 존중하며 상생·협력해 나가야 한다. 또한 호시우행(虎視牛行)의 자세로 북한 비핵화와 한반도 평화체제 구축, 더 나아가 통일의 길을 차분하게 열어 나가야 한다.

- 2018. 8. 15. 원코리아센터 곽길섭 정론

복차지계(覆車之戒)
- 지금은 3차 북핵 위기 국면이다

소련 주재 미국 대사관에서 근무하고 있던 조지 캐넌은 1946년 2월 스탈린의 팽창주의 노선을 예지적으로 꿰뚫어보고 이를 경계하는 리포트(이른바 'Long Telegram')을 국무부에 상보함으로써 전후 미국의 대소 봉쇄정책 입안에 크게 기여하였다. 격동의 2021년이 저물어가는 즈음, 한평생 북한을 주시하며 살아온 필자가 조지 캐넌의 심정으로 길고 긴 정론을 쓴다. 대한민국은 지금 코로나19 팬데믹의 장기화, 미·중 패권경쟁 가속화, 북한의 핵·미사일 위협 중대라는 3각 파도를 비롯, 국론분열과 기후·통상 문제 등 다양한 신(新) 안보 위기에 직면해 있다. 앞으로 더 거친 파고가 우리 앞에 닥쳐올지도 모른다.

그렇지만 이 같은 어려움 속에서도, 우리 국민들은 고통을 분담하고 합심하여 세계 속의 한국을 건설해 나가고 있다. 삼성 등 초일류 글로벌 기업이 선도하고 있는 경제력은 G7을 넘보고 있으며, BTS(방탄소년단), 드라마 '오징어 게임'을 비롯한 다양한 분야의 K-콘

텐츠는 전 세계인의 가슴을 울리고 있다. 대한민국은 이제 변방의 작은 나라가 아니라 경제·문화 대국, 세계의 중심으로 진입하고 있다. 열정과 창의, 당당함으로 뭉친 우리의 젊은 세대는 세계로, 미래로 나아가고 있다. 정말 자랑스럽다. 앞으로 더 큰일을 해낼 것이다.

그러나 정부는 어떨까? 솔직히 실망을 넘어 걱정이다. 요즘 유행하는 말인 '꼰대'의 전형인 듯한 느낌이 든다. 자기만 옳다고 하고, 과거에 얽매어 있고, 말과 행동이 전혀 다르다. 김정은 앞에만 서면 한없이 작아진다. 아니 비굴하다. 입만 열면 평화·정의를 얘기하면서도 북한의 갖은 도발과 막말, 인권 탄압에는 벙어리 냉가슴이다.

한발 더 나아가, 대통령을 비롯한 고위관료들은 북한 지도부가 UN이 금지한 탄도미사일 시험발사를 연이어 전개하여 세계인들의 우려가 높아지는 와중에도 정상회담이나 국제회의와 같은 외교 현장에서 각국에 대북제재 동참에 대한 고마움을 표시하고 공조 강화 문제를 논의하기는 커녕, 김정은을 비롯한 북한 지도부의 행태를 전혀 다른 시각에서 해석하며 "한반도 평화체제 건설을 위해서는 김정은에게 제재 해제와 같은 인센티브를 줘야 한다"라고 호소하는 이율배반적인 모습을 보이고 있다.

국제법 준수나 대한민국의 국익이 아닌, 북한을 대변하는 이 같은 혼란스런 행동을 어떻게 해석해야 할까? "처녀가 애를 배도 할 말은 있다"라고 하지만, 아무리 생각해봐도 선후(先後)가 맞지 않는다. 정부는 평화 만들기(peace making)라고 강변한다. 그러나 이런 행동은 우리가 평화를 주도적으로 만들어 나가는 게 아니라 ▲김정은에게 가짜평화를 구걸하는 ▲자칫 잘못하다가는 대한민국의 안보를 그의 손아귀에 맡기는 ▲국제사회로부터는 손가락질을 받는 반(反)국가적·비(非)전략적인 행동이 될 수 있다는 생각을 지울 수가 없다.

'스톡홀름 증후군(stockholm syndrome: 인질이 인질범에 동화되어 그들에 동조하는 비이성적 현상)'이라는 비유가 무색할 정도로 현 정부가 이와 같이 김정은과 북한에 집착하는 행태에 대해, 우리 젊은이들과 세계인들은 무척 의아해하고 있다. "대통령의 인식체계에 문제가 있지 않나? 달나라 대통령인가?" 하는 우려의 목소리도 들릴 정도이다.

지금 우리 대한민국이 가야 할 길은 젊은이의 시각, 세계인의 눈으로 북한을 대하고 세계와 경쟁하며 뉴노멀(new normal)을 선도해 나가는 것이다. 모든 지표가 세계 최하위권인 북한에 집착할 때가 아니다. 북한과의 대화, 인도적 지원은 당연히 필요하다. 그러나 국가의 대전략, 목표와 방향이 잘못 설정되면 미래는 없다. ▲장기적·입체적 안목과 국익 우선주의에 기초한 원칙 있고 당당한 대북정책 ▲더 넓은 세계와의 협력과 경쟁. 이것만이 진정으로 한반도에 평화체제를 구축하고 자유통일한국을 건설해 나가는 길이다.

문재인 정부의 대북정책

한 국가의 전략과 정책은 시대적 화두나 상대에 따라 탄력적으로 조정해 나가는 것이 일반적이다. 그러나 문재인 정부는 이 같은 보편적인 관례를 거부하고 임기 초에 설정한 목표와 방식을 지금까지도 고집스럽게 밀고 나가고 있다. 일종의 외통수 행보이다. 독재자이자 승부사인 김정은, 망나니 같은 김여정에게 이리저리 휘둘리면서도 오직 평화 이벤트, 속칭 'Again 2018' 성사에만 목을 매고 있다.

지난 70여 년의 남북관계사, 아니 김대중 → 노무현 → 문재인으로 이어진 이른바 진보 정부 대북정책 15년사, 더 짧게는 지난 2018년 '한반도의 봄' 이후 약 3년의 기간을 뒤돌아보면, 북한과의 대화나 합의가 얼마나 허망한지를 잘 알 수 있지만 과거와 현실을 직시하기보다는 소망(wishful thinking)과 선의에 입각해 김정은을 상대해 오고 있다. 마치 '가로등 불이 켜지면 죽게 될지도 모르고 달려드는 불나방'과 같은 행태만 반복해 오고 있다.

북한의 다양한 위협과 도발이 도(度)를 지나치고 세기적 대전환기를 지나고 있는 지금은 북한의 눈치를 보거나 대화와 협력에 목을 매기보다는 잘잘못을 당당히 지적하면서 혈맹이자 가치동맹인 미국과의 긴밀한 공조가 그 어느 때보다 필요한 시기다. 단기 행사성 이벤트나 요란한 수사(rhetoric)를 지양하고, 장기적이고 입체적인 관점에서 튼튼한 기초를 쌓아 나가는 것이 중요하다.

그런데 실상은 어떠한가? "빈 수레가 요란하다"라는 말처럼 그야말로 평화·종전·민족 등을 화두로 한 '말의 성찬 시대'이다. 막상 뚜껑을 열어보면 "위장 평화쇼", "그런데 다음은?"이라는 비판을 들어도 싸다는 생각이 들 정도로 '하마하마' 하는 조급함과 '임기응변' 식의 행보밖에 보이지 않는다.

지난 5월 문재인-바이든 대통령 간 첫 한미정상회담 합의문(대화와 압박에 기초한 북핵 문제 해결, 한미동맹의 포괄적 미래 청사진 제시)이 빛을 잃고 있다는 느낌이 강하게 든다. 최근 대북·대중 정책의 추이를 보면, 과거의 어정쩡한 중재자·균형자 역할로의 회귀 조짐이 곳곳에서 보인다. 우리 사회 내부도 극단적인 진영논리와 밥그릇 싸움으로 양극화의 골이 더욱 깊어지고 있다. 2022년 3월 대통령 선거에 즈음하여 이와 같은 갈등상은 더욱 고조될 개연성이 크다.

그 사이에 국가의 기본적인 틀(framework)과 품격, 특히 안보 대들보가 하나둘씩 무너지고 있다. 북한의 차마 입에 담을 수조차 없는 막말과 위협, 도발에 침묵하는 비굴한 모습은 어제오늘의 일이 아니다. 국민 혈세 수백억이 들어간 개성 남북연락사무소가 폭파(2020. 6. 16.)되는 순간은 '제2의 경술국치일'이라고 생각될 정도로 치가 떨리는데 정부의 과거·현재 대응은 도저히 이해가 되지 않는다. 북한이 유엔이 금지한 탄도미사일, 잠수함 발사 탄도미사일(SLBM) 도발을 해도 애써 그 의미를 축소한다.

한발 더 나아가 '북 도발 = 대화 의사 표시'라는 기상천외한 논리까지 내놓는다. 김여정이 '도발'이라는 용어를 쓰지 말라고 압박하자 정부는 곧바로 '위협', '개발' '저강도의 긴장 고조' 등의 말로 순화했다. 어느 언론은 문 대통령이 취임한 이후 북한에 대해 '도발'이라는 표현을 77회 사용했는데, 지난 9월 김여정이 반박한 이후에는 단 한 차례도 사용하지 않고 있다는 낯 뜨거운 통계 수치까지 내놓았다. 이러니 세간에는 "제발 북한을 상대할 때 일본이나 야당을 대하는 것의 반의 반만이라도 따라 했으면!" 하는 개탄의 목소리가 커지고 있다.

국가안보를 걱정하고 북한의 현실을 있는 그대로 얘기하는 사람은 수구꼴통·대결주의자로 매도된다. 감상적 민족주의와 소망성 사고에 기초한 대책 없는 평화 타령, 대북지원, 이벤트성 교류협력을 외쳐야 평화주의자로 대접받는다.

그래서 어떤 국제정치학자는 치밀한 전략전술보다는 평화의 당위성만으로 막연히 "잘되겠지" 하고 있는 작금의 대한민국 안보 방식을 이솝우화의 「개미와 베짱이」(따뜻한 계절인데도 추운 겨울을 대비해 음식을 모으는 개미를 비웃고 노래 부르며 시간을 보낸 베짱이가 막상 겨울이 되자 굶주림을 견딜 수 없어 개미에게 구걸하게 되었다는 교훈적 이야기)에 등장하는 베짱이에 빗대어 '베짱이 안보'로 명명하기까지 하였다. 아프고 슬픈 비유이자, 현실이 아닐 수 없다.

김정은의 대전략

그럼 북한은 과연 어떨까?

김정은은 연초부터 코로나19 팬데믹과 대북제재 장기화라는 위기국면을 오히려 체제의 만성적 모순점을 해결하는 기회의 장(場)으로 인식하고 미증유의 인간·사회 개조 실험을 추진하고 있다. "위기(危機)에는 어려움과 기회가 함께 있다"라는 세간의 말을 제대로 인식·실천하고 있다고 할 수 있다. 고사성어 '와신상담(臥薪嘗膽)'과 북한의 '정비·보강 전략' 용어가 딱 맞는 표현인 듯하다.

김정은은 내부 결속을 도모하고 미국의 신 행정부에게 그들의 확고부동한 입장을 미리 통첩하기 위해 연초부터 8차 당대회를 소집 (1. 5. ~ 1. 12.)하고 ▲핵·미사일 전력 고도화(체제안전판 확보와 비대칭 전력 우위 확보)와 ▲자력갱생(사회주의 계획경제 복원과 외부자유사조 침습 방지)에 기초한 이른바 '정면돌파전 2.0 노선'을 일찌감치 확정한 후 지속 추진해 오고 있다. 특히 김정은은 당대회 사업총화보고를 통해 초특급비밀사안인 미사일, 위성 등 첨단무기 개발 관련 중장기 계획을 공개 천명하기까지 하였다.

> 보고에서는 총결기간 이미 축적된 핵기술이 더욱 고도화되어 핵무기를 소형경량화, 규격화, 전술무기화하고 초대형수소탄개발이 완성되었으며… (중략)…다탄두개별유도기술을 더욱 완성하기 위한 연구사업을 마감단계에서 진행하고 있으며 신형탄도로케트들에 적용할 극초음속활공비행전투부를 비롯한 각종 전투적사명의 탄두개발연구를 끝내고 시험제작에 들어가기 위한 준비를 하고 있는데 대하여 언급되었다. 또한…(중략)…새로운 핵잠수함설계연구가 끝나 최종심사단계에 있으며 각종 전자무기들, 무인타격장비들과 정찰탐지수단들, 군사정찰위성설계를 완성한데 대하여…(중략)…긍지 높이 공개되었다(2021. 1. 9. 조선중앙통신).

9월 이후에는 그동안 연구·개발한 순항미사일, 탄도미사일, 극초음속미사일 등 최신형 무기를 연이어 공개하였다. 급기야 지난 10월 19일에는 SLBM 시험발사까지 단행하였다. 이로써 북한은 핵무기와 다양한 육·해·공 투발수단을 보유하게 되었으며, 대한민국은 측면·후방으로부터도 공격당할 수 있는 치명적 위험에 노출되게 되었다. 북한의 핵 위협이 우리의 코앞에 다가온 지금은 6·25 전쟁 이래 최대의 안보 위기 국면이라고 할 수 있다.

정부의 안이한 상황 인식

그러나 현실은 어떨까?

불행히도, 현 정부는 위기를 위기로 인식치 않고 있다. 북한의 잘못된 행동이나 군사도발을 애써 눈감고 있다. 평화의 당위성과 필요성만 예나 지금이나 천편일률적으로 얘기하고 있다. 북한의 SLBM 도발에 대해 "핵실험, ICBM(대륙간탄도미사일) 도발을 하지는 않았지 않느냐?"라고 반문하는, 어이없는 행태마저도 보인다. 한술 더 떠, "북한에게 인센티브를 줘야 한다"라며 주변국들을 설득하고 있다.

북한을 대화의 장으로 이끌기 위해선 인센티브 제공이 필요하다

(2021. 10. 1. 정의용 외교부장관 국정감사 답변).

미사일을 지속 발사하는데 왜 ICBM 발사나 핵실험까지 하지는 않는가에 대해서는 결정적인 파국으로 가지는 않으려는 것일 수 있다. 한편에서 대화

를 탐색하고 있는 것일 수 있다(2021. 10. 21. 이인영 통일부장관 국정감사 답변).

외신이 우리 정부를 북한의 '수석대변인', '외교부장관'이라고 조롱하는 것도 크게 틀린 말이 아닌 듯하다.

지금은 3차 북핵 위기 국면

필자는 최근 한반도 상황을 '3차 북핵 위기'라고 단언한다.

지난 1·2차 북핵 위기의 지수를 편의상 각각 30, 50이라고 한다면 지금의 국면은 90을 상회한다고 말할 수 있다. 필자는 북한이 '7번째 핵실험'을 하거나, 미국 본토를 사정거리로 하는 '보다 정교화된 ICBM'을 발사하는 상황만을 북핵 위기라고 규정하는 것에 동의하지 않는다.

지금이 바로 3차 북핵 위기이다. 1993년 1차 위기는 플루토늄 핵무기 개발로 촉발되었다. 2002년 2차 위기도 플루토늄탄에 이은 우라늄탄 비밀개발 사실 노출로 시작되었다. 즉, 북한이 핵무기를 개발하는 단계에서의 위기였다. 그러나 이번 3차 위기는 그간 북한이 6차례 핵실험과 120여 차례 미사일 시험발사로 '사실상의 핵보유국'

이 된 상황에서 '미사일 전력의 다종화·고도화와 전 세계를 상대로 한 여론전'을 복합적·입체적으로 전개하고 있다는 점에서 큰 차이가 난다. 일종의 판갈이 싸움·티핑 포인트(tipping point: 갑자기 뒤집히는 점)의 성격이 매우 강하다.

우리가 작금의 국면을 '3차 북핵 위기'라고 평가하고 대처해 나가야 할 이유를 좀 더 구체적으로 제시해보면 대략 7가지 정도로 요약해볼 수 있다.

첫째, 북한은 1월 소집된 8차 당대회에서 우리 헌법과 같은 격인 노동당규약을 개정하고 서문에 '핵을 기반으로 한 무력통일' 노선을 명기하였다.

조선로동당은 **남조선에서 미제의 침략무력을 철거시키고** 남조선에 대한 미국의 정치군사적 지배를 종국적으로 청산하며 온갖 외세의 간섭을 철저히 배격하고 **강력한 국방력으로** 근원적인 군사적 위협들을 제압하여 조선반도의 안전과 평화적 환경을 수호하며 민족자주의 기치, 민족대단결의 기치를 높이 들고 **조국의 평화통일을 앞당기고** 민족의 공동번영을 이룩하기 위하여 투쟁한다(2021. 1. 8차 당대회 수정 당규약).

둘째, 김정은은 8차 당대회 사업총화보고를 통해 자력갱생에 기초한 신경제발전 5개년 계획과 2차 국방발전 5개년 계획을 수립하고 향후 진행될 중장기 '핵·미사일 무기체계 고도화 계획'을 상세하게 공개하였다. 그야말로 핵·미사일 강국 건설을 위한 종합설계도를 만들었다.

셋째, 북한이 영변 핵시설을 재가동하고 대한민국과 일본을 사정권에 둔 다종의 전술핵탄두 개발에 올인하는 가운데, 지난 10월에는 은밀한 기동성이 있어 미국 본토까지 타격할 수 있는 SLBM 시험발사까지 성공하였다. 이로써 국제정치·전쟁사에서 게임체인저(game changer)로 불리는 최고 수준의 투발수단까지 확보하게 된 것이다.

> 2021년 7월 초부터 북한 영변 핵시설 내 5MW 원자로 냉각수 방출을 포함해 원자로 가동과 일치하는 정황들이 있었다(2021. 9. IAEA 연례 이사회 보고서).

> 북한은 상상할 수 있는 영역에서 가능한 한 모든 노력을 하는 중이다. 플루토늄 추출과 우라늄 농축, 다른 활동들에 대한 작업이 전속력으로 진행되고 있다(2021. 10. 그로시 IAEA 사무총장).

넷째, 북한이 우리의 요격이나 예방타격을 회피할 수 있는 '극초음속 미사일, 신형 순항미사일, 단거리 탄도미사일, 열차 미사일' 등 다양한 신형 미사일과 투발수단을 개발하였다.

다섯째, 북한이 '자주권(안보), 평등권(한·미의 무기개발과 동등한 대칭적 권한)'이라는 억지 논리로 핵무기·미사일 개발의 정당성을 주장하는 선전전을 대대적으로 전개하기 시작했다. 이것은 김정은이 비핵화의 길이 아닌 '핵보유국의 길'을 갈 것이라는 마이웨이(my way)를 더욱 분명히 한 것이다.

여섯째, 이와 함께 향후 있을 미국과의 '핵군축 협상'에도 선제적으로 대비해 나가고 있다. 북한이 8월 김여정 담화를 시발점으로 '한미합동군사훈련 영구 중단, 미국의 대한반도 핵우산 철폐, 주한미군 철수' 등 근본 문제를 끊임없이 공략하는 가운데, 김정은이 9월 최고인민회의 시정연설과 10월 국방발전전람회 기념연설을 통해 '대북 이중기준과 적대시 정책 철폐'를 대화의 전제조건으로 제시한 것은 핵·미사일 고도화의 시간도 벌고 협상 재개시 고지를 선점하기 위한, 즉 한반도 패러다임의 근본적인 변화(paradigm shift)를 노린 고도의 전략전술적 수순이다.

일곱째, 북한은 중국과의 대미공동전선 형성을 위해 '미국의 대중 정책 부당성'에 대해서도 중국과 한목소리를 내고 있다.

종합하면, 1·2차 북핵 위기가 '핵개발의 초기단계' 수준이었던 반면에, 3차 북핵 위기는 '핵개발의 완성·실전배치단계'이다. 따라서 김정은이 지난 10여 년간의 핵개발 올인 성과를 기초로 70여 년간

고착되어온 패러다임을 근본적으로 바꾸려는 시도를 하고 있다는 점에서 1·2차 핵위기와는 비교가 되지 않는 심각성·파급영향을 가지고 있다고 판단된다. 대한민국과 미국이 지금의 시점에서 조금이라도 잘못 대처하면 힘의 균형이 북한 쪽으로 넘어갈 수 있는, 그야말로 변곡점(critical point)이다. 그 위험성은 상상할 수 없는 수준이 될 것이다.

북한은 가공할 핵을 50여 개 이상이나 가지고 있는데 우리는 핵이 없는 상황, 특히 북한이 핵군축 논의를 주도하면서 유엔사 해체와 주한미군 철수 등 남남갈등·한미이간을 노린 통일전선사업을 국내외에서 대대적으로 전개하는 세상이 그리 머지 않은 것일 수 있다. 여기에다 국내에서는 분단 이래 군(軍)과 함께 국가안보의 양대 축을 형성하고 있는 국가정보원(국가보안법)에 대한 무력화가 점차 현실로 나타나고 있다. 자칫 잘못하면, 1945년 해방 이후 좌와 우가 극심하게 대립했던 혼미정국이 재연될 소지도 없지 않다. 이런 차원에서 우리는 북한이 지난 1월 당규약 수정시 대남적화통일노선을 분칠(粉飾) 수정하고 해외통일전선사업 강화를 새롭게 명문화한 것이 이 같은 전술의 신호탄이 아닌지를 유심히 관찰, 대응해 나가야 한다.

"전국적 범위에서 민족해방민주주의혁명 수행" 표현을 "전국적 범위에서 사회의 자주적이며 민주주의적인 발전을 실현"으로 대체한 것은 북한이 대남적화혁명노선을 포기했다는 것을 의미하는 게 아니다. 북한의 정치사전 등의 규정을 보면, 북한이 말하는 '자주'는 민족해방, 주한미군 철수를 의미하며, '민주'는 반공 악법과 조직 철폐, 공산당활동 허용을 의미하므로 일종의 분칠수정이며 용어혼란전술이다(2021. 6. 1. 원코리아센터 곽길섭 정론).

북핵 위기 대처 문제점

이 같은 위기 국면에 대해 우리 정부는 어떻게 대처하고 있나? 문제점은 무엇인가? 무엇보다도 먼저, 현 정부가 위기를 위기로 인식하지 않고 있는 게 가장 큰 문제이다. 애써 눈감고 있다는 게 더 맞는 말일 것이다. 북한의 막말이나 도발을 마냥 인내하며, 호도하며, 평화의 당위성만 주장한다. 김정은의 비위를 거슬리면 '대화의 모멘텀이 유리잔처럼 깨질 수 있다'라는 두려움을 느끼고 있는 듯하다.

둘째, 문 대통령은 임기말인데도 불구하고 북한과의 대화 재개를 통한 비핵화 모멘텀 마련을 위해 전력투구하고 있다. 9월 유엔총회 기조연설을 기점으로 '종전선언 입구론'에 대한 홍보와 미국과 북한의 호응 유도에 총력을 경주하고 있다.

종전선언이야말로 한반도에서 '화해와 협력'의 새로운 질서를 만드는 중요한 출발점이 될 것입니다. 나는 오늘 한반도 종전선언을 위해 국제사회가 힘을 모아주실 것을 다시 한번 촉구하며, 남북미 3자 또는 남북미중 4자가 모여 한반도에서의 전쟁이 종료되었음을 함께 선언하길 제안합니다(2021. 9. 21. 문재인 대통령의 유엔총회 기조연설).

종전선언은 신뢰구축 조치로서 의미가 크다. 북측은 대화 재개의 전제조건으로 대북 적대시 정책의 철회를 강조하고 있다. 종전선언은 이를 가장 상징적으로 보여주는 조치라고 할 수 있다(2021. 10. 25. 노규덕 외교부 한반도 평화교섭 본부장).

그러나 정부의 "종전선언은 대북 적대시 정책이 더 이상 없다는 것을 보여주는 상징적인 조치에 불과하다", "정치적 선언이어서 언제든 취소가 가능하다" 하는 설명은 너무 단순한 발상이 아닐 수 없다. 핵심 이해당사국이 많고 어떤 방향으로 불길이 옮길지 모를 복잡미묘한 국가대사(大事)를 "일단 해보고 생각해 보자" 하는 식으로 접근하는 것을 보면 아연실색하지 않을 수 없다.

북한 비핵화·군비통제 등과 관련한 암묵적 합의나 가시적인 조치 없이 먼저 종전선언부터 채택하는 것은 ▲개전의 정이 없는 성범죄자에게 재발방지 조치를 강구하지 않은 상태에서 활보할 수 있는 길을 열어주는 꼴이고 ▲북한당국이 직접 나서거나 국내외 친북단체를 조종하여 유엔사 해체, 한미합동군사훈련 영구 중단, 주한미군 철수 등 기존의 한반도 질서를 근본적으로 바꾸기 위한 선전전을 대대적으로 전개해 나갈 것이 불을 보듯 뻔하기 때문이다. 실제로 지난 10월 27일 김성 유엔 주재 북한대사는 유엔총회 제4 위원회에서 '주한 유엔군사령부 해체'를 주장했다.

한국에 있는 유엔사는 미국이 불법적으로 창설한 조직으로, 예산과 행정 모든 면에서 유엔과는 무관하다는 사실이 잘 알려져 있다. 1950년에 불법으로 창설한 유엔사는 사실 유엔에 지휘권도 없어 미국이 주도하는 한미연합사령부와 다를 것이 없어 해체해야 한다(2021. 10. 27. 김성 유엔 주재 북한대사).

▲지금은 북한이 코로나19 상황을 빌미로 시작한 '김정은식 인간·사회 개조 실험', 전략무기 고도화, 대북제재 완화 등이 발등에 떨어진 불이기 때문에 종전선언 제의에 적극 호응해 나오지 않고 있지만, 이 같은 핵심과제를 어느 정도 완료한 이후에는 남남갈등과 한미이간을 위한 호재(好材)이기 때문에 적의 활용할 것이 분명하다. ▲그리고 미국은 종전선언이 북한 비핵화는 물론 한반도와 동북아 질서에 큰 영향을 주는 법률적·외교적 행위라고 판단하고 있기 때문에 '순서, 시기, 조건'을 신중하게 고려하고 있다는 사실을 유념해야 한다.

얼마전 남조선이 제안한 종전선언 문제를 론한다면 북남사이의 불신과 대결의 불씨로 되고 있는 요인들을 그대로 두고서는 종전을 선언한다 해도 적대적인 행위들이 계속될 것이고 그로 하여 예상치 않았던 여러 가지 충돌이 재발될 수 있다. 종전을 선언하기에 앞서 서로에 대한 존중이 보장되고 타방에 대한 편견적인 시각과 불공정한 이중적인 태도, 적대시 관점과 정책들부터 먼저 철회되여야 한다는 것이 우리가 계속 밝히고 있는 불변한 요구이며 이것은 북남관계를 수습하고 앞으로의 밝은 전도를 열어나가기 위해서도 선결되여야 할 중대과제이다(2021. 9. 29. 김정은의 최고인민회의 시정연설).

종전선언 채택과 관련 핵심적인 전략구상은 한미간에 근본적으로 일치한다. 그러나 각각의 단계에 대한 정확한 순서(sequencing), 시기(timing), 조건(condition)에 대해 한국과 다소 이견이 있을 수 있다(2021. 10. 26. 제이크 설리번 미국 백악관 안보보좌관의 언론브리핑).

셋째, 이와 함께 북한을 대화의 장으로 이끌어내기 위해 백신·산림 협력 제안, 교황 방북 추진, 베이징동계올림픽의 '제2 평창올림픽화(化)', 대북제재 부분 해제(인센티브)에 외교력을 집중하고 있다.

그렇지만 대북 방역·인도주의 협력 등 남북 간 사업은 김정은이 이미 '비본질적인 문제'라고 일축한 사안이어서 당분간 수용 가능성이 크지 않다. 이외에 교황 방북을 비롯해 국제사회의 호응과 합의가 필요한 사안들은 북한의 종교·인권 탄압, 평창동계올림픽 이후 북한이 보이고 있는 이율배반적인 모습, 북한의 전통적인 '먹튀' 행태, 미국 등 자유세계의 부정적 대북인식 등을 충분히 고려치 않고 밀어붙이고 있어 문제이다.

맺음말 - 복차지계(覆車之戒), 북핵·북한을 넘어 세계로, 미래로

그럼 향후 우리 정부는 어떻게 대처해 나가야 하는가?

첫째, 위기를 위기로 인식하는 것부터 시작해야 한다. 핵무기는 남과 북 사이에 최소한 0:50이고, 북한의 전술핵무기와 SLBM이 대한민국을 360도 방향에서 위협하는 시대가 시작되었다는 사실에 무감각해서는 안 된다. 국가의 안전과 국민의 생명을 담보로 실험을 해서는 안 된다.

둘째, 임기말 정부라는 사실을 잊지 말아야 한다. 김정은과 바이든은 장기전 모드에 들어가 있는데, 문재인 정부만 조급한 마음에 단기 이벤트에 올인하면 그 결과는 불을 보듯 뻔하다. 대국민 희망 고문은 이제 그만할 때가 되었다. 과거 노무현 정부가 임기말에 남북관계에 대못을 박기 위해 정상회담을 추진했다가 실패했던 아픈 전철을 다시 밟아서는 안 된다.

셋째, 미국이 종전선언의 부정적 파급영향을 강하게 염려하고 있는 점도 중요한 고려요소이다. 바이든 대통령의 최측근인 설리번 백악관 안보보좌관이 "종전선언의 순서, 시기, 조건이 한국과 다를 수 있다"라고 공개 발언한 것은 매우 의미심장하다. 외교관례로 볼 때, 사실상 거부의사를 표명한 것으로 봐야 한다. 미국은 북한을 넘어 동북아와 세계 패권을 고려하며 대외정책을 추진하고 있다. 우리의 입장과 의욕만 앞세우다가 김정은한테 뺨 맞고, 바이든과도 불편해지는 일은 없어야 한다.

넷째, 대화와 교류협력이 당연히 필요하고 중요하지만 지금은 그럴 때가 아니라는 점도 고려해야 한다. 정부는 우리도 자주국방에 관심을 가지고 추진해 오고 있다고 주장하고 있지만, 최근 대한민국의 정신 전력이 총체적으로 약화되었다는 사실은 각종 지표마다 나타나고 있다. 특히 핵보유국과 미보유국은 하늘과 땅처럼 위상이 완전히 다르다는 엄연한 현실을 부정해서는 안 된다. 같은 SLBM일지라도 북한은 핵무기를 탑재할 수 있다.

> 적대적인 두 세력 중에 한쪽에만 핵무기가 있을 경우에, 핵무기가 없는 쪽이 선택할 수 있는 옵션은 두 가지뿐이다. 전쟁을 하다가 죽거나, 항복을 해서 목숨을 건지거나이다(국제정치학자 한스 모겐소).

다섯째, 북핵 위기가 불거진 지 어언 30여 년, 문재인 정부가 출범한 지 5년, 짧게는 3년여 전의 '한반도의 봄'과 현재의 상황은 모든 게 달라졌다. 대화와 협상에 의한 북한 비핵화는 사실상 물 건너갔다고 할 수 있다. 그렇다고 핵을 가진 북한과 한 하늘을 이고 사는 것은 상상의 세계에서나 가능한 일이다. 이미 우리는 김정은 남매의 공갈과 위협, 도발에 수없이 시달리고 있지 않은가?

그러므로 지금부터는 비핵화 협상은 지속적으로 추진하되 대화에만 매달려서는 안 되며, 핵이 있는 북한을 어떻게 상대해 나갈 것인가에 대해 보다 진지한 고민을 해야 한다. 그 방법은 김정은과 북한을 중심에 두지 말고, 우리의 길을 당당하게 가는 데 있다. 김정은으로 하여금 '핵을 가지고 있어봐야 소용도 없다. 아니, 손해다'라는 생각을 가지게끔 만들어 나가야 한다.

그러자면 보다 튼튼한 안보태세를 구축하고 미국 등 국제사회와의 긴밀한 공조하에 북한체제 정상화 전략(5化: 비핵화, 자유화, 시장화, 친한화, 세계화)을 총체적으로 가동해 나가야 한다. 당연히 조속한 시일 내 가능한 북핵 동결(폐기는 길고 지난한 과정이다)을 위한 비핵화 협상도 하고, 북한 주민의 어려운 삶을 개선하기 위한 인도적 지원도 조건 없이 하고, 인권 문제도 당당히 제기하고, 대북제재 틀도 좀더 공고히 하고, 세계질서와 문화를 선도하는 자랑스런 대한민국을 만들어 나가고, 북한이 핵을 포기하지 않을 경우에 대비한 플랜 B도 마련해 나가고 하는 '장기적·입체적·실용적 대북정책'을 추진해 나가야 한다. 최선은 아니지만 차선의 해답은 될 수 있다.

결론적으로, 정부는 ▲위기를 직시하고 ▲가시적·단기적 이벤트에 대한 집착을 버리고 ▲미국 등 국제사회와의 긴밀한 공조하에 실질적인 북한 비핵화를 위한 초석을 다지는 데 주력해야 할 것이다. 그렇지 않고, 이 시기를 지난 4년여처럼 소망·평화 놀음만 하다가 그냥 흘려보내면 북한은 더 강해지고, 대한민국은 핵 인질이 되는 상상하기조차 싫은 최악의 시나리오에 직면하게 될 것이다. 역사와 미래세대를 생각해야 한다. 이 같은 상황을 예방하기 위해서는 혈맹이자 가치동맹인 미국과 가용한 모든 옵션을 테이블 위에 올려놓고 0(협상)에서 100(자체 핵무장)까지의 스펙트럼을 시나리오화(북한 행보와 관련 없이 취해 나갈 상수조치와 북한 행동에 상응하는 변수조치를 포괄하는 복합플랜 A·B·C) 해야 한다.

다시 한번 강조하지만, 북한과의 대화에만 매달리거나 억지 요구에 순응해서는 이 복잡한 방정식을 풀 수가 없다. 우리의 해법을 북한에 제시하고, 이를 받아들이지 않거나 도발하면 우리도 제2·3의 길을 간다는 것을 주지시켜야 한다. 현 정부는 남은 임기 동안 큰 성과를 내기 위해 무리수를 두어서는 안 된다. 비뚤어진 남북관계를 정상화시키며 내년 상반기에 출범하는 새 정부의 운신 폭을 넓혀주는 역할만 잘해도 충분하다. 북한으로 가는 방법은 직선로만 있는 게 아니다. 지금은 직선로에만 집착하지 말고 다양한 우회로를 만드는 데 신경을 써야 할 때이다.

얼마 전 작고한 노태우 전 대통령의 선견지명과 전략전술적 마인드를 배워야 하고, 임기말 노무현 전 대통령의 과욕을 복차지계(覆車之戒: 앞의 수레가 넘어지는 걸 보고 뒤 수레가 미리 경계한다)의 마음으로 곱씹어봐야 할 때이다. 그런데도 문 대통령은 물론 여권의 대통령

후보까지도 송양지인(宋襄之仁: 어리석은 대의명분이나 불필요한 인정을 베풀다가 망함)식 태도를 보이고 있어 걱정스럽다.

김정은이 독재자이기는 하지만 우리의 상대이므로 대화는 당연히 해야 한다. 그렇지만, 새가 양 날개로 날듯이 대북정책은 외 날개로 날아서는 절대로 성공할 수 없다. 그리고 바람(風向)도 잘 읽어야 한다. '노태우 전 대통령의 북방정책 2.0'과 필자가 제시한 유비무환-국론통합-주동작위(主動作爲)-적수천석(滴水穿石: 비록 작은 물방울이라도 한곳에 오랫동안 떨어지면 댓돌을 뚫는다)의 '16자 대북정책'이 ▲직선로가 아니어서 ▲다소 느리기는 하겠지만 ▲'외 날개가 아닌 양 날개로 나는 정책', '역풍 아닌 순풍의 정책'이 될 것이다.

자유 대한민국은 이제 고정관념과 우물 안 개구리와 같은 사고, 감상적 민족주의에서 벗어나야 한다. 남북한 대화와 교류협력은 중요하다. 당연히 적극 추진해야 한다. 그러나 그 모멘텀 마련을 위해 ▲김정은의 선의(善意)에 매달리거나 ▲핵·미사일 도발에 계속 침묵하며 수수방관하거나 ▲우리의 안보 대들보를 무너뜨리려는 억지 요구를 들어줘서는 안 된다. 북한이 핵 가속페달에서 발을 떼지 않고 오히려 더욱 세게 밟고 있는 지금은 긴 안목과 당당한 원칙, 미국 등 국제사회와의 긴밀한 공조에 입각해 '플랜 A·B'를 총동원, 대처해 나가야 한다. '민족보다 글로벌, 이념보다는 실용'을 먼저 생각하는 젊은이의 시각으로, 세계인의 눈으로 북핵·북한을 넘어 세계로, 미래로 나가는 담대한 지혜를 발휘해야 한다.

다음의 「한반도 평화체제 구축을 위한 장전」 핵심 기조안' 및 '안보정책 비전과 목표·전략'을 참조하기 바란다.

「한반도 평화체제 구축을 위한 장전」 핵심 기조안

북핵 폐기, 한반도 평화체제 구축은 당연히 우리의 소망이자 사명이다. 그러나 현실을 직시해야 한다. 잔인무도한 독재자이자 승부사인 김정은과 상대해야 하기 때문이다. 상대의 선의에 기대는 '교류협력 지상주의'도 미국의 군사공격에 의한 '레짐 체인지'도 말로는 그럴 듯하지만, 실제로 실행하긴 어렵다. 보다 현실적이고 실효적인 접근이 필요하다.

대원칙: 튼튼한 안보태세 확립과 북한사회 변화 추동

1. 자주국방과 한미동맹에 기초한 안보태세를 군건히 한다. 전쟁은 안 되지만, 할 수 있다는 결의는 확고히 하여야 한다.

1. 북핵 폐기 성공(플랜 A)과 실패(플랜 B)를 동시 대비한다. 완전

한 비핵화를 위한 노력을 다방면적으로 전개하되, 매몰되어서는 안 된다. 튼튼한 안보태세하에 세계 속의 한국으로 나아가는 '우리의 길'에 보다 집중해야 한다.

1. 김정은 정권 붕괴 또는 흡수통일 공작을 추진하지 않는다. 단, 북한 내 급변사태 발생에는 대비해야 한다.

1. 북한사회 전반의 변화와 남북한 동질화를 촉진시키는 민·관·군 활동을 다방면적으로 전개한다.

핵심 전략전술: 기정배합(奇正配合)으로 '나비효과' 도모
(손자병법에 나오는 공개전략과 이면전략 배합 전술)

1. **우리가 '甲'이다** - 미국 등 국제사회와 유기적으로 협조, 북한 핵을 폐기하기 위해 노력한다. 단, 서두르지 말고 긴 안목을 가지고 추진한다.
   - ◆ 김정은에게 읍소하지 말고, "핵을 안고 죽을 것이냐", "핵을 버리고 생존·번영하는 길로 갈 것이냐"를 선택케 해야 한다.
   - ◆ 북한 비핵화는 전제조건론(입구론)이나 교류협력우선론이 아니라 최종목표(출구론)로 하여 '국방력·경제력 강화 + 대북 압박·대화'에 주력한다.

1. **포괄적 비핵화 로드맵 합의 우선** - 공격적 한국형 전략적 인내 (OKSP: Offensive Korean-style Strategic Patience) 정책을 추진한다.

   ◆ 3축체제에 기초한 자주 국방력, 한미동맹 강화를 통해 대북 억지력을 더욱 튼튼히 한다.

   ◆ 미국으로 하여금 한국과 미국이 공동으로 성안한 '포괄적 북한 비핵화 로드맵(先 핵 동결, 後 포괄적 합의 - 細部 단계적·동시적 조치)'을 가지고 북측과 협의토록 한다.

   ◆ 대북제재는 지속적으로 추진하며, 해제는 남·북·미 사이에 포괄적인 비핵화 로드맵에 대한 합의가 이루어진 이후부터 점차적으로 시행한다.

   ◆ 인권 등 인류보편적 가치와 관련된 문제는 국제사회와 긴밀히 공조한다.

1. **북한을 넘어 세계로** - 북한 비핵화에 국가역량을 총투입해선 안 된다. 튼튼한 안보태세 구축과 자유롭고 풍요로운 대한민국 건설에 집중해야 한다.

   ◆ 북한 비핵화 노력과는 별개로 북한이 핵을 포기하지 않을 가능성이 높은 엄연한 현실을 직시해야 한다.

   ◆ 북한의 대전략과 핵 능력을 감안해볼 때, 북한은 이미 핵을 포기하기 어려운 단계로 접어들었다. 소망성 사고(wishful thinking)에 기초한 대북 매달리기 또는 고정관념(streotype)에 기초한 북한붕괴론적 접근은 금물이다.

◆ 국가안보는 실험의 대상이 아니다. 미국과 핵공유협정 체결, 핵잠수함 동해 상시배치와 같은 플랜 B를 협의해 나감으로써 북한 도발을 사전 예방해야 한다. 중국에도 북한이 비핵화를 고집하면 안보주권 차원에서 대응해 나갈 수밖에 없음을 주지시켜야 한다.

◆ 일본과 미래를 향해 함께 가야 한다. 과거는 잊지 말되, 문제 삼지 말아야 한다. 역사적으로 쓰라린 경험을 같이한 베트남과 남아공을 배워야 한다. 향후 세계질서는 미·중 패권경쟁 속에서 결정된다. 어정쩡한 균형노선은 양측 모두로부터 배척받는다. 대한민국은 자유민주주의와 시장경제 가치를 공유하며 선도하고 있는 일본, 미국과 손잡고 항해해야 한다.

◆ 북핵과 민족을 넘어 미래로, 세계로 나아가야 한다. 글로벌 4차 산업혁명 물결 속에서 자유와 인권, IT 기술을 선도하는 세계일류국가로 발돋움하는 게 우선이다. 이 기회를 놓치면 안 된다. 세계 속의 대한민국이 되어 그 힘(power)이 자연스레 북한으로 스며들게 해야 한다.

1. **필요시 북한과 「한반도 평화체제 구축을 위한 장전」 협의** - 1991년 남과 북이 채택한 '기본합의서'를 모태로 그동안 합의한 문건들을 재심의, 평화와 통일로 가는 실질적 이정표(milestone)를 만든다.

◆ 먼저, 청와대 주관의 범정부 TF를 구성하고, 향후 남북최
고위급·실무급 논의체로 발전시킨다. 장전(章典)이 합의되
면 남북한 의회의 비준을 받아 시행한다.

안보정책 비전과 목표·전략

1. **비전** - 자유민주주의에 기반을 둔 '글로벌 대한민국-통일한
국' 건설

1. **정책기조** - 천천히 서둘러라
   ◆ 통일은 목표가 아니라 과정이다.
   ◆ 튼튼한 안보에 기초한 자유 대한민국 건설이 우선이다.
   ◆ 대화와 압박, 국제사회와의 공조를 통해 북한 핵을 폐기시
   킨다.

1. **남북한 합의 계승·발전**
   ◆ 「남북 사이의 불가침 및 교류협력에 관한 합의서(1991. 12.
   일명 '남북 기본합의서')」와 '민족공동체 통일방안(1994.
   8.)'을 근간으로 한다.
   ◆ 이외에 7·4 공동성명, 6·15 공동선언, 10·4 선언, 9·19 공
   동성명 등 남북 간에 합의한 정신도 탄력적으로 계승한다.

1. 목표 및 전략

◆ 자주국방과 협력안보

  - 국군의 자주화·현대화 역량을 지속 강화한다.

  - 혈맹·가치동맹인 한미동맹을 협력안보의 제1축으로 한다.

  - 주변국과는 전략적 협력동반자 관계를 확대해 나간다.

◆ 북한 비핵화

  - 핵 동결과 비핵화 로드맵 합의가 제1 우선 과제이다.

  - 국제사회의 보편적 규범과 공조를 기초로 추진한다.

  - 남북 간 교류협력을 비핵화 합의보다 선행하지 않는다.

◆ 북한사회 변화

  - 인권·인터넷 개방 등 인류보편적 가치 문제는 당당히 제기한다.

  - 북한 권력층 내부와 사회 저변의 다양성을 증진시킨다.

  - 민간 차원의 북한 자유화 활동을 보장한다.

◆ 남북 간 동질성 증진

  - 자유민주주의와 시장경제 원리에 기반한다.

  - 글로벌 스탠다드에 기초해 교류협력을 추진한다.

  - 이산가족 및 새 세대 간 교류는 최대한 빠르게 시행한다.

~ 對북한 직선로는 물론 '세계로, 미래로, 하나로!'의 우회로를 배합 ~

- 2021. 11. 5. 원코리아센터 곽길섭 정론

※ 데일리INK 칼럼

김정은 對 윤석열
– 국가안보시스템을 대혁신해야 할 때다

대한민국 제20대 대통령 선거(3. 9.)가 끝났다. 새 정부 출범은 인수위원회 활동을 거쳐 2개월 후에 있지만, 이제 사실상 문재인 정부의 큰 역할은 종료되었다고 할 수 있다. 지난 5년의 국정을 조용히 마무리하면서, 다음 정부가 순조롭게 출범할 수 있도록 하는 데 주력해야 할 것이다. 이렇게 뜻깊은 날을 맞이하여 국가의 백년대계를 생각해본다.

윤석열 정부의 과제

지금 대한민국은 코로나19 팬데믹, 미·중 패권경쟁, 북핵 위협을 비롯한 크고 작은 삼각파도를 아슬아슬하게 헤쳐 나가고 있다. 과연 새 정부는 문재인 정부의 실패를 능동적으로 넘어 '자유·평화·번영이 넘치는 글로벌 중추국가'를 건설해 나갈 전략전술적 마인드,

즉 소프트웨어(software)가 잘 준비되어 있을까?

국가의 제1임무는 영토 보전과 국민 생명 보호이다. 코로나, 부동산, 청년 문제는 발등에 떨어진 불이다. 새 정부가 당연히 시급한 과제로 다뤄야 한다. 그렇지만 문 정부가 망가뜨린 안보정책 정상화도 분초를 다투는 중차대한 문제다. 기존 '청와대의 만기친람식 국정운영과 일선 부서의 들러리 역할 전락, 대북·대중 굴종적 태도'는 청산되어야 한다. 대한민국의 안전과 미래, 통일한국의 운명이 걸려 있기 때문이다.

이를 위해서는 문재인 정부의 대북정책과 국가안보시스템 전반에 대한 리뷰(review)와 대혁신이 필요하다.

대북정책

김정은은 콤플렉스와 야망을 지닌 승부사이다. 윤석열 당선자도 승부사 기질이 대단하다. 앞으로 두 승부사는 어떤 식으로 만나야 할까? 아니, 윤석열 정부는 어떤 식으로 북한을 리드해 나가야 할까?

축구를 예로 들어보자. 세계 축구사를 보면 현란한 개인기를 바탕으로 화끈한 공격력을 보여주는 브라질·스페인식 축구와 팀플레이-압박수비를 위주로 하는 영국·이태리식 축구가 양대 산맥을 형성하고 있다. 물론 지금은 토털싸커(total soccer)가 대세이지만, 그 근저에는 과거의 이 같은 2대 흐름이 계속 이어지고 있다. 공격형 축구는 관중들에게 재미있는 볼거리를 많이 주지만, 완벽한 실력을 갖춘 팀이 아니면 화려함에 비해 실익이 별로 없다. 반면에 수비형 축구는 흥미는 덜하지만 실점을 줄여주어 어느 정도의 상위 성적은 늘 보장해준다.

따라서, 코로나19, 부동산·청년 문제, 미·중 패권경쟁, 북한 핵·미사일 위협 노골화 등 다양하고 복잡한 빅이슈들을 머리에 이고 출범하는 윤석열 정부는 당분간 무리한 공격보다는 수비를 튼튼히 다지는 데 보다 중점을 두어야 할 것이다. 특히 최근 들어 블러핑(bluffing)이 아닐까 하는 의구심마저 들 정도로 전방위적 대남무시-대미압박 전술을 구사하고 있는 김정은에 대해서는 두말할 나위도 없다.

즉, 앞으로 김정은을 상대해 나갈 때는 문재인 정부 실패의 전철을 밟아서는 안 된다. ▲조급해서는 안 되며 ▲튼튼한 안보, 중장기적 관점과 원칙에 입각한 당당한 대북정책을 추진해 나가야 한다. 일종의 남북관계 '비정상의 정상화'가 먼저이다. 이런 기조하에 ▲미국 등 국제사회와의 전략전술적 공조를 통한 '북한 비핵화 로드맵'

성안과 제시 ▲북한 주민에 대한 인도적 지원과 북한체제 변화 전략 (필자는 이를 비핵화, 자유화, 시장화, 친한화, 세계화의 5화 전략으로 명명)을 주도면밀하게 시행해 나가야 한다. 첫 단추를 잘 꿰어야 한다. 그러면 5년의 시간은 분명히 우리 편에 있다.

국가안보시스템

한편 정부의 안보대비체계 효율화 문제에 대해서는 5가지의 재편 방향을 제안해본다. 첫째, 비대해진 청와대 국가안보실을 폐지하고 권한을 외교안보수석과 국정원, 외교부 등 일선 안보부서로 이관하는 게 당선자가 캠페인 기간 중 약속한 '작은 대통령실' 구현의 제1보라고 생각한다. 대통령실 수석은 대통령 보좌 역할이면 충분하다. '책임장관제' 정신의 구현이 될 것이다.

둘째, 대한민국 국가안보시스템에 영국·미국 등 선진국이 채택하고 있는 정보공동체(IC) 개념을 도입하는 것을 적극적으로 검토해볼 필요가 있다. 대표적인 예로 미국이 9·11 테러 이후 정보사각지대 해소와 융합정보 생산을 위해 CIA, FBI 등 16개 부분정보기관을 총괄 감독·협업하는 국가정보장실(DNI)을 신설하고 합동정보평가위원회(JIC)를 운영해 오고 있는 점을 벤치마킹할 필요가 있다. 단, 별도 조직을 신설하기보다는 '국가정보원 원장실'에 유사한 역할 (K-DNI)을 부여하고 안보 관련 전 기관을 수직·수평적으로 묶는 법률적-제도적 조치를 취하면 될 것이다.

셋째, 이 같은 '정보공동체 출범'을 전제(前提)로 국가정보원을 제로 베이스에서 재편하는 문제를 검토해야 한다. 국정원의 주임무는 '남북대화의 선봉대'가 아니다. '정보수집·평가와 자유민주체제 수호'이다. 그런데 문재인 정부는 국정원을 북한과의 비선 대화채널로 주로 활용하면서, 대공수사권을 무력화하고 여타 기능을 행정기관화하였다. 간첩의 필체로 원훈석(院訓石)을 새기는 상식 이하의 행동까지 자행했다. 국정원의 정상화가 자유 대한민국 정상화의 시작이다. 단, 과거 '무소불위의 권력기관' 또는 '제왕적 국정원장' 출현은 예방해야 한다. 이를 위해 국정원을 원장실(K-DNI)과 2개 차장실(K-CIA, K-FBI)로 분리할 것을 제안한다. 이를 통해 내부 상호견제와 협업의 틀(frame)을 구축한 후 군, 경찰 등 정보공동체와의 융합정보생산 체제를 보강한다. 즉, 원장실은 새로 편성되는 정보공동체의 수장인 국가정보장(K-DNI)을 겸임하면서 차장실·부문정보기관과의 협업과 감독, NSC 사무처 기능, 융합정책정보 생산을 주임무로 한다. 분리·독립된 2개 차장실은 각기 독립적으로 첩보수집·평가와 행동을 전담토록 한다. 이렇게 될 경우, 오랜 숙제였던 ▲정책과 정보의 분리 ▲일체·독주형 → 견제·협업의 선진국형 순수정보기관으로 탈바꿈할 수 있다. 당연히 NSC(국가안전보장회의) 운영의 내실화에도 크게 도움이 된다.

넷째, NSC와 자문회의 기능을 활성화한다. 회의는 대통령이나 국가정보장이 주재한다. 실무적 뒷받침은 신설되는 국가정보장실이 수행토록 한다. 특히 전문가 자문회의는 상시조직보다는 관료와 민간전문가들이 일정 기간 협업을 하는 TF 성격으로 운영한다. 대통령이 주재하는 '북핵 위기 해소를 위한 민관합동위원회'가 좋은 예가 될 수 있을 것이다.

다섯째, 통일부의 개편도 적극 검토해야 한다. 국민들은 지난 5년간 북한과의 대화와 교류협력만을 지상과제로 여기는 부서의 폐해를 똑똑히 목격했다. 통일부의 존재 이유와 핵심기능이 무엇이어야 하는지에 대한 철저한 성찰을 바탕으로 임무와 조직을 재정비해야 한다.

맺음말

평화는 우리 모두의 간절한 소망이자 목표다. 그렇지만 염원하고 외친다고 평화가 보장되지는 않는다. 김정은이 스스로 핵을 포기할 가능성은 점점 멀어지고 있다. 세계는 우리에게 선택을 강요하고 있다.

따라서 새로 출범하는 윤석열 정부는 문재인 정부 대북정책 실패를 반면교사(反面教師)로 삼아 ▲자주국방과 한미동맹을 기초로 한 튼튼한 안보태세 구축 ▲미국·중국·일본 등 핵심 이해당사국들과의 전략적 외교 강화를 통해 김정은이 '핵을 가지고 있으면 손해다'라는 인식을 가지게끔 만드는 데 주력해야 한다.

처음에는 더디고, 김정은의 강한 반발을 불러올 수도 있다. 그러나 온 국민이 힘을 합쳐 그것을 당당히 이겨내야만 진정한 한반도 평화, 자유민주통일의 길을 열어 나갈 수 있다. 국론 결집과 안보시스템 재정비, 자강(自强), 국익외교는 더 이상 선택이 아닌 필수다.

힘이 곧 평화다! 새 술은 새 부대에!

- 2022. 3. 11. 원코리아센터 곽길섭 정론

※ 데일리INK 칼럼

제2부
—
남북대화,
대북정책

이제는 북한과
인파이팅을 할 때다

전설적인 복서 무하마드 알리와 홍수환의 가장 큰 장점은 아웃복싱과 인파이팅을 모두 잘한다는 점이다. 필요할 경우, 카운터 펀치를 날리기 위해 일부러 '가드'를 내리기까지 한다. 상대 선수와 관중들을 흥분시키고 게임을 자기 페이스대로 끌고 나가는 중요한 전술이다.

문재인 정부는 한반도 평화체제 구축이라는 목표를 내걸고 '압박과 대화의 병행'이라는 2트랙 정책을 천명하였다. 필자도 이제는 지난 9년 반의 탐색전, 장외 설전, 아웃복싱을 끝내고 리턴매치를 성사시킨 후 토탈복싱을 제대로 한번 해볼 때라고 판단한다.

대통령은 얼마 전 '동결 → 비핵화'라는 2단계 북핵 해법을 제시하였다. 이 제안이 또 하나의 레토릭에 머물거나 김정은의 틀(frame) 속으로 다시 빨려들어가서는 안 된다. 이를 위해서는 다음 4가지 기조를 유념하면서 과감하게 인파이팅을 함으로써 상대의 진정한 실력과 맷집을 테스트해봐야 한다.

첫째, 북한의 거듭된 핵·미사일 도발로 강화되고 있는 국제사회의 'tit for tat(맞대응) 제재' 국면하에서 전방위적인 공조는 선택이 아닌 필수다. 북한은 우리의 바람과 달리 핵·미사일 개발에 더욱 박차를 가하면서 대한민국 정부를 곧바로 상대하기보다는 미국과의 담판에 주력하면서 우리의 인내를 시험할 가능성이 크다. 따라서 섣부른 장밋빛 전망이나 짝사랑은 금물이다.

둘째, 국제사회와의 공조를 통한 북핵 해법 모색과는 별도로 그동안 방기한 남북 간 직접 대화의 문을 열어 나가야 한다. 비정치적 분야의 대화와 교류가 마중물, 유대감 형성의 모멘텀이 되어야 할 것이다. 통일부의 민간 분야 대북 접촉 승인 확대, 대통령의 2018년 평창동계올림픽 북한대표단 초청 등은 북한의 호응 여부를 떠나 정부가 명분을 확보해 나가는 데 많은 도움이 될 것이다. 이런 차원에서 북한이 이산가족 상봉 사업의 전제조건으로 요구한 여종업원 등 탈북민 13명 송환 문제도 또 다른 각도에서 접근할 필요가 있다. 북한에 국제난민기구 등 유수 국제단체와 공동으로 이들의 자유의사를 확인하자고 역제안(逆提案)을 하는 것은 어떨까? 물론 법률적·절차적 논쟁이 있을 수 있다. 그렇지만 우리가 자신감을 가지고 정도(正道)로 나간다면 남북관계에서의 주도권 확보는 물론 북한사회의 변화에도 상당한 영향을 줄 것이라는 점은 확실하다.

셋째, 북한억류 귀환 대학생 웜비어의 사망으로 여론이 격앙되어 있는 미국은 조만간 미국인 3명 송환 문제를 강하게 거론할 것으로 예상된다. 미국은 '라이언 일병 구하기', '미군 유해송환 정책'에서 보듯이 자국민 한 명, 한 명의 생명과 명예를 소중하게 다룬다. 억류자 송환 협상은 아마도 트럼프 정부의 대북정책인 '최대 압박과 관여(maximum pressure & engagement)' 정책의 하이라이트이자 시험대가 될 것이다. 북한은 억류자 송환 협상을 미국과의 직접 대화의 모멘텀으로 활용하려 할 것이다. 6명의 국민이 북한에 억류되어 있는 우리 정부는 어떻게 해야 하나? 참으로 곤혹스러운 입장에 처할 것이다. 북한은 우리를 상대하지 않으려 할 것이 명확하고, 국내 여론은 정부의 유약함을 비판할 것이다. 방법은 정공법(正攻法)밖에 없다. 정공법이라고 서두르고 공개적으로 진행하라는 말은 아니다. 일단 미북 협상 추이를 관찰하면서 우리도 미국처럼 '비공개 협상'부터 시작해 나가야 한다. 이때 당근으로는 비전향장기수 송환, 몸값 등이 고려될 수 있다.

넷째, 남북한 합의 재이행과 현안 해결을 심도 있게 논의하기 위한 대북특사 파견을 적극 검토해야 한다. 북한은 유일체제의 특성상 막후 접촉을 선호한다. 따라서 우리는 위기관리는 물론 주변국과의 대북정책 조율에 있어서도 주도권을 쥘 수 있는 '남북 비공개 접촉'이라는 절호의 카드를 놓쳐서는 안된다. 일부에서 국정원이 북한과 접촉하는 것에 대해 비판을 하지만 막후 접촉은 정보기관 고유 임무의 하나이다. 그러나 정상회담 등 공식 대화의 전면에 나서는 것은 옳지 않다. 국정원이 막힌 길을 뚫고, 통일부 등 정부부처가 신작로를 만들어 가는 게 바람직한 역할 분담이다.

향후 1~2년은 한반도의 명운을 좌우하는 중요한 시기다. 정부는 대전략(grand strategy)에 기초하여 '흑묘백묘론'적 관점에서 북한을 다뤄 나가야 한다. 한가한 책임 논쟁이나 소망성 사고에 기초한 일방적인 정책은 금물이다. 우리가 할 수 있는 최선의 해법은 튼튼한 안보태세와 국민 공감대를 기초로 북한 비핵화를 출구론적 관점에서 접근하면서 북한을 점차 변화시켜 나가는 것이다.

- 2017. 6. 28. 원코리아센터 곽길섭 정론

북한의 당국 간
대화 복귀 배경과 전망

    1월 1일 김정은이 신년사를 발표한 이후 국내외 관심은 온통 북한의 평창동계올림픽 참가와 남북대화 복원에 초점이 맞추어져 왔다. 그러나, 필자는 우리 사회가 김정은이 신년사에서 '핵미사일 대량생산과 실전배치'를 동시에 발언(指示)한 사실과 그것이 가지는 함의를 간과하고 있는 듯해서 조금 안타깝게 생각한다.

> 로켓부분에서는 위력과 신뢰성이 담보된 **핵탄두들과 탄도로켓을 대량생**
>
> **산하고 실전배치에 박차**를 가해 핵전쟁에 대한 책동·반격 태세를 유지하도
>
> 록 해야 할 것임(2018. 1. 1. 김정은 신년사).

    북한은 김정은 지시를 절대명령으로 받들고 이행하는 체제이다. 김정은이 지난해 2017년 신년사에서 핵을 탑재한 ICBM 개발의 완료가 임박했음을 시사하며 선제공격 능력 증강에 박차를 가하라고 지시하였다. 그 이후 북한은 핵실험 2회, 장거리 미사일 발사 17회 등으로 기술 고도화에 총력을 기울이면서 역내 긴장을 고조시켜왔다.

김정은은 올해 신년사에서는 '핵미사일 대량생산과 실전배치'와 함께 '평창동계올림픽 참가 의지'를 공개적으로 표명하였다. 그 결과 이번 남북 고위급회담을 통해 평창동계올림픽을 활용한 대대적인 평화 공세의 장(場)은 마련되었다. 그렇지만 북한의 군사 부문은 여전히 진행형이다. 아마 지금 이 시간에도 북한의 관련 부문들은 지시이행을 위해 목숨을 걸고 있을 것이다. 대량생산과 실전배치는 핵미사일 실험과는 달리 은밀하게 진행할 수 있는 사안이다.

따라서 김정은이 신년사에서 의미를 크게 부여한 북한정권 창건 70주년(9. 9.)은 핵·미사일 고도화와 실전배치의 중요한 계기가 될 것이다. 이런 상황을 종합해본 결과, 금년도 북한의 체제 운영 목표는 핵·미사일 개발 마무리와 대북제재전선 균열을 통한 경제난 타개라는 '2마리 토끼'를 잡는 것임이 분명하다.

따라서 이번 북한의 남북 당국 간 대화 호응과 전향적인 합의 태도가 남북관계 복원의 청신호인 것은 분명하다. 그러나 국제사회의 대북제재 전선 균열, 더 정확히 말하면 평화 공세를 통한 남남갈등 유도와 한미동맹 균열, 대북지원 획득이 이면(裏面) 목표인 점을 간과해서는 안 된다. 이 같은 북한의 의도는 북측 대표단장 리선권이 기조발언과 비공개회의(1.9)를 통해 "민족에게 값비싼 새해 선물을 주자"면서 "대화와 협상을 통한 문제 해결"을 강조한 데서 알 수 있다.

그러므로 우리의 남북대화 추진 전략은 자명해진다. 우선, 어렵게 성사된 당국 간 대화를 평창동계올림픽의 성공적 개최는 물론 남북 평화체제 논의를 위한 모멘텀으로 만들어 나가야 한다. 이와 병행하여, 북한이 남북회담과 교류협력을 전후로 핵·미사일 기술 개발과 대량생산·실전배치를 강행하고, 더 나아가 7차 핵실험 또는 대미사정권 실거리 ICBM 발사를 통해 긴장을 최고조로 올리는 것에 대해서도 함께 대비해야 한다.

북한의 변하지 않는 회담전략은 담담타타(談談打打)이다. 어려울 때는 대화로 어려움을 회피하고, 여건이 좋을 때는 공격적으로 나간다. 우리 정부는 지난 기간 북한에 속은 것을 잊지 말아야 한다. 회담에만 올인해서는 안 된다. 평화라는 말에 취해선 안 된다. 과거를 교훈삼아 '회담을 회담답게' 하고, '우리의 북핵 대응 능력'도 함께 제고시켜 나가야 한다. 북한에게 또다시 뒤통수를 맞으면 안 된다.

대북정책 원칙 및 세부전술

올해는 북핵 위기 해소를 위해 매우 중요한 시기이다. 어쩌면 마지막 기회일 수도 있다. 남북한과 미·중 등 주변국의 한반도 전략이 맞부딪칠 것이다. 그러므로 우리는 다양한 시나리오(다음의 '향후 북한의 전략전술 및 가상 시나리오' 참조)를 상정한 후 강·온 양면전술을 총동원하여 당국 간 대화를 성공적으로 진행하는 가운데 북한에게 대미, 대일 접촉의 길을 열어줌으로써 김정은의 핵질주를 멈추게 해야 한다.

향후 북한의 전략전술 및 가상 시나리오	
시기	**북한의 행보 및 의도**
2~3월 중	○ 평창동계올림픽 참가 → 부정적 국가 이미지 탈색, 평화 이미지 제고 ○ 남북 이산가족 상봉 사업 실시 → '우리민족끼리' 및 반미 분위기 확산 ○ 핵·미사일 개발 지속 ※ 미CIA, '북한 핵개발 데드라인 3개월' 판단
4~6월 중	○ 당국 간 회담 평양-서울 개최 → 6·15 및 10·4 선언 이행 문제 논의 ○ 6·15 공동선언 18주년을 남북 합동으로 기념 → 친북·반미 분위기 확산 ○ 우리 정부에 '민족이나 외세냐' 선택을 지속 압박 ※ 미국이 연기된 한미합동훈련을 4~5월 중 재개하고 대북 압박을 강화할 경우, 7차 핵실험 등으로 대응할 가능성도 배제할 수 없음
7월 이후	○ 중국에 4자회담 또는 6자회담 개최 주선 유도 → 중국과의 관계 복원 ○ 미국과 핵군축 회담 추진 → 비핵화 의지 재천명 및 지원 유도 ○ 정권 창건 70주년을 성대히 기념, 핵보유 김정은 체제의 우월성 선전
※ 남한을 매개로 하여 미국으로 가는 길 개척(통남통미)	

그렇지 않으면, 우리는 핵 공포 속에서 살아갈 수밖에 없을 것이다. 지난 기간 우리 정부가 원칙만 강조하고, 미국이 전략적 인내(오바마)·선제공격론(트럼프) 등의 일방적인 관점에 매달리는 사이에 북한의 핵미사일 능력은 미국 본토를 위협할 정도로 고도화되었다. 따라서, 우리는 당면한 북한 비핵화는 물론이고 비핵화에 실패하였을 경우까지를 종합적으로 고려하여 대북정책을 수립, 시행해야 한다. 북핵에 대응할 수 있는 자주국방화를 지속적으로 추구하면서 한 손에는 대화, 또 한 손에는 압박의 카드를 들고 전략적인 활동을 전개해 나가야 한다. 북한의 비핵화는 물론 북한 핵을 관리하는 정책을 같은 바구니에 넣고 단기, 중장기 정책을 세워나가야 한다.

이러한 정책이 진보적인지, 아니면 보수 성향인지를 한가롭게 논할 때가 아니다. 가용역량을 총동원해야 한다. 그렇지 않으면 국제사회의 엄혹한 약육강식 논리의 희생물이 될 것이다.

대북정책 원칙

대북정책 수립·시행의 원칙은 북한 비핵화 불포기, 대화와 인도적 지원, 국제사회와의 대북제재 공조, 북한 내 외부사조 전파, 북한과의 공존방안과 급변사태 등 다양한 시나리오 대비, 정부교체기 대북정책 승계 등 6가지를 고려해볼 수 있다.

첫째, 정부는 북한 비핵화를 절대 포기하면 안 된다. 불가피하게 북한 핵 동결 또는 핵 관리 정책을 전개하더라도 우리의 궁극적인 목표는 북한 비핵화가 되어야 한다.

둘째, 정부는 대화와 인도적 지원을 우리만의 차별화된 대북 전략적 자산의 한 축으로 활용해야 한다. 남북문제는 민족 내부 문제이자 국제 문제이다. 대화와 인도적 지원은 민족 간 협력이라는 성격이 강하고, 대북 압박은 국제 문제의 성격이 강하다. 우리는 2축을 동시에 활용해야 한다. 그래야만 '한반도 운전자론'을 제대로 실천할 수 있다.

셋째, 정부는 국제사회의 북한 비핵화를 위한 대북 압박·제재 대열에 지속적으로 참가해야 한다. 국제사회의 대북제재 압박의 효과가 서서히 나타나고 있다. 북한 문제의 당사자인 대한민국이 유엔의 대북제재 결의안 시행에 소극적이거나 위반할 경우 국제사회의 대북제재 동력은 크게 반감될 것이다.

넷째, 정부는 북한 주민들에게 외부세계의 실상을 있는 그대로 알리는 활동을 강화해야 한다. 정부가 직접 나서기보다는 민간의 활동을 보장해주면 된다. 북한의 비난에 대해서는 '자유민주주의

체제의 다양성' 논리로 대응해 나가면 된다. 동 문제와 관련해서는 북한과 어떠한 타협도 있어서는 안 되며, 한순간도 머뭇거려서는 안 된다.

다섯째, 정부는 북한과의 공존·변화 및 급변·전쟁 발발 등 각종 시나리오를 상정하고 대책을 수립해야 한다. 북한체제의 미래는 그 누구도 알 수 없다. 김정은 집권이 장기화될지, 북한의 변화가 급박하게 진행될지, 북한에서 급변사태가 발생할지, 김정은이 핵을 가지고 위험한 도발을 시도할지 등에 대해 근본적인 문제의식을 가지고 다양한 시나리오를 상정한 후 대응책을 준비해야 한다.

여섯째, 정부는 전임 정부의 대북정책이나 관점이 다른 주장에 대해 무조건 부정해서는 안 된다. 필요시 계승 또는 병합·발전시켜 나가야 한다. 국론통합은 대북정책을 성공적으로 시행해 나가기 위한 가장 기초적인 전제이자 역량이다.

세부 실천방안

향후 남북대화는 2월 평창동계올림픽 전·후(before & after)와 강경회귀(contingency)의 3가지 국면 전략을 가지고 대비해 나가야 한다.

첫째, 올림픽과 관련한 세정일정 합의는 가능한 빨리 도출하고 이산가족 상봉, 비핵화 등을 주제로 한 회담으로 발전시킨다.

남북 간 합의 공도보도문: ▲북한의 평창동계올림픽 참가 ▲남북 군사당국
간 회담 개최 ▲대화와 협상을 통한 남북문제 해결 및 각 분야별 회담 개최

둘째, 평창동계올림픽 이후 회담을 계속해 나갈 모멘텀(momentum), 이를테면 고위급회담 실무기구 상설화 또는 경협사업 또는 군사협력 방안을 모색하는 실무급 세션을 별도로 운영한다. 평창올림픽이 종료되고 나면 한미합동군사훈련이 재개될 예정이다. 이 시기에도 남북회담의 동력이 계속 유지되게 해나가는 것이 관건이다.

셋째, 북한의 핵·미사일 대량생산과 실전배치 동향을 파악하여 국제사회와 협조하에 문제를 제기한다. 특히 북한이 7차 핵실험 등의 고강도 도발을 자행할 경우, 우리가 취할 대응책을 사전에 공표한다. 사전 공표는 일종의 레드라인(red-line)으로 북핵 능력 고도화에 맞춰 우리 대응력을 함께 제고시키면서 중·러 등 주변국의 반발을 사전에 제어하는 이중효과가 기대된다. 한편 국내적으로도 보수진영의 우려를 불식시키고 국론을 결집할 수 있다.

다음으로 세부전술은 회담에 임하는 우리의 자세, 대북특사 파견, 레드라인 선포 등 다양한 상황을 상정할 수 있다.

(1) 남북회담 재개에 흥분해서는 안 된다

북한의 평창올림픽 참가는 대한민국에 대한 유화 제스처로 국제사회의 대북 압박제재 공조를 깨면서 핵·미사일 개발 완성의 시간을 벌기 위한 게 분명하다. 따라서 우리는 더욱 냉철해야 한다. 소망성 사고나 일방 운행은 금물이다. 청와대를 컨트롤타워로 해서 통일부, 국정원 등이 일사불란하게 공조해 나가야 한다. 남북관계 개선이 최근 들어 효과를 내기 시작한 국제사회의 대북제재 공조의 균열요소로 작용해서는 안 된다.

정부는 적절한 기회에 북핵 문제에 단호한 입장을 전달하고 협의해 나가야 한다. 김정은에게 핵 관련 셈법을 바꾸지 않으면 체제가 붕괴될 수 있다는 메시지가 전달되도록 해야 한다.

(2) 원칙에 합의하는 것에 조심해야 한다

북한은 각종 대화에서 원칙에 합의하는 것을 중요시한다. 일단 원칙에 합의한 후 자신의 입맛대로 해석하고 상대방의 약속 불이행을 자의적으로 비판하는 데 활용한다.

1972년 7·4 남북공동성명에서 합의한 자주, 평화, 민족대단결을 외세배격, 주한미군 철수, 국가보안법 철폐 등을 위한 논리를 활용한 것이 대표적이다. 향후 회담에서도 북한이 한미이간과 핵보유 당위성, 한미합동군사훈련 중지 논리로 활용할 수 있는 원칙적 표현 합의에 신중해야 한다.

⑶ 명분을 잃으면 안 된다. 당당해야 한다

북한은 '우리민족끼리', '평화' 등의 용어 심리전의 달인이다. 우리는 이에 대해 북한의 저의를 당당하게 지적할 수 있어야 한다. '진정한 우리민족끼리', '진정한 평화'로 대응해 나가야 한다. 필요하다면 국제사회의 북한 인권상황 우려 등도 화제로 삼을 수 있어야 한다.

⑷ 대북특사 파견도 병행해야 한다

남북 당국 간 회담과 병행하여 대북특사도 상호교환하여 협의해 나가는 것이 중요하다. 북한체제의 특성상 대통령의 친서를 휴대한 특사가 직접 김정은과 큰 틀의 공감대를 형성하는 것이 효율적이다. 금강산관광 및 개성공단 사업 재개, 6·15 및 10·4 남북공동선언 이행 문제, 정상회담 개최 방안 등도 허심탄회하게 논의해볼 수 있다.

(5) 한반도 운전자론을 본격화하자

미국 등 유관국에 대북 접촉 동향을 설명하여 공감대를 확보한다. 논란의 여지는 있지만, 이번 남북대화는 트럼프의 말대로 미국의 대북 압박제재가 없었다면 북한이 전향적으로 나오지 않았을지도 모른다.

유엔 및 각국의 대북제재가 본격화되고 있는 국면에서 우리가 독자적으로 운신할 수 있는 폭은 별로 없다. 국제사회의 협조(민족 내부 간 거래)를 이끌어내기 위해서는 남북 접촉을 전후로 한 유관국간 인식 조율이 대단히 중요하다. 북한의 금강산관광 재개, 개성공단 재가동 등의 요구에는 아직 분위기가 성숙되지 않았으니, 북한이 먼저 여건을 개선해야 한다는 논리도 대응해 나가면 될 것이다. 필요하다면 한-미-일 3국의 good cop, bad cop 역할 분담까지도 논의될 수 있어야 할 것이다. 미국의 '북한 핵·미사일 데드라인 3개월', '선제타격론' 등을 부정적으로만 볼 필요는 없다.

(6) 레드라인 선포를 적극 검토해야 한다

북한이 핵무기 완성을 선포하고, 대량생산과 실전배치를 추진 중이다. 플랜 A(북핵 폐기)와 플랜 B(북핵 관리)를 융합한 대북정책 로드맵을 성안하고, 살라미 식 레드라인(red-line) 선포를 전향적으로 검토해야 한다.

사실 지난 20여 년간 레드라인은 찬밥 신세를 면치 못했다. '실효성도 없이, 정부의 입장만 옥죄는 강경논리'라는 낙인을 받아 왔다. 어느 순간부터 레드라인 용어가 정부 관계자들의 입에서 사라졌다. 그러나 김정은이 '핵무력의 완성'을 선포한 지금, 가만히 앉아서 북한의 핵 인질이 될 수는 없다. 레드라인에 대한 고정관념을 바꿀 필요가 있다. 북한과 특사교환을 물밑에서 협의해 나가면서 미국과의 긴밀한 공조하에 '북한이 넘지 말아야 할 선(線)'도 병행해서 구체화해야 한다. 레드라인은 ▲국민들의 불안감을 해소시키고 ▲우리의 결연한 의지를 북한은 물론 중·러에 명확하게 인식시킬 수 있고 ▲향후 비핵화 논의과정에서 중요한 협상 레버리지로 활용할 수 있다. 무엇보다도 북한이 핵개발에 성공하더라도 우리가 대응할 수 있는 능력을 갖추게 된다.

맺음말

올해는 북한이 전 세계를 상대로 한 위장 평화 공세를 대대적으로 전개하는 한 해가 될 것이다. 우리는 이 같은 김정은의 체제 운영 전략을 정확하게 분석하고 북한을 리드해 나가야 한다. 특히 북한의 핵개발이 막바지에 와 있고 국제사회의 제재 효과가 서서히 나타나는 시점이기 때문에 대화와 제재를 병행해 나가야 하는 이중고를 겪을 것이다. 미국의 요구는 더욱 강해질 것이다. 어쩌면 한미갈등이 첨예화될 수도 있다.

'한반도 운전자론'은 어떤 것인가? 각국의 이해가 엇갈리는 이슈를 창의와 열정적 노력으로 재정의하고, 주도권을 쥐고 끌고 가는 것이다. 즉, 위기가 곧 기회인 것이다. 일단, 당면한 평창동계올림픽을 성공시키는 데 주력해야 한다. 그런데 묘하게도 그 3개월이라는 기간이 미국이 설정한 '북한 핵·미사일 개발 데드라인 3개월'과 겹친다. 따라서 우리는 북한의 핵·미사일 개발과 위장 평화 공세의 2트랙 전략에 대응, 평화올림픽 준비와 자주국방력 증대 노력을 병행해 나가는 수밖에 없다. 혹시 북한의 위장 평화 공세에 휘둘려 김정은의 '핵미사일 대량생산과 실전배치' 지시를 간과한다면, 어느 날 우리는 '닭 쫓던 개가 지붕 쳐다보는' 격(格)이 될 수도 있다.

북한이 평창동계올림픽 폐막 이후 한미합동군사훈련 중지 등을 요구하면서 7차 핵실험 또는 대미 사정권 실거리 ICBM 발사 등의 도발을 자행할 가능성도 배제할 수 없다. 북한의 이중성과 국제사회의 냉혹한 현실을 직시하고, 국론통합과 튼튼한 한미공조, 국방태세를 기초로 북한의 핵질주에 슬기롭게 대처해 나가는 지혜가 그 어느 때보다 절실한 시기이다. '준비하는 자에게 기회는 온다'라는 말의 의미를 다시금 곱씹으며, 북한 비핵화와 한반도 평화체제 구현, 나아가 통일의 초석을 놓는 한 해가 되었으면 하는 바람을 가져본다.

- 2018. 1. 10. 원코리아센터 곽길섭 정론

4·27 판문점선언의
의미와 향후 과제

　역사적인 문재인-김정은 간 남북정상회담이 성과리에 종료되었다. 불과 몇 개월 전만 해도 전혀 상상할 수 없었던 일이 현실이 되었다. 김정은 국무위원장이 4월 27일 9시 29분 군사분계선을 넘어, 문재인 대통령과 악수를 나누는 순간 전 세계인들은 환호했다. 감격의 눈물을 흘리는 사람들도 많았다. 양 정상은 '도보다리' 위에서의 30여 분간 단독 밀담을 비롯해 하루 종일 머리를 맞댄 끝에 비핵화 원칙을 포함한 '4·27 판문점선언'에 합의함으로써 한반도 평화체제 구축을 위한 힘찬 첫걸음을 내디뎠다.

　이로써 한반도 상공에 짙게 드리워져 있던 대결의 먹구름이 걷히고, 화해와 협력의 서광이 비추기 시작했다. 한반도의 봄이 우리 곁으로 성큼 다가온 것이다.

주요 경과 및 의의

필자는 지난해 5월 문재인 정부 출범에 즈음하여 '새 정부 대북정책 양 날개로 날아야' 제하의 '시론'을 기고(2017. 5. 11. 중앙일보)한 바 있다. 동 칼럼을 통해 새 정부는 과거 정부의 단선적(單線的) 대북정책에서 벗어나 대화와 압박을 병행하고, 진보와 보수가 다 같이 공감하는 '총체적이고 공감 있는 대북정책'의 수행을 당부하였다.

지난 1년을 돌이켜보면, 문재인 정부는 집권 직후 곧바로 한반도 평화를 위한 야심찬 청사진, '베를린 선언(7. 6.)'을 발표하였다. 그러나, 북한은 우리의 제의를 외면하였다. 오히려 핵·미사일 도발 수위를 계속 높임에 따라, 우리는 국제사회와 공조하며 대북제재를 전방위적으로 수행하는 데 주력할 수밖에 없었다. 그런데 올해 들어 국제사회의 압박과 우리 정부의 물밑 노력이 성과를 거두어 한반도를 둘러싼 전략적 환경이 180도 다르게 전환되었다. 김정은이 비핵화 의사를 표시하면서 시진핑, 문재인, 트럼프와의 연쇄 정상회담에 나서고 있다.

일각에서는 히틀러의 위장 평화 전술에 속은 영국의 체임벌린 수상을 예로 들면서 '북한의 또 따른 평화 전술'에 넘어가서는 안 된다고 강조한다. 당연하다. 우리는 북한의 상·하층 통일전선 전술을 경계하고 또 경계해야 한다. 그러나, 지금은 지피지기 백전불태(知彼

知己 百戰不殆)와 흑묘백묘론(黑猫白猫論)적인 사고로 북한의 속셈마저 도 역이용하는 지혜를 발휘해야 할 때이다.

한마디로, 작금의 형국은 문재인 정부가 한반도 비핵화와 평화체제 실현을 위해 '호랑이 굴'로 들어간 상황에 비유할 수 있다. '4·27 판문점선언'의 주요 합의 내용, ①완전한 비핵화를 통한 핵 없는 한반도 실현 ②종전선언 및 정전협정의 평화협정으로 전환 ③남북 공동연락사무소 개성 설치 ④8·15계기 이산가족·친척 상봉 ⑤문 대통령, 올가을 평양 방문 ⑥NLL 일대 평화수역화 등은 얼마 전까지만 해도 상상할 수 없는 일들이었다.

이번 남북정상회담의 가장 큰 의의는 남북이 '완전한 비핵화' 등 새로운 남북시대를 여는 대역사의 원칙과 과정에 대해 합의한 점이다. 그리고 양 정상 간에 신뢰관계를 돈독히 구축한 것은 보이지 않는 큰 잠재적 성과라고 할 수 있다. 남북정상회담 준비위원회는 '4·27 판문점선언' 이후 배포한 설명자료를 통해 7가지 성과와 의의를 꼽았다. 먼저 한반도에 냉전을 종식하고 항구적 평화 정착을 위한 기틀을 마련했다는 점을 가장 큰 성과로 들었는데, "한반도의 완전한 비핵화와 핵 없는 한반도를 구체적으로 명시함으로써 본격적인 한반도 비핵화 프로세스 개시와 미북정상회담의 성공적 개최를 뒷받침했다"라고 자평했다. 이밖에 ▲지속 가능한 남북관계 발전 ▲북한 지도자 우리 지역 방문 ▲임기 1년 내 정상회담 ▲한반도 문제

당사자 확인 ▲국제사회 지지 등도 중요하게 평가했다.

이 같은 남북정상회담의 성과가 5월 말로 예정된 미북정상회담에서 완전한 비핵화를 위한 구체적인 로드맵으로 결실을 맺게 된다면, 한반도는 물론 세계평화의 역사적 이정표가 될 것이다.

향후 과제

문제는 지금부터다. 남북관계사의 변곡점이라고 할 수 있는 '4·27 남북정상회담'에서 큰 틀에서는 합의를 했지만, 악마는 디테일에 있다.

우리 정부가 이번 회담을 일회성 이벤트로 끝내지 않고, 미북정상회담 촉진자(facilitator) 및 평화협정 체결의 당사자 역할을 능동적으로 수행해 나가기 위해서는 현미경과 같은 눈을 가지고 북한과 주변국을 설득해 나가야 한다. 필자는 지금부터를 '대북정책 양 날개로 날아야 - 시즌 2'라고 말하고 싶다. 남북정상회담 이후의 전략적 환경은 확연히 다르다. 다차원의 대화가 진행되어야 하는 시기이다.

일반적으로 '압박'은 비교적 단순한 과정이다. 커다란 위험을 안고 승패를 가리는 제로섬(zero-sum) 게임이다. 그러나 '대화'는 복잡하고 지난한 프로세스이다. 속셈이 저마다 다르기 때문에 긴 안목과 절묘한 단기 협상전술이 동시에 필요하다. 작은 용어 하나에도 신경을 써야 한다. 협상 과정에 이른바 '패싱' 논란이 일어나지 않도록 각별하게 유의해야 한다. 북한의 시간 끌기나 합의 무효화 전술은 특히 경계해야 한다. 윈윈(win-win)의 새들 포인트(saddle point: 균형점)을 찾기 위해 최고의 지혜와 인내, 세심함이 필요하다.

우리 정부는 '남북정상회담 포괄 합의(序), 미북정상회담 일괄타결(本), 이후 단계적 이행(結)'의 '비핵화 3단계 구상'을 가지고 있다고 한다. 최선책은 아니지만, 미국과 북한이 충분히 합의할 수 있는 안이라고 평가한다. 관건은 북한의 이행을 어떻게 담보하느냐 하는 것인데, 이를 위해서는 미북 일괄타결안에 비핵화 문구와 함께 세부 이행 방안과 시기까지 명문화하도록 총력을 기울여야 한다. 예를 들어 '세부 이행 방안 도출은 금년 8월까지, 최종적인 비핵화 완료는 내년 6월까지' 등 데드라인을 명시해야 한다.

또한 섣부른 대북제재 조기 해제의 목소리도 경계해야 한다. 북한과의 6·25 휴전 협상 대표였던 터너 조이 제독의 "힘이야말로 공산주의자들이 제대로 알아듣는 단 하나의 논리이다"라는 조언은 늘 우리가 되새겨야 할 경구(警句)이다. 한편 국가안보와 외교전략의 수립은 반드시 '합리적 의심'의 과정을 거쳐야 한다. 북한과의 협상 과정은 '가슴은 뜨겁게, 머리는 차갑게'가 기본이다.

북한이 2018년부터 시작한 유화총공세는 철저한 사전검토를 거쳐 완성한 로드맵에 기초하여 전개되고 있다. 즉, 2016년 5월 36년 만에 개최한 7차 당대회가 '김정은 정책노선 변화의 시발점'이라고 할 수 있다. 이후 2017년 10월 당 제7기 2차 전원회의에서 '경제-핵 건설 병진노선의 수정' 방침을 최종 확정하고, 2017년 11월 29일 미국을 사정권으로 하는 장거리 미사일을 시험발사(핵·미사일 개발 완료 선언)한 이후, 2018년 김정은 신년사를 통해 '유화 대공세'의 기반을 확고히 했다.

현재 북한은 호랑이 등을 탄 형국이다. 급변하는 환경에 맞게 미세조정을 하거나 가속페달을 더 세게 밟아 나갈 것이다. 우리 정부도 보다 다차원적인 고려 속에 북한을 다뤄 나가야 한다. 문 대통령은 "남북관계는 유리그릇 다루듯 해야 한다"라고 말해 왔다. 맞는 말이다. 그러나 지금부터는 "질그릇 만들 듯 해야 한다"라고 강조하고 싶다. 도공은 명품 그릇을 만들기 위해 자기가 만든 그릇을 깨는 것을 서슴지 않는다. 이처럼 우리 정부도 치열한 근성을 가진 도공(陶工)의 심정으로 북한을 상대해 나가야 한다.

그리고 대북정책의 성공을 위해서는 무엇보다도 전 국민적 단합이 필요하다. 정부는 반대 진영의 비판도 겸허하게 수용하는 포용력을 보여야 한다. 그래야만 북한에 휘둘리지 않을 수 있고, 정부를 넘어서는 지속적인 실천 동력도 확보할 수 있다. 태산불양토양(泰山

不讓土壤: 태산은 한 줌 흙도 사양하지 않는다)고 했다. 필요하다면, 청와대 내에 'Team B(레드팀: 다른 주장을 하는 사람이나 조직)'를 운영할 필요도 있다.

맺음말

새는 양 날개로 난다. 평화의 상징인 비둘기는 무리 지어 비행한다. 한반도 비핵화와 남북관계 발전이라는 긴 여정도 마찬가지이다. 이번 남북정상회담에 이어 5월 말 김정은-트럼프 간 미북정상회담도 세기적인 회담이 될 것으로 예상한다. 준비과정에 상당한 기싸움이 있겠지만, 양국 지도자의 성향과 정치적 필요성을 고려해볼 때 대타결이 예상된다. 그렇지만 이후 실무협의와 이행 과정은 그리 순탄한 길은 아닐 듯하다.

따라서, 우리는 각오를 단단히 해야 한다. 호랑이 굴에 들어가 설득도 하고, 담판도 해야 한다. 한편, 합리적 의심의 끈을 놓지 말고, 요구할 것은 당당하게 요구해야 한다. 평범한 인간사에서도 "좋은게 마냥 좋은 것은 아니다"라는 말이 있다. 국가 간, 특히 남북관계에서는 반드시 명심해야 할 말이다.

북한이 말한 비핵화의 진정성을 확인하고, 나아가 완성하는 날은 '북한이 핵보유국의 지위를 명시한 헌법과 당규약을 수정'하도록 하고, 북한지역에 핵물질과 핵무기가 단 한 개라도 존재하지 않는 날이 될 것이다. 우리는 그날을 위해 전 국민적인 단합과 철저한 한미 공조를 바탕으로 주동작위(主動作爲)의 안보정책을 주도면밀하게 추진해 나가야 한다. 이제부터가 진정한 시작이다. 신발 끈을 다시 조여매고, 다 함께 평화의 새시대를 열어 나가자. 다 같이 역사의 주인이 되자.

- 2018. 5. 2. 원코리아센터 곽길섭 정론

대북정책의 패러다임 전환이
필요한 때이다

　하노이 미북정상회담(2. 27. ~ 2. 28.)이 결렬된 이후 한 치 앞을 내다보기 어려운 안개 국면이 계속되고 있다. 북한과 미국은 치킨게임을 하면서, 우리에게 자기편에 서라는 압력을 다각도로 가하고 있다. 한마디로 진퇴양난이고, 안보와 국격, 국민 자존심이 심각히 훼손당하고 있다.

　트럼프는 '한미정상 간 단독회담 2분'이라는 외교사 초유의 결례를 거리낌 없이 자행하였으며, 김정은은 한술 더 떠 "오지랖 넓은 중재자, 촉진자 행동을 그만두라"라며 정부를 공개 핀잔하기도 했다. 그리고 구시대의 유물인 자력갱생을 다시 꺼내든 데 이어, 약 18개월 만에 단거리 미사일을 다시 시험발사(5. 4.)하는 등 시계추를 거꾸로 돌리고 있다.

　이런 상황과 관련하여, 우리 정부는 북한당국을 자극하지 않기 위해 일체의 맞대응을 하지 않는 가운데, 특히 북한의 미사일 시험발사와 관련해서도 유엔의 대북제재 강화와 미북 간 비핵화 협상의 완전 결렬을 우려하여 '미사일을 미사일로 규정하지 못하는' 홍길동식(式) 처신을 하고 있다. 더 나아가 일부에서는 '핵 있는 평화'까지도 언급하고 있다. 그리고 이 같은 난국을 타개하기 위해 북한·미국과 대북 식량지원 문제 등을 협의하면서 6월 말 서울에서의 한미정상회담을 전후로 미북 간 비핵화 협상 재개의 모멘텀을 만들기 위해 부심하고 있다.

정부의 상황진단과 정책이 과연 맞는 것일까? 김정은과 트럼프가 이에 진정으로 호응할까? 정부가 김정은과 북한체제를 분석하고 정책을 추진해 나갈 때 무엇에 중점을 두어야 하나? 많은 생각이 든다. 필자는 평소 북한을 상대하고 분석할 때 가장 중요한 것은 외형과 이면, 일반성과 특수성 등을 종합적으로 고려하는 마인드라고 강조한다. 장기적인 관점과 냉혹한 국제정치 현실에 대한 인식도 빼놓을 수 없다. 과거에만 매몰되면 미래가 없으며, 이상과 소망이 앞서면 판단에 오류를 범할 수 있다.

김정은은 자력갱생을 외치고 있다. 식량지원도 우리가 생색을 내거나 조건을 걸면 받지 않겠다고 되레 큰소리치고 있다. 외세에 빌붙지 말고 자기편에 서라고 강요하고 있다. 미국은 제재의 효과가 나타나고 있어 북한이 무한정 버티지 못할 것이라는 판단을 가지고 있다. 더군다나 북한의 전통적·절대적 후원국인 중국과의 무역전쟁을 대대적으로 전개하고 있다. 한반도를 둘러싼 변수들이 그야말로 만만치 않다. 우리의 셈법과 희망만 가지고 서둘러서는 안 된다. 좀 더 냉철해져야 한다.

집권 3년차에 접어든 문재인 정부는 선의(善意)에 기초한 대북정책을 제로베이스에서 재검토해야 한다. 지난 1년을 뒤돌아보면, 북한은 핵을 포기할 의사가 없다는 것이 분명해졌다. 북한의 정책은 '비핵화 레토릭을 통해 핵보유국 지위를 역설적으로 각인시킨 가운데, 다양한 변수를 설정하여 그들의 속도와 방법으로 경제실리와 안전보장을 추구해 나가려는' 이른바 '변수형 비핵화 전략'이라고 할 수 있다. 미국도 완전한 비핵화를 위한 '일괄타결 원칙'에서 한 발짝도 물러설 의사가 없음을 수시로 천명하고 있다. 대북제재의 효과를 맛봤기 때문이다. 따라서 우리 정부가 운신하는 데 어려움이 많다. 지난 1년과 같은 상황이 다시 반복되지 말라는 법이 없다. 보다 종합적이고 장기적인 대책을 강구해야 할 시점이다. 이를 위해서는 다음과 같은 원칙을 유념해야 할 것이다.

첫째, 지피지기 백전불태(知彼知己 百戰不殆)라고 했다. 김정은은 만만치 않은 상대이다. 특히 북한 문제는 늘 이중적이고 가변적이다. 따라서 비판 또는 소망의 색안경을 쓰고 보아서는 안 된다. 외눈박이가 아닌 양 눈으로, 망원경과 현미경을 동시에 가지고 철저히 분석해야 한다. 이런 차원에서 한미동맹은 북핵 문제는 물론, 향후 더욱 치열해질 약육강식의 패권경쟁 와중에서 우리의 안보와 국익을 지탱해줄 제1의 주춧돌임을 명심해야 한다.

둘째, 북한 비핵화는 타협할 수 없는 대전제이다. 김정은의 살라미 전술을 통한 속도조절, 더 나아가 '사실상의 핵보유국' 전략전술을 경계해야 한다. 1년, 5년, 10년이 걸려도 비핵화의 최종 시점과 핵 관련 리스트·검증 방법 등을 명확하게 규정한 우리의 로드맵을 가지고 미국과 조율한 후 북한과 담판해야 한다. 선의에 기초한 단계적·동시적 조치는 언제든지 물거품으로 변할 수 있다. 비핵화를 천명한 북한이 미국의 '영변 + α' 요구에 응하지 않은 것은 그들의 셈법이 우리와 다르기 때문이다. 지금 단추를 잘못 끼우면, 역사의 죄인이 될 수 있다는 비장한 각오로 무장해야 한다.

셋째, 어떤 상황에서든 남북대화와 인도적 교류협력은 진척시켜 나가야 한다. 주변국이 가질 수 없는 우리만의 중요한 레버리지(leverage)이기 때문이다. 그러나 억지로 매달려서는 안 되며, 당당해야 한다. 한편 일각에서는 북한과 대화를 단절하고 압박을 최대로 가하면 체제가 조만간 붕괴될 것이라는 주장을 하고 있다. 그러나 이런 논리는 북한체제의 특수성, 평화통일을 지향하는 헌법정신, 전략적 후원국인 중·러의 존재, 국제정치 역학관계, 한반도 전쟁 가능성 등을 간과하고 있다.

넷째, 인권증진 등 인류보편적 가치의 구현에 있어서는 한 치의 양보도 있어선 안 된다. 독일 통일을 반면교사로 삼아야 한다. 북핵과 교류협력만이 대북정책의 전부가 아니다. 북핵 너머를 고려해야 한다.

다섯째, 이 모든 것을 위해서는 국론이 통합되어야 한다. 우리 사회 내부의 분열은 북한에 잘못된 신호를 줄 수 있다.

향후 정부는 다양한 목소리(different voices)에 귀를 기울이면서 장기적이고 당당한 대북정책(one voice)을 추진해 나가야 한다. 그래야만 '콤플렉스와 야망의 승부사'인 김정은을 제대로 상대할 수 있다. 과거에 얽매여선 안 되지만, 잊어서도 안 된다. 사안의 본질을 직시하고 역사를 교훈 삼아, 새로운 길을 개척한 인물과 국가만이 위대한 평화번영의 시대를 열 수 있다. 로마의 최전성기를 이끈 아우구스투스 황제의 좌우명, '천천히 서둘러라(Festina Lente)'의 의미를 한번 더 곱씹어보자.

- 2019. 5. 23. 원코리아센터 곽길섭 정론

북한과의 굴종적 대화·분식(粉飾) 합의를 경계한다

지난 27일 전격적으로 남북 간 통신선 복원 조치가 발표되었다. 뉴스를 처음 접하는 순간에 들었던 첫 느낌은 "어, 다소 이른데!"였다. 발표 이후 다양한 분석과 전망이 지면과 방송을 장식했다. 통일부를 비롯한 정부와 여당은 환영을 넘어 흥분하는 기미마저 보였다. 개성 남북공동연락사무소 폭파, 해수부 공무원 총격·소각 살해 사건, 대통령에 대한 막말 비난 등 지난 410여 일 동안 있었던 일은 이미 저 먼 나라의 옛일이 되었고, 저마다 대북지원 계획과 장밋빛 미래만을 얘기했다. 일부 당국자는 한미합동군사훈련 연기론까지 주장했다.

이런 가운데 조총련 기관지인 조선신보가 후속보도(7. 30.)를 내놓았다. 이틀 후에는 김여정이 직접 나서 8월 한미합동군사훈련 중지를 요구하는 담화를 발표(8. 1.)했다. 치밀한 각본 아래 문재인 정부 길들이기와 남남갈등·한미이간을 노린 전방위적인 통일전선사업, 즉 정세 주도권 장악 행보가 이어지고 있다.

가장 먼저 눈에 띈 것이 북한의 발표 형식이다. 노동신문이나 중앙방송 등 내부 매체가 아닌 조선중앙통신, 조선신보 등 대외매체를 활용해 합의 사실과 입장을 공개하고 있다는 점이다. 이는 북한이 이번 조치를 북한 주민들에게는 알리지 않은 채, 대남 공작·대외 선전 공세 차원에서 진행하고 있다는 점을 강하게 시사해준다.

주민들에게는 8월 한미합동군사훈련 축소(사실상 중단)·식량 등 지원물자 수원 등과 같은 가시적 성과를 거양한 후 김정은 리더십의 결과, 애민·통일지도자로 선전하면서 자연스럽게 알릴 듯하다. 지난해 북한 전역에서 진행된 대북전단 살포 규탄대회·개성 남북공동연락사무소 폭파와 같은 대대적인 쇼를 진행한 입장에서 아무런 성과 없이 남북관계 정상화를 알릴 수는 없기 때문일 것이다. 따라서 최근 북한의 전술적 변화는 '선(先) 대남선전·압박'을 통해 애가 닳도록 닳은 문재인 정부를 그들의 프레임(frame)으로 끌어들여 당면한 경제난·코로나 국면 타개, 그리고 비핵화·대북제재 관련 미국의 입장 변화를 유도해 나가는 기반을 마련하는 데 목적이 있다고 추정된다.

다음으로 내용적인 측면에서 주목되는 것은 ▲지난 시기 남북관계 경색의 책임을 우리 측에 전가하면서 '대통령이 몸소 나서 자주의 길로 나갈 것'을 강조하고 있는데, 이는 방귀 뀐 놈이 더 화를 내는 전통적인 행태를 넘어 임기말을 맞아 초조한 대통령을 정조준한 것이다. ▲특히 김여정이 8월 한미합동군사훈련을 향후 남북관계 복원의 시금석이라고 규정한 것은 장단기 포석이 깔려 있는 고도의 전술이다. ▲또한 국내외 일각에서 이번 북한의 조치를 경제난 돌파구 차원에서 해석하고 있는 것과 관련해서도 아전인수식 억측이라고 강하게 부정하고 있는 점이다.

지금 북남관계의 회복을 바라지 않는 세력들이 통신련락선의 재가동을 북측의 '경제난'과 억지로 결부시켜 자의적인 분석을 내놓고 있지만 이들은 2018년의 대화 국면도 '대북제재의 산물'이라며 아전인수식으로 해석한 나머지 자주의 원칙을 견지하며 부당한 압력을 배격한 조선의 대화자세를 제대로 설명하지 못했다(2021. 7. 30. 조선신보).

우리 정부와 군대는 남조선 측이 8월에 또다시 적대적인 전쟁연습을 벌려 놓는가 아니면 큰 용단을 내리겠는가에 대하여 예의주시해 볼 것이다. 희망이냐 절망이냐? 선택은 우리가 하지 않는다(2021. 8. 1. 김여정 담화).

아무튼 최근 북한 내부 동향을 보면, 북한은 올해 초 8차 당대회에서 결정한 '핵 + 자력갱생의 정면돌파전 2.0'의 근간을 훼손하지 않으면서도 경제난 탈출구 모색, 코로나19 위협 예방, 미국과의 대화를 통한 대북제재 완화의 기반을 마련해놓을 수 있는 양수겸장(兩手兼將)의 조치가 매우 필요한 실정이었다.

북한이 그간의 문재인 정부 무시 전술에 변화를 주게 된 결정적 계기는 지난 6월 중순 당 전원회의에서 김정은이 친필 서명한 후 북한 주민들에게 공개한 특별명령서(비축 군량미 방출 승인 추정)가 이행될 수 없는 현실이라고 추정된다. 6월 말 당 전원회의가 끝난 지 채 보름도 안 되어 당 정치국 확대회의를 소집하고 리병철, 박정천, 김정관 등 군 수뇌부를 일제히 문책(6. 29.)한 것은 일대 사변이라고 할 수 있다. 이어 한 달여의 진단과 조치를 거쳤고, 며칠 전 정권수립 이래 최초로 군 지휘관 및 정치지도원 강습회(7. 24. ~ 7. 27.)까지 소집하는 등 내부 단도리를 끝냈다. 이처럼 일단 숨을 돌린 김정은이 이제는 8월 한미합동군사훈련을 포함한 남북 및 미북관계 국면에서 기선을 잡기 위해 선제적으로 통신선 복원이라는 전술적 행보를 취한 것으로 추정된다.

북한의 전략전술은 이처럼 명확하다. 이런 과정에서 문재인 정부가 어떤 역할을 했는지는 알 수가 없다. 혹시라도 이미 현 정부가 물밑협상 과정에서 어떤 형태로든 그간의 남북 및 미북관계 교착국면에 대해 유감을 표하고 앞으로는 '우리민족끼리 정신'에 더욱 충실하겠다고 언약하는, 일종의 약속어음을 발행해주었다거나 향후 협상 국면에서 이런 시그널을 보이면 이건 큰 실수를 넘어 역사 앞에 죄를 짓는 일이다. 8월 한미합동군사훈련 대폭 축소와 미국의 대북제재 해제 압박, 남북합의서 국회 비준과 국가보안법 폐지, 식량 및 백신지원 계획 등은 일시적으로 남북관계에 햇빛을 줄 수 있을지는 모르지만 시간이 조금만 지나면 초대형 태풍으로 변해 우리 나라를 휩쓸 것이기 때문이다.

향후 김정은은 서두르지 않고 정부의 8월 한미합동군사훈련에 대한 문재인 정부의 조치 결과를 본 후 다음 수순을 정할 것이다. 대화와 도발, 모든 카드를 테이블 위에 올려놓고 있을 것이다. 따라서 우리 정부도 인도적 지원, 대화 재개에만 목을 매서는 안 된다. 급하면 진다. 특히 한미합동군사훈련은 국가의 명운이 걸린 안보자주권의 문제이고, 혈맹이자 가치동맹인 미국과의 관계를 상징하는 최고의 협력틀이다. 새집을 짓고자 하는 마음이 앞서, 살고 있는 자기 집의 서까래를 먼저 빼는 우를 범해서는 안 된다. 지난 10년의 김정은의 통치행태를 분석해보면, 장단기 계획이 다 있다. 그 어려운 사정 속에서도 인도적 지원 제의를 지속적으로 거부하고, 특히 통신선 복원 조치(7. 27.)를 앞두고 군 내부와 중국과의 관계를 더욱 단도리한 점을 간과해서는 안 된다. 그리고 전통적으로 북한은 '하나를 주면 열을 더 달라 하고, 열을 주면 백을 더 달라 하는' 게 기본적인 행태다. 게다가 이제 핵개발을 거의 마쳤다. 현 정부가 바라듯이 고분고분할 상대가 아니다. 과자 몇 봉지가 아니라 아예 공장을 달라고 할 수 있다. 국가안보를 협상과 실험의 대상으로 삼아서는 안 된다.

결론적으로 다시 한번 강조한다. 남북 간 대화와 교류협력은 당연히 필요하다. 추진해야 한다. 그렇지만 ▲당당해야 하고 ▲과정이

투명해야 하고 ▲단기 이벤트가 아니라 지속 가능해야 한다. 앞으로 1~2년이 자유 대한민국의 미래를 결정할 뿐 아니라, 평화·통일 문제는 특정 정권을 넘은 장기적 과제이기 때문이다.

- 2021. 8. 2. 원코리아센터 곽길섭 정론

※ 데일리INK 칼럼

돈 룩 핵·미사일
(Don't look nuclear·missile)

요즘은 바야흐로 온라인 동영상 서비스 '넷플릭스(Netflix)'가 대세다. 영화 '오징어 게임'으로 인해 우리 국민들에게도 매우 친숙해진 상표다. 며칠 전 이 매체가 제작한 SF 블랙코미디 '돈 룩 업(Don't look up)'을 가족들과 함께 봤다. 2시간이 넘는 상영시간 내내 우리 사회의 모습이 계속 오버랩되어 아직도 그 여운이 남아 있다.

영화가 다루는 무대는 미국사회다. 미국의 지도자와 언론, 일반 시민들이 지구를 멸망시킬 수 있는 크기의 혜성이 날아오고 있다는 과학자의 경고를 귀담아듣지 않고, 오직 일상의 자극적인 욕망 충족이나 정치적 유불리(有不利)에 의해 모든 것을 해석하는 매우 비정상적인 세태를 풍자하고 있다. 그런데 혜성을 북한의 핵·미사일로 대치하고 등장인물을 대한민국의 대통령, 관료, 기업가, 언론인, 시민들로 교체하더라도 시나리오를 전혀 손대지 않아도 될 듯한 묘한 감정이입(感情移入, Empathy)을 느꼈다.

북한이 올해 들어 첨단 미사일을 연이어 집중적으로 시험발사하고 있다. 마하 10의 극초음속미사일, 요격회피 능력을 강화한 탄도미사일·순항미사일 등 종류도 다양다기하다. 우리의 미사일 방어체계 수준을 넘어서고 있다.

그래도 현 정부는 평화와 대화의 정당성·필요성만 주야장천 얘기하고 있고(막후에서 또 깜짝 쇼를 준비하고 있을지 모르지만), 군은 감당할 수 없는 것을 감당할 수 있다고 큰소리를 치고, 여당 후보자는 핵 대응의 기본원칙을 얘기하는 상대 후보자를 '전쟁광'으로 낙인찍고, 북한의 행동은 '층간소음'으로 애써 축소하여 해학적으로 설명하고 있다. 도무지 정상적인 상황이 아니다. 슬프고 답답하다. 아니, 두렵기까지 하다.

안보는 현실이다. 이상이나 소망, 레토릭(rhetoric), 회피 등으로 해결될 문제가 아니다. 튼튼한 안보태세와 부당한 도발에는 당당히 맞서겠다는 결기를 가지고 대처해 나갈 때만이 소중한 평화를 지켜낼 수 있다는 것은 동서고금의 진리이다. '자유는 공짜가 아니다(freedom is not free)'라는 경구가 그냥 생겨난 말이 아니다. 요즘 국내 일각에서 주장하는, "평화가 평화를 보장한다"라는 말은 가히 혹세무민(惑世誣民)의 극치를 보여주는 궤변이라고 할 수 있다.

필자는 지난 시기부터 일관되게 김정은의 북한을 제대로 볼 것을 강조해 오고 있다. "김정은은 콤플렉스와 야망을 지닌 승부사이다. 과소평가해서는 안 된다. 김정은은 김씨 일가가 영구통치하는 사회주의강국 건설과 전 한반도 통일이라는 대전략을 가지고 있다. 김정은은 핵을 스스로 포기하지 않는다. 따라서 우리가 포기하게끔 만들어야 한다. 한미가 국제사회와의 유기적 공조하에 가용한 수단을 총동원하여 '핵을 가지고 있으면 손해'라는 생각을 하게끔 만들어야 한다. 정상회담·종전선언과 같은 깜짝이벤트는 착시현상을 줄 수 있다. 장기적인 관점하에 보다 근원적이고 실제적인 질문과 조치로 북한 비핵화와 항구적인 평화체제를 구축해 나가야 한다." 그리고 김정은이 다종의 전술핵무기 무력시위와 함께 대북 이중기준·적대시 정책 철폐 선전전을 강하게 전개하는 것을 보고서는 1만 4천 자가 넘는 대정론('복차지계 - 지금은 3차 북핵 위기 국면이다', 2021. 11. 5. 데일리NK 곽길섭 북한정론)을 써 가며 경종을 울리려고 노력했다.

그렇지만 현 정부는 미국 등 우방국들이 코웃음치는(정부는 미국이 동의한다고 자기 방식대로 해석했지만) 종전선언에만 올인했다. 그 결과로 새해 벽두부터 '북한의 극초음속미사일 최종 발사, 탄도미사일 검열·검수 시험발사, 핵·미사일 모라토리움 철회'라는 대재앙을 맞고 있는 것이다.

이제라도 정부는 미몽(迷夢)에서 깨어나야 한다. 혹시 이 순간에도 극과 극은 통한다는 현실회피적 소망성 사고에 사로잡혀 북한과

모종의 이벤트·분식합의를 만들려고 하고 있다면 그것은 주권국가이기를 포기한 것이며, 역사에 씻을 수 없는 대죄를 짓는 행동이라는 점을 명심해야 할 것이다.

북핵 위기의 진실, 핵심 포인트 몇 가지를 다시 한번 강조한다.

첫째, 현재 국면은 '과거 김일성, 김정일 시대와는 전혀 다르다. 현정부가 그토록 향수를 느끼고 있는 2018년의 상황과도 완전히 다르다'라는 점을 분명히 인식해야 한다. 지금은 북한이 핵을 개발하는 시기가 아니라, 핵개발을 거의 마치고 실전배치·고도화하고 있는 단계라는 점을 유념해야 한다. 핵개발을 숨기거나 블러핑(bluffing)하는 상황이 아니라 대놓고 최종 질주하는 국면이다. 따라서 모든 것을 달리 생각해야 할 때다. 과거에 성공했던 방식에 집착해서는 김정은의 질주를 따라잡을 수 없다. 발상의 대전환이 필요한 때이다.

둘째, 북한의 핵·미사일 개발 저의를 보는 관점도 정확하게 재정립해야 한다. 북한 핵·미사일은 김정은 정권은 물론이고 김씨 일가의 영구집권을 뒷받침하는 최후의 안전판, '군사용'이라는 측면이 핵심 중의 핵심이다. 많은 사람들이 얘기하는 경제·외교적 실리 확보를 위한 '협상용'은 최우선 순위가 아니다. 북한이 극심한 경제난 속에서도 무력시위를 계속하고 있는 것은 다 이런 이유이다. 첨단무기 고도화와 핵보유국 위상 다지기를 위한 수순이다. 진단이 잘못되면 백약이 쓸모없다.

셋째, 북한 핵의 용처에 대한 논란도 끝내야 한다. 우리 사회 일각의 "북한 핵은 자위용일 뿐이다. 설마 우리 민족을 향해서 발사하겠는가?" 하는 생각을 버려야 한다. 과거 정부들의 책임을 묻지는 않겠다. 자위용이냐 공격용이냐의 구분은 더 이상 의미가 없다. 지금은 한가하게 말장난이나 소망성 사고에 기댈 때가 아니다. 현실을 직시해야 한다. 대한민국이 '장성택의 길'을 걷지 말라는 법이 없다. 김정은이 장성택과 그 추종 세력에게 자행했던 극악무도한 행태가 어찌 상식적인 사람으로서 할 수 있는 일인가?

영화 '돈 룩 업'을 반면교사로 삼아야 한다. '돈 룩 핵·미사일'이 우리 사회의 팬덤(fandom)이 되어서는 안 된다. 이를 위해서는 대통령부터 마인드를 바꾸어야 한다. 현실을 직시해야 한다. 지금은 NSC(국가안전보장회의)나 전군 지휘관 회의를 직접 주재하며 대응체계를 구축하고, 국민들도 만약의 사태에 대비하는 자세를 가다듬어야 할 시기이기 때문이다. 하늘은 스스로 돕는 자를 돕는다.

- 2022. 1. 26. 원코리아센터 곽길섭 정론

※ 데일리INK 칼럼

제3부
—
북한의
대남전략전술

남북공동연락사무소 파괴는 예고편, 전주곡일 뿐이다

우려가 현실이 되었다. 북한이 대한민국을 정조준해서 무력으로 공격했다. 개성 남북공동연락사무소의 위치는 북측에 있지만, 정상 간 합의에 기초하여 막대한 국민 혈세가 약 180억 원이나 들어가 건설된 소중한 국가 자산이며 사실상의 외교공관이다. 이런 건물이 북한에 의해 폭파되었다.

이번 사태는 북한이 사전에 공개 위협하여 어느 정도 예견되었던 일이다. 따라서 정부의 차분하고 확실한 대응이 있어야 한다. 국가의 안전·품격과 관련된 중대사안이기 때문이다. 만약 우리가 우물쭈물하는 모습을 보이면 제2, 제3의 더 큰 도발을 유도할 뿐이다. 이 중차대한 순간에 우리는 "할 수 있는 일이 별로 없다", "대응을 잘못하면 전쟁이 날 수 있다", "김정은이 얼마나 화가 났으면 이런 행동까지 했겠냐"와 같은 패배주의적이고 적반하장 식의 사고를 경계해야 한다.

이와 함께, 우리가 보다 신경을 써야 할 문제는 단기 대응조치를 넘어 김정은의 최종 목표에 대한 정확한 분석과 대처이다. 북한의 대북전단살포 금지법 제정 요구, 남북공동연락사무소 파괴 등 최근 일련의 강경책들은 전주곡일 뿐이다. 앞으로 있을 수 있는 휴전선·NLL에서의 도발, 사이버 테러, 요인암살과 같은 도발들도 징검다리 정도의 역할만 할 것이다.

필자는 김정은이 지난 5월 24일 두 차례의 장기 잠행을 마치고 당 중앙 군사위원회 확대회의를 소집하고 내린 명령, '핵 억제력 증강, 전략무기의 격동적 운용, 각 부문별 세부대책 수립' 지시를 보면서, 승부사 김정은이 정권 안정의 최후 안전판이자 김씨 일가 영구 통치기반 구축의 핵심 수단인 '핵·미사일 무기체계 완성을 위한 파이널 카운트다운'을 시작했다고 판단하였다.

김정은이 진짜 노리고 있는 것은 대북전단살포 금지 조치가 아니라 코로나19 사태, 미국의 전략적 북한 무시로 인해 남북과 미국의 운신 폭이 크지 않은 교착 국면에서 핵·미사일 개발의 마침표를 찍고 실전배치 완료를 선언하는 것이라고 평가한다. 다시 말하면, 미 대선 이후 전개될 핵 협상을 '비핵화 협상'이 아닌 '군축 협상' 국면으로 전환시키기 위한 교두보 확보 전술일 가능성이 크다.

이 같은 전략전술은 단기적으로 북한경제를 더욱더 위축시키고 미국의 군사공격을 촉발시킬 수 있는 위험성이 있지만 트럼프가 코로나19, 인종 갈등 사태 수습 등으로 쉽사리 군사행동을 취할 수 없을 것이라고 판단했을 가능성이 크다. 설사 무력공격을 감행하더라도, 중국과 2,500만 북한 주민을 방패막이로 하여 옥쇄작전을 펼치면 감당할 수 있다고 판단했을 것이다. 이렇게 위험을 감수하며 긴장을 조성할 경우, 경제난과 코로나19 장기화로 인해 찌들은 북한사회에 더 강한 내핍을 강요할 수 있고, 한·미 정상에게도 직간접적으로 강한 메시지를 보내는 효과를 거둘 수 있다고 판단했을 것으로 보인다.

그럼, 북한의 이러한 전략전술에 대응하는 우리의 대책은 무엇일까? 김여정을 비롯한 고위간부와 언론들이 대적(對敵) 사업을 단계적으로 강화시켜 나간다고 선언한 상태이므로, 향후 북한은 육해공 및 사이버 차원에서 도발해 왔던 유형들을 선택적, 복합적으로 병행하여 긴장을 고조시켜 나갈 것으로 보인다. 잠수함 발사 탄도미사일(SLBM) 시험발사 또는 SLBM 탑재 잠수함 건조식 등도 생각해 볼 수 있다.

따라서, 이러한 행동은 미국 등 국제사회와의 공조하에 주권국가의 안보와 국민 생명 보호 차원에서 상응조치로 당당히 대처해 나가는 수밖에 없다. 문제는 북한이 일종의 게임체인저라고 할 수 있는 SLBM 시험발사 이후 '핵·미사일 실전배치 완료를 선언'하는 상황이다. 지금까지 세계는 북한이 핵·미사일 강국이라고 주장하더라도 기술상의 문제를 넘어 전략적 차원에서 의도적으로 핵보유국으로 인정하지 않아 왔다. 그러나, 공포의 핵 균형의 핵심수단인 SLBM 시험발사가 있을 경우에는, 지금까지의 입장을 고수하기 어려울 것이다.

따라서, 우리는 북한의 핵·미사일 실전배치 완료 선언 이전과 이후의 상황을 가정하고 대책을 수립, 시행하는 데 만전을 기해야 한다. 일단, 북한의 시험발사를 사전에 막는 데 최선을 다해야 한다. 미국과의 긴밀한 공조를 바탕으로 정찰활동 강화와 레드라인 사전 경고 등 가용한 수단을 총동원해야 한다. 필요시에는 자위적 조치도 검토해야 한다. 그런 가운데 미국과 핵공유협정을 비롯한 다양한 대응책을 논의해 나가야 할 것이다. 중국에게도 레드라인을 통보하고, 이 같은 위기 상황이 발생할 경우 안보 자위권 차원에서 미국과의 공조를 통한 첨단무기 방어력 강화는 피할 수 없다는 메시지를 당당하게 전달해두어야 한다.

이 같은 우리 정부의 노력에도 불구하고 북한이 도발을 강행할 경우에는, 미국과의 공조하에 킬 체인(Kill-chain), 한국형 미사일방어(KAMD), 한국형 대량응징보복(KMPR) 등 이른바 3축체제 완비에 더욱 박차를 가하면서, 사전 논의된 북한 핵 대응 방안에 대한 정밀 검토를 거쳐 시행을 발표해야 할 것이다.

특히, 이러한 상황 전개 과정에서 유념해야 할 것은 한반도 긴장 조성의 책임과 관련 본말이 전도되어서는 안 된다는 것이다. 문제는 김정은의 핵개발 집착과 무리한 요구라는 점을 한시도 잊어서는 안 된다. 그리고 설사 북한이 도발을 끝낸 후에 비핵화 협상의 장에 다시 나오더라도, 합의와 이행에는 정말 오랜 시간이 걸릴 것이라는 점을 명심해야 한다. 핵·미사일 개발의 자주권을 주장하면서 '군축 협상'을 하자고 주장할 것이기 때문이다. 그러므로, 우리 정부가 북한의 기만적-자기중심적인 전략전술에 또다시 휘둘려서는 안 되며, 당당하게 대응해 나가야 한다.

김정은은 승부사이다. 과소평가해서도 안 되고, 무조건 믿어서도 안 된다. 핵을 가진 북한과의 평화, 그것은 가상세계에서나 있을 수 있는 일이다. 김정은은 형과 고모부, 측근들을 독가스와 고사포로 잔인하게 죽인 독재자다. 핵·미사일을 배경으로 우리를 겁박하는 평화 파괴자다. 앞으로 우리를 향해 무슨 불장난을 또 칠지 모른다.

우리가 가야 할 길은 이념과 진영을 초월한 국민대통합에 기초하여 북한과 중국에게는 당당하게 안보자주권을 강조하고, 미국과는 강화된 핵우산 제공과 자주국방 지원 협조를 요구하는 것이다. 특히 국민대통합과 관련, 정부는 야당과 보수 진영에게 초당적 차원에서 정부에 협조하라고 요구만 해서는 안 된다. 비판의 목소리를 진지하게 듣고 정책에 반영해야 한다. 핵을 가진 김정은을 바르게 상대하는 길은 우리 스스로의 힘을 키우며 '우리의 길', 즉 자유민주주의 가치 구현과 글로벌 경제문화 대국을 향한 노정을 담대하게 걸어가는 것이다. 상대의 선의만을 기대해서는 안 된다.

지금은 국가적 위기 상황이다. 소망이나 고정관념에서 벗어나 보다 현실적인 마인드, 당당한 자세, 장기적·입체적 관점에 기초하여 대북정책을 추진해 나가야 한다. 우리가 이순신 장군의 '사즉생 생즉사(死卽生 生卽死)'의 결의로 당당하게 대응하지 못하면, 김정은의 핵 인질이 되고, 역사의 죄인이 될 것이라는 점을 명심 또 명심해야 한다.

- 2020. 6. 16. 원코리아센터 곽길섭 정론

공무원 총격살해·소각 사건은
대북정책의 파산선고

우리 국민이 또다시 북한군에 의해 피살되었다. 북한군은 총격도 모자라 시신에 기름을 붓고 불태우는 천인공노할 반인륜적 만행을 저질렀다.

어쩌면 우리의 자업자득인지도 모른다. 그동안 김정은 정권의 핵·미사일 위협, 개성 남북공동연락사무소 폭파 등 도발에 대해 이렇다 할 대응을 하지 못하고 벙어리 냉가슴만 앓은, 아니 북한에게 대화와 교류협력만 구걸하고 있는 문재인 정부를 우습게 본 결과라고 하지 않을 수 없다.

더 큰 문제는 사건 발생 후 정부의 태도다. 정부는 약 이틀 동안 이 사실을 숨기고, 대통령은 평화를 얘기하며, 유엔총회 연설에서는 종전선언을 제의하였다. 남과 북은 '생명공동체'라고까지 강조하였다. 번지수가 틀려도 너무 틀렸다. 국민의 생명을 등한시하고 있다. '세월호 7시간'의 비밀을 능가하는 무책임한 태도가 아닐 수 없다.

김정은에 대한 미몽에서 깨어나야 한다. 현실을 직시해야 한다. 삼가 고인의 명복을 빌며, 정부의 대각성과 대북정책의 전면적인 전환을 촉구한다.

이제 우리는 진실의 순간에 섰다. 이번 총격살해·소각 사건의 최종결재, 명령권자는 김정은이다. 북한군이 최초 발견 후 6시간이 지나서야 사살한 것이 이를 입증한다. 의도된 사살, 남북관계 단절선언이다. 한마디로 문재인 정부의 대북정책은 파산선고, 사형선고를 받았다고 할 수 있다. 더 이상 착한 사마리아인과 같은 행동을 해서는 안 된다. 벙어리 냉가슴을 앓아서도 안된다. 총력 안보태세를 구축하고 당당하게 할 말을 하면서, '우리의 길'을 가야 한다.

대통령은 국민 앞에 직접 나서서 사죄하고 유엔 등 국제사회와 협조, 북한의 반인륜적-반민족적 중대범죄를 단죄해 나가야 한다. 대북정책을 제로베이스에서 재검토, 시행해야 한다. 무고한 우리 국민을 살해하도록 재가한 김정은 정권, 핵 있는 북한과의 평화는 또 하나의 신기루일 뿐이다. 국민의 생명과 국가안보는 실험의 대상이 아니다. 그런데, 이게 끝이 아니라는 게 더 큰 문제다. 북한은 조만간 SLBM이나 ICBM 시험발사, 제2의 연평도 포격도발과 같은 무력시위를 통해 우리에게 최후의 일격을 가하려 할 것이다. 핵·미사일 개발의 마침표를 찍으려 할 것이다. 그런데, 정부는 지금 무엇을 하고 있는가?

우리는 한반도 평화시대가 아니라, 김정은의 입과 손가락에 모든 것을 맡기고 살아야 할지도 모른다. 이 같은 상황에 처하지 않기 위해서는 이번 사건에 강력하게 대응하고 북한의 핵·미사일 전략도발을 막는 데 총력을 경주해야 한다. 한가롭게 평화 타령만 할 때가 아니다.

정부를 질책하려고 이런 말을 하는 게 아니다. 새로운 출발을 위해서다. '늦었다고 생각할 때가 가장 빠른 때'라는 말이 있다. 북한이 핵을 개발하고 있을 때와 실전배치하고 있을 때와는 상황이 180도 다르다. 게다가 북한은 우리에게 수많은 추가 도발 신호를 보내고 있다. 한반도를 둘러싼 미국과 중국의 큰 판도는 지각변동을 하고 있다. 당연히 우리의 대응도 바뀌어야 한다.

이번 우리 국민 총격살해·소각 사건이 대북정책 전면 재검토, 총력 안보태세 구축의 전환점이 되길 바란다.

- 2020. 9. 25. 원코리아센터 곽길섭 정론

북한의 'Again 2018' 통일전선 전술을 경계해야

　문재인 정부와 집권 여당이 김정은 정권을 대하는 행태가 갈수록 점입가경이다. 도저히 상식적이지 않다. 국가의 안전과 국격이 심각히 훼손되고 있다. 그래서 많은 사람들이 걱정을 넘어 의심스러운 눈길까지 보내고 있다.

　최근의 대표적인 사례 몇 가지만 보자. 국민 혈세 수백억이 들어간 개성 남북공동연락사무소가 북한에 의해 무자비하게 폭파되어도 마치 아무 일도 없었다는 듯이 지나갔다. 북한 해군이 해수부 공무원을 총격살해한 후 소각했는데도 김정은의 카더라식 전언(傳言) 사과에 감읍하였다. 피해자 아들의 눈물 어린 호소에는 면피식 수색활동으로 시간을 끌며 애써 눈을 감았다. 이제는 사건 자체가 아예 실종상태이다. 김정은이 당 창건일 열병식에 ICBM, SLBM 등 최첨단 무기를 총출동시켜 위력을 과시했는데도 남녘 동포에 대한 인사말의 의미만 집중 부각하였다. 북한의 핵·미사일 전력이 더욱 막강해지고 위협을 노골화하고 있는데도 이인영 통일부 장관을 비롯한 집권층은 평화와 교류협력 타령만 주야장천 늘어놓고 있다. 마치 남의 일인 듯 대하고 있다. '북(北)바라기' 이미지와 '상갓집에 가서 축가 부른다'라는 비유가 머리에 맴돈다.

최근 들어서는 말뿐만이 아니다. 안보와 자유민주통일의 기본 축을 무너뜨리는 행동을 하고 있어 더욱 문제이다. 180석에 달하는 입법권력을 무기로 헌법정신에 위배되고 국가안보에 직접적인 위협을 줄 수 있는 법 제정을 일방적으로 밀어붙이고 있다. 폭넓은 의견 수렴과 같은 절차적·합리적 과정은 낭비라고 생각하는 듯하다.

대표적인 게 대공 수사권 폐지를 골자로 한 국정원법 개정, 민간의 북한 자유화 활동을 원천적으로 금지하기 위한 대북전단살포금지법 제정, 국가보안법의 찬양고무죄(7조) 폐기 법안 발의이다. 자유민주주의 체제의 근간을 뒷받침해 온 이 법들은 지난 시기는 물론 향후 남북한이 평화와 통일로 가는 험난한 길에서 대들보와 같은 역할을 계속해야 함에도 불구하고, 집권세력의 불도저식 밀어붙이기에 뿌리채 뽑혀 나갈 위기에 처해 있다. 이 같은 반(反) 안보·자유민주주의적 행동들은 '헌법정신의 훼손'이자 '김정은을 위한 법'이라는 비판을 피할 수 없다. 마치 악질 성추행범이 출소하는 상황에서 보호조치를 강화하지 않고 오히려 흉악범이 활보할 수 있는 환경을 마련해주는 격이라고 할 수 있다.

정부 여당은 독재자 김정은의 앞길에 탄탄대로를 깔아주는 이 같은 행동을 당장 멈추어야 한다. 만약 집권세력이 국회에서의 수적 우위를 바탕으로 관련법안을 통과시킨다면 국내외에서의 전방위적 저항에 직면할 것이다. 즉, 헌법재판소 위헌청구 소송은 물론이고 '세계 자유민주주의지도자 회의(Global summit for democracy)' 구상을 추진하고 있는 미국 바이든 행정부 정책과의 갈등은 불을 보듯 뻔하다. 국내외 인권기구의 연대 활동은 요원의 불길처럼 번질 것이다. 정부는 소망성 사고나 확증편향적 인식에서 벗어나, 현실을 있는 그대로 정확하게 인식해야 한다.

그럼 북한은 어떤가? 김정은은 집권 이후 핵·미사일 등 비대칭전력 강화에 올인하여 이제 북한을 사실상의 핵보유국의 반열에 올려놓았다. 김일성-김정일 시대의 '전 한반도 공산화' 목표도 그대로 계승하고 있다. 여기에다 국가보안법 철폐, 국가정보원 폐지, 주한미군 철수 등 이른바 북한의 남조선 혁명역량 강화를 위한 3대 핵심 공작 사업도 어느 날 호박이 저절로 넝쿨째 굴러들어오고 있다. 게다가 지난 2년여 동안 문재인 정부에 대해 막말, 조롱, 냉대, 위협으로 완전히 칼침을 놔두어 언제라도 손만 내밀면 한국정부가 덥석 잡을 환경도 마련해두었다. 내부적으로는 공포통치와 자력갱생, 사상교육으로 대북제재의 어려움을 견디어 나가고 있다. 특히 지난 5일 소집된 최고인민회의에서는 '반동사상문화배격법'까지 채택함으로써 북한 주민들을 암흑의 세계에 가두어두기 위한, 보다 강화된 제도적 기반까지 구축하였다.

한마디로, 그동안 김정은은 핵을 가졌고 한국정부를 마음대로 주무를 수 있는 환경을 만들었다. 중국을 확실히 잡아두었으며 미국·일본과는 협상할 수 있는 여건을 조성해두었다. 많은 사람들이 주목하는 경제외교적 어려움은 김정은이 마음을 먹고 비핵화 제스처만 조금 취하면 언제든 타개할 수 있는 상황이다.

그럼 향후 북한은 어떠한 행보를 보일까? 한마디로 말하면, '핵-경제건설 병진노선의 2.0 버전' 추구이다. 핵·미사일 개발을 사실상 완료했기 때문에 이제부터는 핵을 가진 상태에서 경제난이라는 가뭄을 해갈시켜줄 우물을 파고 단비를 기대하는 것이 당면과제이다. 내년 1월로 예정되어 있는 8차 당대회와 미국 바이든 신 행정부의 출범이 매우 중요한 모멘텀이 될 것이다. 일부에서 우려하고 있는 북한의 핵·미사일 시험 등 고강도 도발은 이미 지난 10월 당 창건일 열병식에서 첨단전력을 과시했고, 효과보다는 부정적 영향이 클 수 있기 때문에 매혹적인 카드는 아니다. 오히려 내부 단속에 주력하면서 사태 추이를 관망해 나갈 가능성이 크다.

김정은은 지난 8월 당대회 소집을 발표하면서 국가경제발전 5개년 계획 수립을 이미 예고했다. 김여정은 7월에 발표한 대미성명을 통해 미국 신 행정부와의 군축협상을 시사했다. 그럼 한국정부와는 무엇을 할까? 아직 가시화되지는 않았지만 'Again 2018' 전략전술을 내심 검토하고 있을 가능성이 크다. 돌이켜보면 지금은 지난 2017년 말 상황과 매우 유사하다. 2017년은 한반도가 전쟁 일보직전까지 치달았다. 11월 29일에 미국을 사정권으로 하여 발사된 화성-15호 대륙간 탄도미사일은 백미(白眉)였다고 할 수 있다. 그러나 김정은은 2018년 1월 1일 신년사를 통해 평창동계올림픽 참가를 시사하고, 이어 트럼프를 비롯한 각국 정상들과의 회담을 공세적으로 진행하는 등 자세를 180도 전환하였다.

지난 2018년이 그러했던 것처럼, 2021년은 또다시 북한에게 도전적인 해가 될 가능성이 크다. ▲무엇보다도 핵·미사일 개발을 실제적으로 거의 완료하였다 ▲경제난이 한계상황으로 치닫고 있다. 어떤 형태로는 탈출로를 모색해야 한다 ▲새로운 국정목표를 제시하는 8차 당대회가 열린다 ▲미국의 바이든 행정부가 출범한다 ▲문재인 정부의 마지막 임기이자 대선정국이 본격화되는 해이다. 따라서 당대회 또는 국가적 기념일, 도쿄 올림픽 등 주요 계기를 새로운 비전 제시와 대미 협상력 제고의 모멘텀으로 활용할 것으로 예상된다.

이를 위해서는 한 달 앞으로 다가온 8차 당대회에서 경제발전 5개년 계획 수립, 코로나19 대응체계 보강, 조직 및 법령 정비, 김여정 등 측근의 중용과 같은 조치를 넘어 체제목표를 규정한 당규약까지 손질할 가능성도 상정해볼 수 있다.

당규약 개정이 이루어진다면, 먼저 북한은 2012년 개정헌법과 2016년 당대회 결정서에 명문화한 '핵보유국 지위'를 이번 당규약에 반영할 가능성이 크다. 김정은의 업적 선전은 물론이고 바이든 행정부와의 핵 협상을 앞두고 우위를 선점할 수 있기 때문이다. 다음으로, '김씨 일가 영구통치' 규정도 삽입할 가능성이 있다. 김정은의 건강 이상 등 신변에 이상이 발생하더라도 자연스럽게 백두혈통으로 승계가 이루어지도록 하기 위해서이다. 이 규정은 이미 2013년 6월 개정한 '유일령도체계 확립 10대 원칙'에 명문화되어 있어 원용하는 데는 별문제가 없을 것이다. 셋째, 북한이 대남적화전략 등 체제목표를 분식(粉飾) 수정할 수도 있다. 이 점은 우리가 선제적으로 대비해야 할 중요한 포인트이다. 왜냐하면 북한이 핵을 ▲개발 중일 때와 ▲거의 마쳐갈 때(2016년 7차 당대회 규약) ▲완료했을 때(2021년 8차 당대회) 와는 상황이 완연히 다르기 때문이다. 김정은의 승부사적 기질과 갑작스러운 돌변 등을 고려해볼 때 그 가능성을 배제할 수 없다.

전국적 범위에서의 혁명 과업 완수와 관련된 조항은 대한민국이 '국가보안법을 철폐할 수 없다'라는 근거로 제시하는 이른바 독소조항이다. 만약 북한이 8차 당대회(또는 추후 당대표자회)에서 핵·미사일 개발 성공에 대한 자신감을 기초로 2021년을 '핵군축-경제탈출로 확보를 위한 위장 평화 대공세'의 시기로 규정한다면 북한과의 대화와 교류협력 재개에 목말라하는 문재인 정부를 유인하고 국내

친북세력의 활동 공간을 더욱 확대해주기 위한 차원에서 얼마든지 용어 사용에 탄력성을 부여할 수 있다. 즉, "전국적 범위에서 민족해 방민주주의혁명 과업을 수행하는 데 있으며"라는 표현을 삭제하고, 대신에 "남조선 애국적 민주력량과의 협력을 통해 조국통일의 력사 적 위업을 이루는 데 있으며"라는 다소 순화된 표현을 추가하면 근 본 목표에는 변화를 주지 않으면서도 대남통일전선 전술 사업에서 는 엄청난 효과를 거양할 수 있을 것이다. 곧바로 이어지는 "온 사회 를 김일성·김정일주의화하여…"라는 문장 속에 '전 한반도 공산화' 의미가 포괄적으로 내포되어 있으므로 핵을 가진 김정은이 야망을 실현하기 위해 판을 크게 흔드는 술수를 부릴 가능성을 배제할 수 없다. 북한이 과거 대남통일전선 강화를 위해 '민족해방 인민민주주 의혁명(1980. 10. 6차 당대회)' → '민족해방 민주주의혁명(2010. 9. 3차 당대표자회)'으로 변경한 사례도 있음을 주목해야 한다.

이상에서 살펴본 것처럼, 북한이 2021년도에 기존의 배타적·반 (反)대화적 입장을 180도 선회, 'Again 2018' 통일전선 전술을 구사 할 가능성을 배제할 수 없다. 향후 김정은이 원포인트로 활용하든, 지속적인 대남통일전선 전술로 확정하든 평화 공세는 '핵 있는 북한' 의 중요한 전술의 하나로 자리매김할 것이 분명하다. 단지 그 시기 의 문제일 뿐이다.

이런 측면에서 12월 8일 김여정이 강경화 외무장관의 북한 내 코로나19 상황에 대한 발언(코로나 확진자 없다는 북한을 믿기 어렵다. 이상하다. 코로나 도전이 북한을 좀 더 북한스럽게 만들었다)과 관련, "망언을 두고두고 기억하고 계산할 것"이라고 과민반응을 보인 것에 대해서도 너무 큰 의미를 두지 않는 것이 좋다. 2019년 6월 이른바 대적(對敵) 사태에서 보았듯이 김여정 뒤에는 김정은이 있기 때문이다.

이 과정에서 내년 1월에 소집되는 8차 당대회는 중요한 이정표가 될 것으로 보인다. 통상 당대회는 지난 시기 사업을 총결산하고 새로운 국정목표를 제시하기 위해 개최된다. 따라서 이번 대회에서는 '핵보유국 목표 달성' 등 김정은의 통치 업적을 대대적으로 선전하여 내부기반을 더욱 탄탄히 다진 후 향후 2025년 당 창건 80돌, 더 나아가 2045년 100돌까지를 고려한 중장기 비전과 목표를 명문화할 가능성이 있다.

특히 '전 한반도 적화통일'을 규정하고 있는 당규약의 수정은 향후 '핵 있는 북한이 취해 나갈 대남정책의 바로미터(barometer)'가 될 것이므로 정부는 예의주시, 대처해 나가야 할 것이다. 상대를 너무 믿는, 이른바 선의에 기초한 대북정책은 이상적이지만 위험하다. 우리는 이미 지난 시기 북한이 비핵화·평화를 강조하는 이면(裏面)에서 핵·미사일 능력을 꾸준히 증강시켜 왔음을 생생하게 목도하였다. '한 번 속으면 속인 사람이 잘못이지만, 두 번 속으면 속은 사람이 잘못이다'라는 말이 있다. 교류협력과 적화통일을 위한 상하층 통일전선 전술 공작은 동전의 앞뒷면과 같이 이중적이라는 점을 유의해야 한다.

　남북한 교류협력, 당연히 필요하다. 그러나 북한의 전략전술에 대한 치밀한 분석과 원칙 있는 대북정책, 특히 북한의 완전한 비핵화는 더더욱 중요하다. 대한민국의 안전과 미래, 국격이 걸려 있기 때문이다. 안보는 현실이다. 가슴이 뜨거울수록 머리는 차갑게 해야한다.

- 2020. 12. 9. 원코리아센터 곽길섭 정론

※ 데일리NK 칼럼

김정은의 역주행, 그 미래는?

    국내외의 '혹시나' 하는 관심 속에서 신년 벽두부터 진행된 북한의 8차 당대회(1. 5. ~ 1. 12.)가 8일간의 일정을 끝내고 '역시나'로 폐막되었다.

    이번 당대회의 핵심 키워드는 핵과 정면돌파전이었다. 많은 전문가들의 '북한이 한국이나 미국을 향해 전향적인 메시지를 내놓을지 모른다'라는 희망 섞인 관측은 보기 좋게 빗나갔다. 김정은에게 코로나19 팬데믹과 대북제재의 장기화로 인한 경제난 심화, 미국 바이든 신 행정부의 출범 등과 같은 것은 중요한 고려요소가 안 되었다. 독재자이자 승부사인 그는 유화적 제스처나 변화보다는 역주행(逆走行)을 선택했다.

    마치 수세에 몰린 권투선수의 최후 승부수가 연상될 정도이다. 일발필도의 한 방(counter-punch)으로 승부를 뒤집기 위해 링의 넓은 공간을 포기하고 가드(guard)를 잔뜩 올리고 코너에 몸을 의지하려는 모습과 유사하다. 과연 이런 배수진이 성공할 수 있을까?

경제 실패 자인

　김정은은 개회사를 통해 현 정세를 "일찌기 있어본 적이 없는 최악 중의 최악으로 계속된 난국"으로 규정하고, 경제발전 5개년 계획 (2016~2020)의 실패를 솔직하게 자인하였다. 그러면서 "현존하는 첩첩 난관을 가장 확실하게, 가장 빨리 돌파하는 묘술은 바로 우리 자체의 힘, 주체적 력량을 백방으로 강화하는 데 있다"라고 강조하였다.

각 부문의 '정면돌파전 2.0 추진' 의지

　이어 3일 동안 진행된 사업총화보고를 통해 ▲자력갱생에 기초한 정면돌파전 전개 ▲핵·미사일 강국 목표달성 과시와 지속적인 고도화 의지 천명 ▲선한후미(先韓後美: 한국 압박, 미국 대치)의 벼랑 끝 전술을 강조하였다.

　특히 핵이라는 단어를 36번이나 언급하면서, 핵추진 잠수함과 방공망을 무력화할 수 있는 극초음속 무기 개발을 처음으로 공식화하고 다탄두미사일(MIRV) 소형화와 대기권 재진입 기술 등을 지속적으로 개발, 시험해 나갈 것임을 공식화하였다. 이와 함께 "남조선 당국의 태도 여하에 따라 얼마든지 가까운 시일 안에 다시 3년 전 봄날로 돌아갈 수 있다"라며 남북관계 복원 가능성도 함께 시사하였다. 그렇지만 첨단군사장비 반입과 한미합동군사연습 중지와 같은 실행하기 어려운 선행조건을 내걸었다. 미국에는 '강대강, 선대선 대응', '대북 적대시 정책 철회'를 강하게 압박하면서도 한국에는 대화 여지를 열어두는 고도의 전술적 행동을 취한 것이다. 일종의 문재인 정부 길들이기, 유사시 탈출로 확보, 한미이간책이라고 할 수 있다.

'핵을 기반으로 한 전(全) 한반도 통일' 전략을 당규약에 명문화

5일차 회의에서는 체제 운영의 바이블(bible)인 당규약을 개정하였다. 가장 중요한 서문에서는 첫째, 김일성·김정일주의와 김정은의 인민대중제일주의를 보다 정치(精緻)하게 서술하여 3대 세습통치의 정통성을 부각하였다. 둘째, 해외동포 관련 표현도 삽입하여 통일전선사업 기반 확대를 시도하였다. 셋째, 조국통일을 위한 투쟁과업 부분에 "국방력에 의거하여 조선반도의 영원한 평화적 환경을 보장하고 조국통일의 력사적 위업을 앞당긴다"라는 문구를 추가하여 핵 불포기와 무력에 기초한 대남적화통일 의지를 보다 노골화하였다. 한마디로 기존의 전 한반도 공산화통일 전략전술, 유훈의 계승을 넘어 대내·대남·해외 기반을 더욱 강화하려는 움직임이다.

기타 세부 장의 개편 내용 중에는 ▲기본 전략노선의 변경이 언제든지 가능하도록 규정(당대회를 수개월 전에라도 공고하면 소집할 수 있게 변경) ▲정치국 상무위원회 권한 강화(일종의 역할분담·책임통치) ▲당 중앙검사위원회 권한 강화(재정을 넘어 모든 사무 감사, 우리의 감사원 격) ▲정무국을 다시 과거의 비서국 체제로 환원한 것 등이 큰 특징이다.

김정은 친정체제 일층 공고화

⑴ 김정은을 당위원장 → 당총비서로 추대

6일차 회의에서는 김정은을 당총비서로 추대한 점이 가장 눈에 띈다. 북한이 김정은의 직함을 당위원장에서 과거 김일성·김정일 시대의 당총비서로 변경한 것은 ▲그를 선대와 같은 반열에 올려놓으려는 의도로서 ▲당총비서가 공산국가의 최고수뇌를 의미하는 직함이라는 점 ▲그리고 당위원장이라는 타이틀이 가지는 평범성(각종 단체의 책임자 명칭) 등을 고려한 조치로 평가된다.

⑵ 김여정은 직책 하락에도 불구하고 기존 역할 유지

김여정이 당정치국 후보위원 명단에서 빠진 것도 특징 중의 하나이다. 그렇지만 강등과는 구별해야 한다. 당대회 집행부(39명)에 속해 대회 내내 김정은 바로 뒤 주석단에 앉았고, 새로 선출된 당중앙위원회 명단에도 여전히 21번째에 위치했으며, 김정은의 정서적-정치적 동반자라는 차별화된 신분도 잊어서는 안 된다. 이 같은 사실은 김여정이 12일 대남비난 담화를 통해 자신의 존재감을 드러낸 점에서 입증된다. 정치국 후보위원 명단에서 빠졌고 이번 담화 시 직함도 제1부부장 → 부부장으로 내려갔지만, 여전히 대남사업(대미문제 포함)을 총괄하고 있다는 점을 시사해주고 있다.

다시 요약하면, '김여정의 파워는 변하지 않았다. 외형적으로 직위가 내려간 것은 본인의 결정(김정은과의 상의)일 가능성이 크다'라고 추정된다. 왜냐하면 이번 8차 당대회 컨셉(당대회는 지난 5년을 결산하는 회의)을 그린 김여정이 향후 '정면돌파전 2.0' 추진을 위해 2019년 2월 하노이 외교대참사 등에 책임이 있는 대남-대미 라인을 일보 후퇴(대남-국제비서 직제 폐지 및 김영철·최선희 등 강등)시키는 과정에서 자신도 스스로 책임을 지는 모습을 보임으로써 김정은의 운신 폭을 넓혀주려는 의도였다고 평가하는 게 합리적일 것이다. 앞으로도 김여정은 인사, 남북관계, 대미외교 등 중요한 현안에 있어 김정은의 그림자·입과 같은 리베로(libero) 역할을 계속 수행할 것이다.

⑶ 측근 중용 및 당우위체계 강화

　김정은을 이번 대회를 통해 조직 및 인사개편을 큰 폭으로 단행하였다. ▲김정은을 그림자처럼 수행했던 조용원 당조직지도부 제1부부장을 당정치국 상무위원, 당비서(조직담당 추정)로 발탁한 게 주목된다. 그는 단번에 최룡해 다음의 서열 3위로 수직상승하였다. 이는 보다 더 강화된 당우위체계, 세대교체를 상징하는 동향이다 ▲당중앙위원회 서열에서 박정천 군총참모장, 김정관 국방상 등 군부 인물들이 100위권 밖에 위치한 것도 특징이다. 김정은의 당우위체계 운영(당 속의 군)을 명백히 한 것이라고 할 수 있다 ▲박봉주 당정치국 상무위원도 은퇴했다. 앞으로 경제 문제는 김덕훈 내각총리가 주도해 나갈 것으로 보인다 ▲당중앙검사위원회 권한 강화(기존의 재정에다 사업평가·검열권까지 부여)를 통한 기강잡기 제도화도 빼놓을 수 없다. 올해는 북한 내 사정(査正), 숙청 바람이 강하게 휘몰아칠 것으로 보인다.

소결

　결론적으로 이번 8차 당대회의 키워드는 '역주행'이라고 할 수 있다. 김정은의 연설과 개정된 당규약을 관통하는 일관된 메시지는

'핵을 기반으로 한 자력갱생·적화통일'의 정면돌파전 시즌 2이다. 김일성·김정일의 '반제제국주의와의 투쟁에서의 승리, 조국통일' 유훈(遺訓) 관철이다. 향후 북한의 기본 전략노선은 북한식 사회주의 원리에 기초한 지구전(持久戰) 태세와 핵전력 강화를 통한 대남-대미 압박으로 요약된다.

> 새로운 5개년 계획 기간 동안 국가의 통일적 지휘와 관리 밑에 경제를 움직이는 체계와 질서를 복원하고 강화하는 데 당적, 국가적 힘을 넣어야 한다…(중략)…핵전쟁 억제력을 보다 강화하면서 최강의 군사력을 키우는 데 모든 것을 다해야 한다(1. 12. 김정은 폐회사).

이번에 토의·결정된 신 경제발전 5개년 계획 등 현안들은 1월 17일로 예고된 최고인민회의에서 최종적인 승인 과정을 거칠 것이다. 이로써 북한은 1월 20일 미국 바이든 정부 출범 이전에 체제 정비를 완전히 마칠 것으로 보인다. 그러나 이 같은 김정은의 전략전술은 한마디로 시대착오적이다. 전 세계적인 팬데믹과 국익경쟁, 대북제재 속에서 에너지·원자재난 등 경제사회 각 부문의 모순점은 더욱 악화될 것이다. 한국정부에게 사실상의 무장해제와 한미동맹 파기 수준의 요구를 한 것은 중국, 러시아, 일본 등 강대국으로 둘러싸인 한반도의 지정학적 환경을 고려치 않은 일방적인 억지이다. 특히 핵보유국 지위의 재천명을 넘어, 미국을 제압하는 것을 외교활동의 제1과제로 설정하고 핵잠수함 등 최첨단무기 개발 의지를 노골적으로 표시한 것은 실책 중의 실책이 될 가능성이 크다. 곧 출범할 바이든 행정부의 대응이 불을 보듯 뻔하다. 아무튼 이제 공은 다시 한국과 미국으로 넘어왔다.

정부의 바람직한 대응방향

김여정은 8차 당대회가 끝나는 12일에 우리 정부를 또다시 극렬하게 비난하는 담화를 발표하였다. 우리 군의 북한 열병식에 대한 정찰활동을 문제 삼으며, "특등 머저리", "계산되어야 할 것" 등의 격한 표현을 썼다. 그동안 우리가 버릇을 잘못 들인 죄가 크므로 흥분하지 말고 이성적으로 대응해야 한다. 아무튼 앞으로 북한은 현 정부에 중지를 압박한 3월 한미합동군사훈련에 대한 한미 양국의 입장이 정해질 때까지 이 같은 긴장 국면을 계속 끌고 나갈 것으로 보인다.

우리를 둘러싼 안보현실은 더욱 엄혹해지고 있다. 이럴수록 정부는 김정은의 막가파식 공세에 당황하지 말고 정확히 대처해야 한다. 무조건 인내하고 협력만 외치는 게 능사가 아니다. 북한에게 당당하게 말할 건 말해야 한다. 무엇보다도 곧 출범할 미국 바이든 정부와 긴밀하게 조율한 후 대응해 나가야 한다. 그런데 통일부를 비롯한 정부와 여당의 발언이 심상치 않다. 북한의 핵무력 증강에 대한 우려나 비판의 말은 눈을 씻고 봐도 찾아볼 수 없다. 오로지 대화, 평화 타령뿐이다. 마치 딴 나라에 사는 사람들처럼 느껴진다.

> 남북 합의를 이행하려는 우리의 의지는 확고하다. 한반도의 비핵화와 평화 정착, 남북관계 발전을 추구해 나간다는 정부의 입장은 일관하다(1. 9. 통일부 대변인).

> 북한은 대화에 비중을 두고 있는 것으로 보인다(1. 10. 이낙연 민주당 대표).

> 김정은이 올여름 답방할 가능성이 높다(1. 11. 설훈 민주당 의원).

> 언제, 어디서든 만나고 비대면의 방식으로도 대화할 수 있다는 우리의 의지는 변함이 없다(1. 11. 문재인 대통령).

걱정이 되지 않을 수 없다. 제발 보고 싶은 것만 보지 말고, 현실을 직시해야 한다. 미몽에서 깨어나야 한다. 안보는 실험의 대상이 아니기 때문이다. 남북교류협력 재개로 한반도 평화체제를 하루라도 빨리 구축하고픈 소망은 안다. 그런데 상대는 완전히 딴생각을 하고 있다. 대화나 협력이 아니라 ▲폭력과 위협을 노골화하고 ▲우리한테 자주국방을 포기하고, 미국과 갈라서라고 협박하고 ▲"무릎 꿇고 굴종하면 조금 봐줄게" 하고 있다. 정부의 냉철하고 지혜로운 대응이 그 어느 때보다도 필요하다.

지난해 10월 당 창건일 열병식 때처럼 북한의 핵-미사일 등 최첨단 무기에는 애써 눈을 감고 김정은의 "남녘 동포에 대한 인사"의 의미만 과도하게 부각한 행태를 또다시 반복해서는 안 된다. 김여정의 위협에 굴복하여 상납한 '대북전단살포금지법(소위 김여정 하명법)'과 같은 반이성적·반국익적 행동을 재연해서는 안 된다. 우리에게는 북한만 중요한 게 아니다. 중국 등 주변국의 위협에도 대처해야 하고 자주국방력 강화와 전작권 환수(아직 다소 이르다고 생각하지만) 노력도 중요하다.

3월로 예정된 한미합동군사훈련이 남북 및 한미 간 중요한 시험대가 될 것 같다. 왜냐하면 ▲북한의 억지 요구와 위협에 어떻게 대응하느냐 ▲동맹을 중시하는 바이든 정부와의 첫 단추는 어떻게 꿸 것이냐는 앞으로 우리가 핵을 머리 위에 이고 살아가야 하느냐 마느냐를 비롯하여 남북-한미관계 전반을 좌지우지하는 시금석이 될 것이기 때문이다.

남북관계 복원을 오매불망하고 있는 정부에 당부한다. 북한에 단기·임기응변적 태도로 접근하지 말아야 한다. '산 넘어 산'이라는 말을 생각하며 긴 안목으로 대응해 나가길 바란다. 수많은 남북 간 합의의 파기, 특히 2018년 '한반도의 봄' 이후 북한이 보여준 잔인하고도 이중적인 행태, 그리고 이벤트 중심의 남북관계의 허망함을 곱씹어봐야 한다. 북한은 대화와 교류협력이 이루어지는 기간 중에도 핵·미사일 개발을 멈추지 않았다. 우리 대통령을 '바보 멍청이' 등 차마 입에 담지 못할 말로 비난하였다. 수백억의 국민 혈세가 들어간 개성 남북공동연락사무소를 폭파했다. 표류하던 해수부 공무원을 총격살해·소각하는 만행을 저질렀다. 급기야 이번 8차 당대회를 계기로 핵을 기반으로 한 대남적화통일 문구를 당규약에 명문화하기까지 하였다. 김정은은 사업총화보고에서 핵을 무려 36번이나 외치면서, 비핵화라는 단어는 한번도 언급하지 않았다.

이 모든 것을 까맣게 잊고, 마치 아무 일도 없었던 듯이 김정은의 품으로 달려가서는 안 된다. 타산할 것은 타산해야 한다. 교류협력도 좋지만 안보부터 챙겨야 한다. 그래야만 자유 대한민국과 국민의 생명이 안전해진다. 김정은의 노림수, 흔들리지 않는 대전략은 완전한 비핵화나 개혁·개방으로의 길이 아니다. 핵도 가지고 대북제재도 해제해보려는 양수겸장(兩手兼將)의 전술이다.

따라서 우리 정부도 보다 큰 그림과 전략전술을 가지고 대처해 나가야 한다. 북한의 시간표가 아닌 우리의 타임테이블(time table)이 중요하다. 그리고 김정은이 그토록 애착을 보이는 핵이 쓸모가 없게끔 해 나가야 한다. 그러기 위해서는 새로 출범하는 바이든 정부 정책과의 조율이 무엇보다 중요하다. 비핵화의 개념을 포함한 로드맵

(roadmap)에 대한 포괄적 합의부터 도출해야 한다. 자칫 의욕만 앞서면 미국 바이든 신 행정부와 갈등의 골만 깊어질 수 있다. 우리 정부가 지난 2년여 동안 북한의 갖은 수모를 참았던 그 마음으로 조금만 더 여유를 가지고 북한을 상대해 나가야 한다.

보다 장기적·근본적으로는 북한에게 요구하고 설득하는 것을 넘어, '우리의 길'을 묵묵히 가야 한다. 북한에 핵 동결과 포괄적 비핵화 합의 등 요구할 건 당당하게 요구하고, 지원할 게 있으면 아무런 조건을 걸지 말고 인도적 차원에서 진행해야 한다. 한민족, 주권국가, 당사자로서 너무나 당연한 행동이다. 중재자니 촉진자니 하면서 한발 빠져 있거나, 대화의 끈으로 이용하거나, 아니면 무조건 인내만 해서는 안 된다. 그보다는 풍요로운 자유 대한민국을 건설해 나가는 데 총력을 집중해야 한다. 그러면 자연스럽게 ▲북한으로 가치와 풍요가 흘러들어가게 되고 ▲북한사회가 아래로부터 변화가 시작되어 ▲남북한은 서서히 하나의 경제사회문화공동체가 될 것이다. 이처럼 남북교류협력은 당연히 추진해야 하지만, 억지로 목을 매서는 안 된다. 튼튼한 안보태세를 구축하고 눈을 더 넓은 세계와 미래로 돌릴 때 대한민국의 미래와 한반도 평화가 있다.

- 2021. 1. 14. 원코리아센터 곽길섭 정론

※ 데일리INK 칼럼

김정은,
이남제미(以南制美) 전술 노골화

북한이 9월 28일부터 소집한 최고인민회의 제14기 5차 회의가 이틀간의 일정을 마치고 막을 내렸다. 우리의 국회 격인 최고인민회의는 통상 4월 정기회의만 개최되는데 올해는 이례적으로 가을 회기가 열린데다가, 최근 북한의 연이은 미사일 도발과 문재인 대통령의 종전선언 제안 국면 등과 맞물려 국내외의 주목을 받았다.

이번 회의의 하이라이트는 대의원이 아닌 김정은이 직접 참석하여 대내외 정책 전반과 관련한 시정연설을 한 점이다. 그는 '사회주의 건설의 새로운 발전을 위한 당면 투쟁방향에 대하여' 제하의 연설을 통해 이른바 '우리 국가제일주의 시대, 부흥강국의 위대한 새 시대'의 의의와 성과를 강조하면서 정치, 경제, 사회문화 등 전 분야에서의 일대 쇄신과 투쟁을 강조하였다.

총론적 평가

　이번 회의의 개최 배경과 주목되는 점은 ▲경제발전 5개년 계획 등 8차 당대회에서 채택한 정책의 중간 점검 ▲대남-대미 정책과 관련한 메시지 발신 ▲인사개편 등의 3가지로 대별된다.

　첫째, 경제발전 5개년 계획(2021~2025) 등 각 분야 정책관철 상태 중간 점검과 관련해서는 코로나19, 대북제재, 자연재해의 3중고가 지속되고 있지만, 올해 초 8차 당대회에서 채택한 '핵 + 자력갱생의 정면돌파전 2.0'의 노선을 당분간 끌고 나가도 되겠다는 내부 판단이 섰음을 시사해준다.

> 김정은 동지께서는 총체적으로 우리식 사회주의는 부단히 강화되는 주체적 력량에 의거하여 더욱더 새로운 활력을 가지고 자기의 발전궤도를 따라 줄기차게 전진하고 있음을 당당히 자부할 수 있다고 언명하시였다…(중략)… 국가방위력을 강화하는 것은 주권국가의 최우선적인 권리이며 우리식 사회주의의 존립과 발전은 국가방위력의 끊임없는 강화를 떠나서 절대로 생각할 수 없다고 하시면서 공화국 무력을 백방으로 다지며 국방공업의 주체화, 현대화, 과학화를 높은 수준에서 실현하여…(2021. 9. 30. 조선중앙통신).

　다음으로 대남-대미 메시지는 문재인 정부 압박과 길들이기를 통한 이남제미(以南制美) 전술로 요약할 수 있다. 즉, '민족자주-근본 문제 해결입장 견지'를 촉구하면서 "망상과 피해의식에서 벗어나라. 남조선에 도발할 이유도 없고 위해를 가할 생각도 없다", "향후 남북관계는 남조선의 태도 여하에 달려 있다" 등으로 임기말 성과 창출에 목말라하는 문재인 정부를 압박하고 유혹하여 핵보유국의 위치를 자연스럽게 인정받으려는 저의가 보여진다. 물론 남남갈등-한미이간도 자연스럽게 노리고 있다.

특히 10월 초 통신선 재복원 조치는 남북정상회담을 비롯한 본격적인 대화와 교류협력을 위한 시그널이라기보다는 김정은 제의의 선의를 홍보하면서 문재인 정부를 더욱 흔들고 원포인트로 활용하기 위한 목적이 강하다고 평가된다.

> 김정은 동지께서는 경색되어 있는 현 북남관계가 하루빨리 회복되고 조선
> 반도에 공고한 평화가 깃들기를 바라는 온 민족의 기대와 념원을 실현하기 위
> 한 노력의 일환으로서 일단 10월 초부터 관계악화로 단절시켰던 북남통신련
> 락선들을 다시 복원하도록 할 의사를 표명하시었다(2021. 9. 30. 조선중앙통신).

한편 바이든의 대북정책을 "교활하다"라고 폄훼하면서 대미정책 연구 검토를 지시한 것은 문재인 정부의 역할 변화를 지속적으로 압박하면서 바이든과의 협상을 모색해 나가려는 전술의 일환으로 보여진다.

셋째, 인사개편은 8차 당대회 이후 숙청, 해임되었던 자리를 공식적으로 메꾼 조치이며, 주목되는 인물은 김여정과 최선희이다. 김여정은 대외·대남문제를 총괄하는 그의 위상에 맞게 국가 직책을 부여해준 것이고, 김여정이 전면에 나섬에 따라 최선희는 자연스럽게 실무자 위치로 돌아갔을 것으로 추정된다. 그러나 최선희는 국무위원직에서는 물러났으나 외무성 제1부상 직함을 가지고 막후에서 김여정을 도와 대미전략 수립을 총괄할 것이다.

김정은 시정연설의 노림수

이번 회의의 백미는 김정은 시정연설이라고 할 수 있는데, 문득 떠오른 생각이 '떡 하나 주면 안 잡아먹지', '인조의 삼전도 치욕'이다. 요즘 한국의 전통놀이를 소재로 한 '오징어 게임' 드라마가 전 세계적으로 큰 반향을 일으키고 있는데, 우리나라에는 호랑이를 소재로 한 재미있는 전래동화도 참 많다. 그래서인지, 김정은 연설을 보며 전래동화가 머리를 계속 맴돌았다. '음흉한 호랑이가 산속에서 만난 할머니에게 팔, 다리를 하나 주면 살려주겠다고 속여 하나씩 하나씩 차례로 먹다가 끝내는 통째로 잡아먹는다'라는 얘기는 어릴 적 우리들의 애간장을 태웠었다.

그런데 오늘 김정은의 동생 김여정이 최근 담화를 통해 군불을 지펴놓은 한미합동군사훈련 중단, 주한미군 철수 등 '근본 문제', 즉 대북 이중기준과 적대시 정책 철회를 정식으로 요구하면서 남북 간 통신선 재복원이라는 당근을 슬쩍 끼워넣었다. 그래서 지금 많은 사람들이 김정은의 위협, 공갈보다는 10월 초 통신선 재복원이 갖는 의미, 즉 향후 남북관계에서의 장밋빛 전망에 대한 기대를 표명하고 있다. 아마 모르긴 해도, 한반도 평화 프로세스 성과 창출에 목을 매는 임기말 문재인 정부도 이에 초점을 맞추어 이번 연설의 의미를 부각할 것으로 보인다.

이럴 경우, 우리는 전래동화 속의 할머니 꼴이 될 것이다. 김정은은 핵·미사일 강국으로서 우리를 핵 인질로 계속 삼을 것이고, 요구의 강도를 계속 높여 나갈 것이다. 우리를 내세워 미국 바이든 정부를 움직이려 할 것이다. 남남갈등과 한미이간 책동을 더욱 노골화할 것이다. 이렇게 될 경우, 문재인 대통령은 김정은에게 무릎을 꿇는 것을 넘어 피가 나도록 기어가는 꼴, 마치 삼전도에서 청 태종에게 '삼배구고두례(三拜九叩頭禮: 세 번 절하고 아홉 번 머리를 조아린 수치스런 예법)'를 한 인조가 될 수밖에 없을 것이다. 반면에 김정은은 그들의 선전대로 핵 대결에서 승리한 위대한 영장이 될 것이고, 미국과는 핵보유국 자격으로 군축협상을 시도하려 할 것이다.

맺음말

　정부와 국민은 미몽(迷夢)과 집착에서 깨어나야 한다. 북한은 치밀한 계획·전략전술이 있는데, 우리는 소망만 가지고 있어서는 안 된다. 김정은 남매가 하는 행동의 반의 반만이라도 따라서 행동해야 한다. 이건 대결적 태도가 아니라 주권국가의 최소한의 자존심이고, 외교이고, 전략전술이다.

　현실을 직시하자! 북한 문제는 한 정권의 문제만이 아니다. 자유 대한민국의 국운과 미래가 걸린 중차대한 과제이다. 북한의 핵개발은 어느덧 거의 막바지 수준에 와 있다. 이번에 김정은의 핵개발 야망·술수에 걸려들면 대한민국의 미래는 없다. 김정은의 노림수는 문재인 정부를 좌지우지하여 불법적인 핵·미사일 개발의 정당성을 확보하면서 미국을 자신의 운동장, 협상 틀로 끌어들이려는 이남제미(以南制美) 전술이라는 점을 유념해야 한다. 김정은과의 정상회담 등 단기적·가시적 성과에 집착하여 우리의 안보자주권과 한미동맹을 훼손하는 행위를 해서는 안 된다. 역사와 국민을 두려워해야 한다. 장기적·전략적 관점을 가지고 북한을 당당히 상대해 나가야 한다.

- 2021. 9. 30. 원코리아센터 곽길섭 정론

※ 데일리INK 칼럼

북한의 신북풍(新北風) 공작을
경계한다

쓸데없는 걱정, 기우(杞憂)이면 좋겠다. 제발 필자의 평가와 전망이 틀리기를 바랄 뿐이다. 근년 들어 이 같은 간절한 마음으로 글을 쓰는 경우가 많다. 그러나 불행하게도 조기경보 차원의 예상 시나리오가 현실화되는 경험을 많이 하고 있다.

가장 대표적인 예가 ①북한이 '양수겸장식 이중적 변수형 비핵화 전략전술'을 구사할 것이라는 판단(2018. 12.)이었고, 그다음으로는 ②김정은 건강 이상·유고설(有故說)이 전 세계적으로 거의 기정사실화되던 국면에서의 외로운 부정(2020. 4.), 그밖에 ③북한의 천인공노할 개성 남북공동연락사무소 폭파 예상(2020. 6.) ④북한 노동당 8차 대회에서의 '전 한반도 적화통일 노선' 규정 당규약 분칠개정 전망(2020. 11.) 등을 꼽을 수 있다.

다가오는 2022년은 북핵 문제는 물론 대한민국과 한반도의 미래를 결정하는 중요한 분기점, 임계점(critical point)이 되는 해가 될 것이다. 따라서 다시 한번 김정은의 예상 행보를 점검하면서 능동적인 대비를 촉구하고자 한다.

북한의 2022년 정책기조 전망

코로나19 팬데믹과 국제사회의 대북 경제제재 국면이 장기화되고 있다. 특히 임기말 문재인 정부가 명운을 걸고 추진 중인 종전선언 드라이브도 절정으로 치닫고(동맹과 국익 훼손까지 감수?) 있다.

> 미국 국무부는 베이징 동계올림픽 외교적 보이콧 결정과 관련해 "참가 권유를 받은 적이 없다. 마지막까지 종전선언을 위해 노력해 나가겠다"라는 문재인 대통령의 발언(12. 13.)에 대해 "분명히 동맹들과 협의했다"라고 즉각 반박했다. 외교사에서 동맹국 간에 전례를 찾아보기 힘든 일이 발생했다(2021. 12. 13. 국내 언론보도 종합).

이런 시기에 북한이 과연 정책의 방향타를 어떻게 잡을지, 기존 노선에 변화를 줄지 여부에 대한 궁금증이 증폭되고 있다. 현 정부는 마냥 김정은의 선의만 기다리며 그의 입만 쳐다보고 있는 듯하다. 애처롭고 답답하다. 이와 관련된 사항은 필자는 물론 많은 전문가의 평가와 해설이 나와 있으므로 재론하지는 않겠다.

각설하고 결론부터 말하면, 2022년 새해 김정은의 정책노선은 외부세계의 기대와는 달리 ▲전반적으로는 기존의 '핵과 자력갱생에 기초한 정면돌파전 2.0 노선'을 지속 견지하는 가운데 ▲내부적으로는 1970년대 사상·기술·문화의 3대 혁명노선의 '김정은식 버전'을 가미하여 북한사회 전반을 개조해 나가는 데 주력할 것으로 보인다.

관련 동향

북한의 2022년 새해 정책기조를 이렇게 전망한 것은 ①현재 북한 내부 움직임 평가 ②김정은의 대북제재에 대한 내적 관점 추론 ③ 평행이론(지금은 2017년 말의 데자뷰)에 기초한 남북관계 예상 등에 기초한 것이다. 이를 좀 더 세부적으로 설명하면 다음과 같다.

첫째, 북한은 올해초 8차 당대회를 개최(1. 5 ~ 1. 12.)하고 '정면돌파전 2.0 노선'을 확정했다. 이후 핵·미사일 능력 고도화와 사회주의 자립경제체제 복원·비사회주의 척결에 올인해 왔다. 최근 들어서는 당정치국회의, 군사교육일군대회, 3대 혁명선구자대회, 김정일 사망 10주 추도대회 등을 통해 지난 김정은 집권 10년의 치적을 부각하면서 보다 엄혹한 사상투쟁, 자력갱생, 인간·사회 개조 운동 전개를 강조하고 있다.

총적으로 올해는 승리의 해… **다음 해는 올해에 못지않게 대단히 방대한 투쟁을 전개**해야 하는 중요한 해이다(2021. 12. 1. 김정은의 당정치국 회의시 발언).

둘째, 8차 당대회에서 신(新) 경제·국방발전 5개년 계획을 수립하고 1년간의 시험 운영을 거쳤다. 그것도 코로나·대북제재·자연재해(이른바 '3중고')라는 최악의 환경 속에서 말이다. 북한이 경제적으로 어려운 건 부정할 수 없는 사실이다. 그렇지만 김정은이 2,500만 인구 중 절반이 죽어나가도 눈 하나 까딱하지 않을 독재자이고 주민들이 빈곤에 매우 익숙한 체제라는 점을 고려해야 한다.

김정은이 빗장을 걸어잠근 후 와신상담(臥薪嘗膽)한 결과, 체제 내구력에 대한 실질적인 통계(data)가 나왔고, 이제 나름의 자신감을 가졌을 수도 있다. 대한민국과 국제사회의 지원을 한사코 거부해오고 있는 게 이를 방증해주고 있다. 김정은이 최근 체중 감량에 신경을 쓰고 있는 점도 건강관리 차원을 넘어 체제 운영(그럭저럭 버티기) 전략전술이 어느 정도 궤도에 올랐다는 내적 판단을 시사해주는 증표라고도 볼 수 있다.

셋째, 북한은 체제에 위협을 느끼거나, 자신의 목표가 어느 정도 달성되었다고 생각될 경우에는 다음 고지에 올라서기 위해 대화와 협상의 장(場)으로 나온다. 단, 정세가 불리하게 전개될 경우 언제든지 유턴하는 것이 전제이다.

북한은 올해 강력한 대북제재 속에서도 게임체인저로 불리는 잠수함 발사 탄도미사일(SLBM)을 비롯, 다양한 전술핵무기 개발에 성공했고 향후 고도화·다종화 청사진도 8차 당대회 등을 통해 공개적으로 천명했다. 이 같은 점을 고려해볼 때, 핵과 자력갱생에 기초한 정면돌파전 기조를 계속 유지하는 가운데 남북·미북간 대화 테이블 복귀를 통한 경제외교적 실리 챙기기도 조심스럽게 타진해볼 가능성도 충분히 열려 있다.

지난 2018년 '한반도 평화의 봄'도 오랫동안의 대결 국면 끝에 나타난 결과물이었다. 즉, 북한의 정책전환은 ▲2017년 트럼프-김정은 간 판갈이싸움 국면에서 ▲9월 11일 6차 핵실험과 11월 29일 미국 본토를 사정권으로 하는 대류간탄도미사일(ICBM) 시험발사로 핵·미사일 능력을 과시(개발완료 선언)한 이후 ▲2018년 신년사를 통해 '강·온 양면 메시지'를 천명하는 단계적 수순을 거쳐 나왔던 점을 상기해야 할 것이다.

공화국 핵무력 건설에서 이룩한 역사적 승리를 새로운 도약대로 삼고 사회주의 강국 건설의 모든 전선에서 새로운 승리를 쟁취하기 위한 혁명적인 총공세를 벌여 나가야 합니다…(중략)…핵무기 연구 부문과 로케트 공업 부문에서는 이미 그 위력과 신뢰성이 확고히 담보된 **핵탄두들과 탄도로케트들을 대량생산하여 실전배치하는 사업에 박차**를 가해 나가야 합니다…(중략)…**남조선에서는 겨울철 올림픽 경기대회가 열리는 것**으로 하려 북과 남에 다 같이 의의 있는 해입니다. 우리는 민족적 대사들을 성대히 치루고 민족의 존엄과 기상을 내외에 떨치기 위해서도 동결상태에 있는 북남관계를 개선하여 뜻깊은 올해를 민족사에 특기할 사변적인 해로 빛내야 합니다 (2018. 1. 1. 김정은 신년사).

지금은 2017년 말과 거의 데자뷰(deja vu)라고 할 수 있다. ▲2019년 2월 하노이 미북정상회담 결렬 후 계속된 다종의 미사일 시험발사 등 대결과 긴장 국면 ▲대북 이중기준·적대시 정책 철폐 선전전 ▲동계올림픽 활용 필요성 ▲대한민국과 미국의 끈질긴 대화와 교류협력 제의(종전선언, 백신지원 등) 등은 마치 판에 박은 듯한 닮은 꼴이다.

여기에다 ▲8차 당대회 개정 당규약에 '대남·대외 통일전선사업 활성화' 기조 명문화 ▲코로나로 인한 북한의 어려움 가중 ▲바이든의 베이징동계올림픽 외교적 보이콧으로 코너에 몰려 있는 후견국 중국의 간절한 입장 ▲임기말 문재인 정부의 필사적인 '구애'까지 덧붙여져 있다.

맺음말

이 같은 동향을 종합적으로 고려해볼 때, 김정은은 내부 결속 다지기와 핵전력 고도화에 주력하면서 한국과 미국의 태도 변화를 지켜볼 것으로 예상된다. 좀 더 구체적으로 표현하면, 1962년 김일성이 제시한 대내·대남·대외의 '3대 혁명역량 강화론의 2.0 버전'하에 '핵전력 고도화, 북한사회 개조 대투쟁, 대남·대외 통일전선사업을 전방위적으로 전개하는 해'가 될 것으로 보인다. 물론 체제 내부 결속이 대남·대외 문제보다 우선권을 갖는다.

그 시기와 방법은 12월 하순으로 예고된 제8기 4차 당 전원회의 사업총화 결론이나 1월 1일 신년사를 통해 공개될 것이다. 2020년처럼 당 전원회의 결론이 신년사를 대체할 가능성도 있다. 이후 그들이 추구하는 목표를 실현시키기 위해 도발과 압박, 협상을 선택적으로 병행해 나갈 것이다. 베이징동계올림픽(2. 4. ~ 2. 20.)이나 별도의 특정 계기에 남북정상회담과 같은 깜짝 이벤트(surprise)를 연출할 가능성도 배제할 수 없다.

왜냐하면, 2022년은 대한민국 제20대 대통령 선거(3. 9.)와 전국동시지방선거(6. 1.)가 있는 정치의 해이기 때문이다. 과거 전례로 볼 때, 북한이 다양한 상·하층, 공식·비공식, 온·오프라인 통일전선공작을 전개해 나갈 것은 불을 보듯 뻔하다. 낚시하기 좋은 물때인데

그냥 지나칠 리가 없다. 오죽하면 미국의 대북 협상 대표를 역임한 스티브 비건 전 국무부 부장관이 "북한의 남북통신선 복원 조치는 내년 한국 대선에 개입하기 위한 의도(10. 15.)"라고 평가했을까.

따라서, 정부는 북한의 강·온 양면의 신북풍(新北風) 공작에 휘둘려서는 안 된다. 임기말 정부로서 상황의 안정적 관리에 치중해야 한다. 혹여나, 평화체제 구축을 위한 '대못 박기'라는 과욕에 휩싸여 온·오프라인 남북정상회담 등과 같은 평풍(平風)을 만들려고 해서는 안 된다. 한반도에 평화를 구축하는 것은 길고도 긴 노정이다. 특히 지금처럼 북한이 사실상의 핵보유국이 되었고, 덧붙여 전 한반도 공산화 통일노선을 강화하고 있는 시점에서는 수비가 우선시 되어야 한다. 조급한 마음에 공격을 서두르면, 반드시 되치기를 당한다.

우리는 평화의 단초를 만드는 것과 평화를 선거에 활용하는 것이 마치 동전의 앞뒷면과 같다는 엄연한 현실을 간과해서는 안 된다. 1997년 총풍공작, 2007년 임기말 노무현 정부의 무리한 남북정상회담(10·4 선언) 추진의 전철(前轍)을 밟아서는 안 된다. 국민들은 현 정부가 북한의 전략전술에 넘어가지 않도록, 아니 대선정국에 평풍(平風)을 이용하지 못하도록 눈을 부릅뜨고 경계해야 할 것이다. 김정은은 비핵화 협상 국면과 문재인 정부의 한반도 평화체제 구축 의지를 역이용해 핵·미사일 능력을 강화했다. 또한 의도했든 의도치 않았든, 지난 2018년 4·27 판문점 남북정상회담과 6·12 싱가포르 미북정상회담이 '6·13 지방선거' 결과에 결정적인 영향을 미쳤다는 것은 삼척동자도 알고 있지 않는가.

설익은 도덕적 우월주의나 정책의 계승을 강제하기 위한 대못 박기 행보는 아무리 그 의도가 순수하더라도 과거 북풍과 다를 바 없다. 오히려 한발 더 나아가, 김정은에게 잘못된 신호를 줄 수 있다는 점을 명심, 또 명심해야 한다. '외밭에서 신발 고쳐 신지 말고, 오얏나무 아래서 갓끈 매지 말라'라는 격언과 국민들의 깨어 있는 의식의 중요성을 다시 한번 강조한다.

- 2021. 12. 20. 원코리아센터 곽길섭 정론

※ 데일리INK 칼럼

우크라이나 사태와 북한의 미사일 도발

러시아의 푸틴 대통령은 국제사회의 거듭된 경고에도 불구하고 2월 24일 우크라이나를 무력 침공하였다. 그것도 수도 키이우를 정조준하고 있다. 이로써, 우리는 '평화'라는 말의 성찬과 조약(paper)이 얼마나 허망한 것인지, 자강(自强)과 동맹(同盟)이 얼마나 소중한 것인지를 생생히 목도하고 있다.

그런데, 김정은은 미국을 비롯한 전 세계가 우크라이나 사태에 경악하며 대처해 나가고 있는 상황 속에서 미사일 도발 카드를 다시 꺼내들었다. 27일 아침 동해상으로 올해 들어 8번째 미사일 시험발사를 자행한 것이다.

배경 및 저의

이번 도발의 배경은 '예정된 시나리오 + 우크라이나 사태'로 요약

된다. 먼저, 계획 도발이라는 점은 북한이 ▲지난해 1월 8차 당대회와 올해 초 제8기 4차 전원회의 등을 통해 '핵과 자력갱생에 기초한 정면돌파전'을 천명해 왔던 점 ▲미국의 대북 이중기준과 적대시정책 철폐 선전전을 강화해 온 점 ▲올해 들어 다종의 미사일 도발로 미국과 대한민국을 압박하였던 점 ▲2월 베이징 동계올림픽과 김정일 80회 생일을 고려한 숨고르기를 끝낼 시점이라는 점 등을 고려해볼 때 어느 정도 예견되었다. 또한 ▲최근 군 서열 1위 박정천 당 정치국 상무위원을 비롯한 군지휘부가 김정은의 백두산 시찰, 김정일 80회 생일 보고대회 등 이른바 '1호 행사'에 불참했던 동향도 이런 예상을 뒷받침해주었다.

다음으로, 우크라이나 사태도 김정은의 결심에 영향을 미친 것으로 보인다. 북한의 이번 미사일 시험발사는 ▲바이든의 대북정책 행보 테스트 ▲고립무원에 있는 푸틴의 간접 지원 ▲러시아와 유럽 사이에서 고민하는 시진핑과의 차별성 과시 등의 기회가 되기 때문이다. 이와 함께 대한민국 리더십의 교체기에 즈음하여 대선후보들에게 "나는 나의 길을 간다"라는 강경 메시지를 전달하는 부수효과도 노렸을 것이다.

한마디로, 이번 북한의 도발은 '핵보유국 목표 달성을 위한 복합적인 수'라고 할 수 있다. 북한의 변하지 않는 체제목표는 핵·미사일 전력 고도화를 통한 핵보유국 위상 확보이기 때문이다. 한편 대한민국의 대통령 선거(3. 9.)를 코앞에 둔 시점에서 도발을 재개한 것은 미국과의 직거래만 성공하면 새로 출범하는 정부의 성격(진보·보수)은 큰 문제가 안 된다는 내부 판단도 영향을 끼쳤을 것이다.

북한의 예상 행보

먼저 주요 변수를 보면, 구조적으로는 ①미·중 패권경쟁 가속화 ②코로나19 팬데믹 확산 ③북한의 핵 불포기 노선이 있다. 다음으로 남북한 및 주요국 변수로는 ▲북한의 핵·미사일 고도화 계획, 경제난, 4월 축전 ▲대한민국의 4월 및 8월 한미합동군사훈련, 5월 신정부 출범 ▲국제적으로는 미국의 대북제재 강화와 11월 미국 중간선거, 우크라이나 사태 진전 동향 등을 상정해볼 수 있다.

북한은 이런 변수들을 종합적으로 고려하겠지만, 모든 길은 '김정은 정권의 공고화'와 '핵보유국 위상 확보, 미국과의 군축협상'으로 통한다. 대한민국은 종속변수일 뿐이며, 미국과의 대결전이 핵심이다. 실행 방식은 변수가 많아 변화무쌍하겠지만, 기본적으로는 '기(기싸움) → 승(도발) → 전(물밑 협상) → 결(공식 대화 또는 대결)'의 길이 될 것이다. 이런 측면에서 한미합동군사훈련과 김정은 공식집권 10주년(4. 13.)·김일성 110회 생일(4. 15.)이 있는 4월과 신정부 출범

후 첫 한미합동군사훈련이 진행되는 8~9월을 주목해야 할 것이다.

맺음말

따라서 우리는 핵을 개발 중인 북한과 핵을 실전배치하는 단계의 북한은 '체제목표와 전략전술이 완전히 다르다'라는 사실부터 확실히 인식해야 한다. 장기적 안목과 원칙에 기초한 당당함, 국제공조는 선택이 아니라 필수이다.

그런데 지금 우리 사회는 대선정국에 즈음하여 "전쟁이냐 평화냐"의 이분법 논리가 더욱 기승을 부리고 있다. 이런 흑백논리는 완전히 틀린 프레임, 국민 겁박, 혹세무민의 대표적 선동구호이다. 이런 관점으로만 보면, "유비무환, 사즉생 생즉사"를 외친 충무공 이순신도 전쟁광일 뿐이다. 이 같은 갈라치기식 주장을 하는 사람들은 평화주의자가 아니라 굴종주의자, 망상주의자, 선동가일 뿐이다. 굳이 비교를 한다면, "전쟁이냐 굴종이냐?", "전쟁이냐 항복이냐?"가 보다 정확한 비유다. 안보는 평화의 기초이고, 전쟁은 평화를 지키기 위해서 피할 수 없을 때 당연히 고려해야 할 플랜 B 수단이기 때문이다.

힘이 곧 평화다!

- 2022. 2. 27. 원코리아센터 곽길섭 정론

※ 데일리INK 칼럼

제4부
—
북핵 문제

북핵 해법,
대북특사와 단계별 레드라인이 답이다

북한은 올해 들어서만 2차례 핵실험과 17번의 미사일 도발을 자행한 후 '핵무력의 완성'을 내외에 선포(11. 29.)하였다. 이제 북핵 문제는 막바지로 치닫고 있다. 도덕론이나 소망이 아닌 정확한 현실 인식에 기초한 대응이 절실한 때이다.

우리 정부는 지난 27일 북한의 ICBM급 미사일 발사 즉시 대통령 주재 국가안전보장회의(NSC)와 한미정상 간 전화통화를 통해 도발에 적극 대처해 나갈 것임을 천명하였다. '판박이 대응 시나리오'이다. 다만, 이번에는 우리 육해공군이 발사 6분 만에 북한의 가상 도발 원점을 정밀 타격하는 훈련을 실시한 것이 조금 다를 뿐이었다. 북한이 우리의 '핵 동결과 대화 복귀' 요구를 심각하게 고민할까? 단연코 부정적이다. 그렇다면 우리 정부는 어떻게 해야 하나? 국론 결집과 전략적 외교를 통해 김정은이 셈법을 바꾸도록 압박해 나가야 한다.

그러나 현실은 정반대이다. 야당과 보수층은 '핵 동결 입구, 비핵화 출구' 전략을 비판하며, '전술핵 재배치, 자체 핵무장'만이 최선의 대안이라고 목소리를 높이고 있다. 국제적으로도 미국은 선제타격 필요성을 공공연히 거론하고, 중국은 억지춘향식 태도에 여전히 머물고 있다. 한마디로 사면초가(四面楚歌)의 상황이다.

그러나 우리 정부가 물러설 곳은 없다. 더 이상 주저하지 말고, 북핵 해결 타임테이블과 전략을 주도적으로 제시하고 협조를 이끌어내야 한다. 이를 위해서는 가장 먼저, 외눈박이 대북정책에서 시급히 탈피해야 한다. 진보와 보수가 다 같이 인정하는 원 보이스(one-voice) 로드맵을 만들어야 한다. 정권교체 여부와 관계없이 지속되는 해법이어야 한다. 그래야만 김정은의 '시간은 북한 편'이라는 생각을 바꿀 수 있다.

둘째, 플랜 A(북핵 폐기)와 플랜 B(북핵 관리)를 융합한 로드맵이어야 한다. 강온의 단계별 레드라인(red-line) 공식화로 우리의 운신 폭을 넓혀야 한다. 사실 지난 20여 년간 레드라인은 찬밥 신세를 면치 못했다. "실효성도 없이, 정부의 입장만 옥죄이는 강경논리"라는 낙인을 받아 왔다. 어느 순간부터 레드라인이라는 용어가 정부 관계자들의 입에서 사라졌다. 문 대통령이 "핵탄두를 탑재한 ICBM 무기화가 레드라인이다"라고 발언(8. 17.)한 것에 대해 집권당 인사마저도 "부적절했다"라고 언론에 말할 정도이다.

김정은이 급기야 '핵무력의 완성'을 선포했다. 진위(眞僞)여부는 계속 추적해 나가야 하지만, 우리는 더 이상 수동적인 자세에 머물러서는 안 된다. 가만히 앉아서 핵 인질이 될 수는 없다. 대화와 레드라인에 대한 고정관념을 바꾸자. 북한과 특사교환을 물밑 협의해 나가자. 한편으로는 미국과의 긴밀한 공조하에 '북한이 넘지 말아야 할 선'을 구체화하자. 우리의 결연한 의지를 북한은 물론 중·러에 명확하게 인식시킬 필요가 있다.

셋째, 우리가 피치 못할 상황에서 핵 정책을 변경하더라도 북핵 폐기를 위한 한시적 고육책임을 설득하고 '대한민국과 통일한국은 비핵화로 반드시 복귀할 것'임을 천명함으로써 내외의 우려를 불식시켜야 한다.

이러한 정책기조하에 ▲1단계, 북한의 핵 동결 거부 ▲2단계, 7차 핵실험 또는 ICBM 실거리 발사 ▲3단계, 핵무기 실전배치 ▲4단계, 무력도발과 핵무기 사용 위협 시의 단계별 시나리오(다음의 '단계별 시나리오 및 대응 방안' 참조)를 상정하고, 최대한의 압박과 관여(대화) → 美 전략자산 상시배치 → 미국과 '핵공유협정' 체결 → 전술핵 재배치의 순으로 대응 수위를 높여 나가야 한다. 일각에서 주장하는 '자체 핵무장'은 한미동맹, NPT, WTO 체제하에서 '얻는 것보다 잃는 것이 너무 크므로' 바람직한 대안이 될 수 없다.

단계별 시나리오 및 대응 방안			
구분	북한의 움직임	우리의 대응 전략	비고
1단계	핵 동결 거부	최대한의 압박과 관여 ※ 특사 상호교환 조율	○ 3축 대응 체제 조기 구축 ○ 대북제재 및 접촉 강화
2단계	7차 핵실험 또는 ICBM 실거리 발사	미국의 전략자산 전진배치 ※ 한미의 레드라인	○ 제재 강화 및 군사적 압박 ○ 미국과 핵우산 강화 논의
3단계	핵무기 실전배치	미국과 '핵공유협정' 체결	○ 美 핵우산 제공 공식 문 서화(제2 한미상호방위 조약)
4단계	핵을 기반으로 한 무력도발	전술핵 재배치	○ 공포의 균형
※ 핵 위협 해소 시		'비핵화' 노선으로 복귀	○ 통일한국 우려 해소

지금은 1.5단계라고 할 수 있다. 최대한의 압박과 관여를 통한 '북핵 폐기' 노력이 여전히 정답이다. 그렇지만 그것이 당장 어려우면, 차선책으로 '사용할 수 없는 무기'가 되게 하는 전략전술도 병행해 나가야 한다.

제2·3·4단계별 레드라인은 국민들의 불안감을 해소시키고, 향후 비핵화 논의에서 중요한 협상 레버리지로 활용할 수 있다. '극과 극은 통한다', '기회는 준비하는 자에게 온다'라는 말이 있다. 사즉생

(死卽生)의 결연한 의지와 냉철한 이성이 그 어느 때보다 필요한 시기이다.

- 2017. 12. 11. 원코리아센터 곽길섭 정론

세기적 대전환의 서막

    롤러코스터를 타듯이 우여곡절이 많았던 미북 간 정상회담(6. 12. 싱가포르)이 종료되었다. 지난 3월 초 김정은의 전격적인 정상회담 제의에 이은 트럼프의 예상을 뛰어넘은 덥석 호응과 이후 김계관-볼턴 간의 기싸움, 북한의 풍계리 핵실험장 자진 폐쇄, 트럼프의 회담 파기 발표, 김정은의 SOS로 개최된 통일각 2차 남북정상회담, 최선희-성김 간 판문점 실무협의 등을 거쳐 양국의 수뇌가 대타협에 이름으로써 '6·12 센토사 합의문'이 탄생하였다.

미북정상회담 합의문 주요 내용

    '6·12 센토사 합의'는 ▲미북관계 정상화 ▲평화체제 ▲비핵화 ▲유해 송환 등 4개 항의 포괄적 합의를 담고 있다.

    첫째, 미국과 조선민주주의인민공화국은 평화와 번영을 위한 양국 국민의 희망에 따라 새로운 미북관계를 수립한다.

The United States and the DPRK commit to establish new U.S.-DPRK relations in accordance with the desire of the peoples of the two countries for peace and prosperity.

둘째, 미국과 조선민주주의인민공화국은 한반도에서 지속적이고 안정적인 평화체제를 구축하기 위한 노력에 동참할 것이다.

The United States and the DPRK will join their efforts to build a lasting and stable peace regime on the Korean Peninsula.

셋째, 2018년 4월 27일 판문점선언을 재확인하면서 조선민주주의 인민공화국은 한반도의 완전한 비핵화를 위해 노력한다.

Reaffirming the April 27, 2018 Panmunjom Declaration, the DPRK commits to work towards the complete denuclearization of the Korean Peninsula.

넷째, 미국과 조선민주주의인민공화국은 이미 확인된 사람들의 즉각적인 송환을 포함해 전쟁포로(POW)와 전장실종자(MIA) 송환을 약속한다.

The United States and the DPRK commit to recovering POW/MIA remains including the immediate repatriation of those already identified.

평가 및 전망

지난해 말까지 한반도 상공을 휘감은 전쟁의 먹구름을 생각하면 정상회담 이전과 이후는 천지가 개벽하였다고 말할 수 있다. 김정은이 이번 회담에서 한 발언들은 한마디로 파격에 파격의 연속이었다.

여기까지 오는 길이 쉬운 길은 아니었다. 우리 발목을 잡는 과거가 있고 또 그릇된 편견과 관행들이 때로는 우리 눈과 귀를 가리고 있었는데, 우리는 모든 것을 이겨내고 이 자리까지 왔다(첫 대면 사진촬영 시).

많은 세상 사람들은 이것을 일종의 판타지나 공상과학영화로 생각할 것이다(확대 회담장 이동 시).

회의적 시선과 이런 것들을 다 짓누르고 우리가 이 자리에 모여 마주 앉은 것은 훌륭한 평화의 전주곡이라고 생각합니다(확대 정상회담 모두발언).

이때까지 다른 사람들이 해보지 못한, 물론 그 와중에 어려움도 있겠지만 훌륭한 출발을 한 오늘을 기화로 해서 트럼프 대통령과 함께 거대한 사업을 시작해볼 결심은 서 있습니다(합의문 서명 직전).

세상은 아마 중대한 변화를 보게 될 것입니다. 오늘과 같은 자리를 위해
노력해주신 트럼프 대통령께 사의를 표합니다(합의문 서명 후).

한반도 역사, 아니 세계사의 대전환(great turn)이 시작되었다. 이번 미북정상회담은 지구상 마지막 남은 냉전구조의 해체, 세기적 대전환의 서막을 여는 역사적인 사건이 아닐 수 없다. 물론, 이번 미북 간 합의에 대해 "비핵화 타임테이블이나 구체적인 방안을 명시하지 못해 실망하였다", "북한의 요구만 다 들어주었다" 등 비판적 견해도 있다. 물론, 북한의 그간 합의 파기 전례와 국내외의 CVID에 대한 의지와 기대가 아주 강하였기 때문에, 이런 목소리가 있는 것은 어쩌면 당연하다고 할 수 있다. 경계해야 한다. 그렇지만, 이번 합의를 과소평가해서는 안 된다.

그 무엇보다도, 전쟁과 대결의 70년 숙적인 북한과 미국의 정상이 사상 처음으로 머리를 맞댄 그 자체만으로도 엄청난 사건이기 때문이다. 1994년 제네바합의나 2005년 9·19 공동성명과는 달리 양국의 정상이 전면에 나서서 협의하고 서명한 것을 간과해서는 안 될 것이다. 그만큼 이행의 확고한 담보가 마련된 것이다. 그렇지만, 비핵화는 말처럼 원샷에 이루어질 수 있는 쉬운 과제가 아니라는 점을 유념해야 한다. 그야말로 긴 여정을 필요로 한다. 조만간 시작될

폼페이오-김영철 간 고위급 실무회담을 주목할 필요가 있다.

이번 트럼프-김정은 간 합의가 무엇보다도 중요한 것은 올해 초까지만 해도 '화염과 분노(美)', '괌 포격(北)' 등의 말 폭탄을 교환하던 양국 정상 간에 신뢰가 형성되었다는 점이다. 이러한 정상 간 신뢰 구축은 한반도 위기관리에 있어 무엇과도 바꿀 수 없는 소중한 자산이다.

이번 합의는 한마디로 '先 포괄적 합의, 後 구체적 스케줄 성안'으로 요약할 수 있다. 그리고 트럼프가 강조했듯이 '프로세스의 시작'이라고 할 수 있다. 그러므로 지금부터가 더욱 중요하다. 악마는 디테일에 있고, 비핵화의 시간표는 더는 늦출 수가 없다. 향후 전개될 북한과 미국과의 협상 시나리오를 예상해보면 다음과 같다.

첫째, 다음 주부터 폼페이오-김영철, 최선희-성김 등의 접촉 채널을 가동하여 이번에 합의한 4개 항의 세부 이행 절차와 방안을 논의해 나갈 것이다. 이 자리에서는 미국이 합의문 명문화에 실패한 CVID의 시한, 방법, 특히 초기 이행(front-loading) 등의 방안과 북한의 동시적 상응조치 요구를 어떻게 매칭할 것인가를 두고 본격적으로 협의할 것으로 보인다. 이 논의가 얼마나 빠르게, 어떤 수준으로 합의에 이르느냐에 이번 정상회담의 성패, 나아가 향후 비핵화 과정의 성공 여부가 달려 있다고 할 수 있다.

둘째, 이러한 세부 이행 절차 논의에서 가시적인 성과를 도출할 경우에는 종전선언, 평화협정 선언 등을 위한 2차, 3차 미북정상회담 개최를 모색할 것이다. 특히 美 의회의 승인이 필요하지 않은 종전선언은 트럼프가 11월 중간선거 등을 고려하여 7월 27일 휴전협정일, 9월 유엔총회 등의 계기를 적극 고려할 것으로 보이며, 장소는 평양, 판문점, 유엔, 워싱턴 등이 후보지가 될 것으로 예상된다.

셋째, 트럼프는 기자회견에서 "유해 송환 관련 합의는 김정은이 이번 회담에서 갑자기 제의한 것"이라고 밝혔다. 따라서 북한이 먼저 제의한데다, 이미 경험도 있는 사안이므로 송환을 위한 실무회담이 곧바로 시작될 가능성이 크다.

마지막으로, 이번 합의에는 포함되지 않았지만 체육·문화 교류활동 협의도 시작될 가능성이 크다. 과거 미국과 중국의 관계 정상화도 핑퐁외교가 큰 기여를 했으며, 트럼프도 이번 기자회견에서 평창동계올림픽이 북한을 세계로 나오게 하는 데 큰 역할을 하였다고 강조하였다. 아울러 북한의 삼지연관현악단 단장 현송월이 이번 정상회담에 수행원으로 동행한 것도 이러한 추론을 가능케 한다.

향후 우리 정부는 북한과 미국의 협상 과정에서 무엇을 해야 할 것인가? 무엇보다도 문재인-트럼프, 정의용-볼턴 채널 등을 총가동하여 'CVID 로드맵'을 성안, 관철해 나가는 데 지혜를 함께 모아야 할 것이다. 한편 트럼프가 기자회견에서 언급한 한미합동군사훈련 중단과 주한미군 철수 문제(물론 지금은 아니지만)에 대해서도 돌발사태가 발생하지 않도록 정부 입장을 확실히 전달해두어야 할 것이다. 이와 함께 남북이 6월 중 개최하기로 합의한 군사회담, 체육회담, 적십자회담을 차분하게 진행하여 평화 분위기를 지속적으로 조성해 나가야 한다. 물론 이러한 과정에서 북한의 억지에는 당당하게 대처하고, 내부의 합리적 비판도 겸허하게 수용함으로써 국론을 결집해 나가야 한다.

트럼프 대통령은 이번 회담에 임하며 "김정은에게는 기회(opportunity)이며, 나는 평생을 준비해 왔다"라며 결연한 의지를 표시한 바 있다. 김정은만의 기회가 아니다. 트럼프는 물론 대한민국, 아니 세계에 기회의 창이 열렸다. 성급한 낙관을 해서는 안 되지만, 과거에 얽매여 기회를 놓쳐서는 안 된다. 이를 위해서는 정부가 중재자이든, 촉진자(facilitator)이든 용어에 관계 없이 주동적으로 비전과 대안을 제시해 나가야 할 것이다. 왜냐하면 한반도 비핵화와 평화체제 구축의 여정은 그 누구도 가보지 못한 새로운 길이기 때문이다. 호시우행(虎視牛行)의 자세로 안보를 튼튼히 하면서 세기적 대전환의 시대를 담대하게, 그리고 창의적으로 열어 나가야 할 것이다.

- 2018. 6. 13. 원코리아센터 곽길섭 정론

북한의 변수형 비핵화 전략

　트럼프의 '깜짝 트윗 제의' 이후 32시간 만에 전격 성사된 김정은-트럼프 간의 판문점 회동 드라마(6. 30.)가 막을 내렸다. 북한은 연일 김정은의 외교 치적을 대대적으로 선전하고 있다. 그야말로, 제2차 미북정상회담(2. 27. ~ 2. 28. 하노이) 대참사로 실추된 리더십을 만회하는 절호의 기회로 이용하고 있다. 트럼프도 재선을 위한 홍보전의 호재로 활용하고 있다. 문 대통령도 "놀라운 상상력의 산물, 북미 적대관계의 사실상 종식" 등으로 의의를 부각하고 있다.

　그러나, 다른 한편에서는 "흥행을 노린 리얼리티 쇼", "비핵화에 전혀 진척이 없는 보여주기식 사진찍기 회동", "한국 패싱" 등으로 비판하는 동향도 만만치 않다. 잔치는 끝났다. 이제는 설거지를 하고, 더 좋은 집에서 손님맞이를 할 준비를 해야 할 때다. 즉, 우리는 이번 만남이 북한 비핵화와 신 한반도 평화체제 구현의 모멘텀이 되도록 해야 한다. 그러나, 그 과정은 순탄치만은 않을 것이다. 김정은과 트럼프는 이번 만남으로 이미 상당한 성과를 거양하였다. 반면에, 2~3주 후 구성될 실무협상팀에게는 지난(至難)한 과제가 기다리고 있다.

김정은은 핵개발 완료를 선언(2017. 11. 29.)한 이후 미국의 군사공격 예방과 경제외교적 실리 획득을 통해 정권 기반을 더욱 공고화하고, 나아가 김씨 일가의 영구집권 기반을 구축하기 위해 비핵화 협상으로 정책을 과감하게 전환하였다. 상당수 전문가들은 이를 트럼프의 공으로 돌렸지만, 실제로는 김정은의 대전략 전환 모색(2016. 5. 7차 당대회)과 대북제재 강화가 맞물린 결과이다.

그러나, 북한의 비핵화 협상 정책은 그 이름과는 달리 '단기-중기-최종 변수를 통한 속도조절을 통해 핵을 계속 보유하려는 전략'으로 판단된다. 즉, ①'비핵화는 한다(명분 확보: 뺨 못 때리게)' ②그렇지만 '방식과 속도는 북한이 결정한다(실리 도모: 체제안전 + 경제 이익)' ③특히 '협상 과정에서 변수가 충족되지 않거나, 한국과 미국에 반북 정권이 출범하는 등 상황이 악화되면 더 나아진 경제외교적 여건을 가진 채 파키스탄식 핵보유국이 된다(최후 안전판 확보: 보험성)'를 기조로 하는 김정은의, 김정은에 의한, 김정은을 위한 복합전략 (2018년 12월 필자는 이 같은 3단계 기조를 '변수형 비핵화 전략'으로 명명: 다음의 '북한의 변수형 비핵화 전략(VDS) 개관' 참조)이기 때문이다.

북한의 변수형 비핵화 전략(VDS) 개관			
구분	주요 내용		비고
목적	○ (당면) 국제적 제재 위기 타개 및 경제활성화 모색 ○ (협상 과정) 사실상의 핵보유국 지위 인정 유도 ※ (필요시) 좀 더 나아진 경제외교적 여건하에서 핵보유		김씨 일가 영구집권
방법	○ (단기) 비핵화 의지 표현 및 단계적·동시적 이행 ○ (최종) 비핵화와 체제안전보장 등가교환 ※ (특이상황 발생 시) 파키스탄식 핵보유국 선언		최종순간 비핵화 (속도조절)
비핵화 이점 對 거부 시 불리점	이점	①명분 우위 확보 ②미국의 제재 강화·군사공격 예방 ③중·러 관계 복원, 남북교류협력 기반 조성 ④대북제재 완화 유도 ⑤협상 기간 중에도 내밀적으로 핵 능력 제고 가능 ⑥북한의 단계적·동시적 조치 프레임 구현 ⑦한미 갈등 조장 ⑧협상 기간 중 종전선언·남북경협 진전 등 실리 확보 ⑨변수를 둘러싼 공방 시 가역적 조치 가능 ⑩비핵화 최종단계에서 비핵화 완료 또는 핵보유국 재선포 옵션 선택 가능	이점이 불리점 보다 많음
	불리	①경제중심 노선 이행 차질 ②대북제재 강화 및 경제사정 악화 ③트럼프의 군사공격 심리 자극	
주요 변수	단기	핵 관련 시설 검증 방법 및 부분적 제재 해제, 미국의 남북경협 진척 허용도, 인도적 지원 확대 문제, 미국의 전략자산 한반도 전개, 한미합동군사훈련, 종전선언 채택 등	속도조절 가능성
	장기	유엔사 등 정전체제 유지 여부, 전면적인 대북제재 해제, 한국과 미국의 대선 등 정치일정	
	최종	평화협정 체결, 미북수교, 주한미군 철수를 통한 완전한 체제안전보장	

| 기타 | ※ 북한이 핵을 근원적으로 포기하기 어려운 이유
○ 김정은=북한=핵무기=체제안전 등식(정체성 혼란)
○ 핵무기 자체제작 보유국의 포기(남아공 1개국) 사례 별무
○ 미국의 변심 대비 불가능(이라크·리비아 사태 교훈)
○ 현재·미래 핵 동결·폐기 언급, 과거 핵 처리는 침묵
○ 핵무기를 '후손만대에 물려줄 보검'으로 지속 선전
○ 비핵화 협상 중 핵·미사일 능력 강화 계속 | |

이에 따라 북한과 한·미가 비핵화라는 용어는 같이 쓰고 있지만 ▲대상(북핵 vs 한반도) ▲목표(제재 해제·안전보장 vs FFVD) ▲ 방법(단계적·동시적 조치 vs 빅딜식 일괄타결) ▲시기(속도조절 vs 가능한 트럼프 임기 내) 등에 있어 엄청난 간극을 보이고 있으며, 중국과 러시아는 북한의 뒷배를 봐주면서 한반도 체스판을 더욱 복잡하게 만들고 있다.

그리고 북한이 활용할 수 있는 주요 변수는 ①단기적으로는 핵시설 검증 방법 및 부분적 제재 해제, 대북 인도적 지원 확대 문제, 미국의 남북경협 진척 허용도, 전략자산 한반도 전개, 한미합동군사훈련, 종전선언 채택 ②중장기적으로는 유엔사 등 정전체제 유지 여부, 전면적인 대북제재 해제, 미국과 한국의 대선 등 정치일정 ③최종적으로는 평화협정 체결, 미북수교, 주한미군 철수를 통한 항구적인 체제안전보장 등을 상정해볼 수 있다. 그야말로 넘어야 할 산이 '첩첩산중'이다.

향후 북한은 회담라인을 외무성으로 변경한 후 장기적·다목적 포석인 '변수형 비핵화 전략'에 기초하여, 미국에 항구적인 안전보장을 압박하면서, 단기적으로는 부분적인 제재 해제의 실리를 획득하는 데 주력할 것으로 보인다. 그러나, 과거 1994년 제네바합의나 2005년 9·19 공동성명 때와는 전혀 다른 상황이 전개될 것이다. 북한은 '북한 비핵화'가 아닌 '한반도 비핵화' 로드맵 성안을 주장할 것이기 때문이다. 이런 가운데 지난번 하노이 회담에서 미국이 요구한 '영변지역 폐기 + α' 협상을 통한 대북제재 해제와 남북경협 재개를 모색할 것으로 보인다.

따라서, 우리는 '완전한 북한 비핵화' 입장을 견지하면서, 비핵화의 최종 시점과 핵 관련 리스트·검증 방법 등을 명확하게 규정한 우리의 로드맵을 가지고 미국과 조율한 후 이를 관철시켜 나가야 할 것이다. 쉽지 않은 과정이 예상된다. 당당함과 치밀한 준비로 주도권을 쥐지 못하면 과거에 경험했던 것처럼 조연, 단순 이행자로 전락할 수 있다. 우리 정부가 당사자, 촉진자로서의 역할을 충실히 수행하기 위해서는 ①先 포괄적 로드맵 합의 → 後 단계적 이행 (snapback 조항 필수) 관철 ②핵무기 폐기를 정공법으로 제기(북한이 비핵화를 천명했으므로, 보유한 핵무기 또는 핵물질을 100으로 한다면 1단계 30%, 2단계 50%, 3단계 20% 식으로 나누어 실행해야 진정성을 확인할 수 있다는 논리) ③북한의 핵보유 정책으로의 회귀에 대비한 플랜 B 등 다양한 시나리오를 가지고 대처해 나가야 한다.

앞으로 몇 개월은 '완전한 북한 비핵화' 해법을 만드는 데 있어 매우 중요한 시기이다. 어쩌면 마지막 기회가 될지 모른다. 첫 단추를 잘 끼워야 한다. 그러나 현실적으로 볼 때, 우리가 설 자리는 녹록지 않다. 북한과 미국이 각자의 셈법에 따라 행동할 것으로 보이기 때문이다. 미·중 패권경쟁, 일본의 무역보복, 국내 여론분열 등 우리를 둘러싼 환경은 갈수록 열악해지고 있다.

현재까지의 한반도 평화는 우리가 중심이었다. 그러나 향후 협상 과정과 5년, 10년 후에도 그럴 수 있을지에 대해서는 진지하게 고민해보아야 할 것이다.

- 2019. 7. 8. 원코리아센터 곽길섭 정론

※ 필자의 2018년 12월 정책학박사 학위논문
「김정은 권력공고화 과정에 관한 연구」에서 최초로 개념화한
'북한의 변수형 비핵화 전략'을 기초로 작성

북한 비핵화는
정공법으로 해결해야 한다

최근 우리는 북한의 연이은 탄도미사일 발사시험에 이어 상식 이하의 막무가내식 외교와 선전공세를 연이어 목도하고 있다. 미북 간 비핵화 실무회담(10. 5.)이 우여곡절 끝에 7개월여 만에 스톡홀름에서 재개되었으나, 기대와 달리 단 하루 만에 끝났다.

김명길 북한 대표가 "연말까지 새로운 셈법을 가져오라"라는 최후통첩을 남기고 결렬을 선언한 것은, 마치 지난 2월 하노이 미북정상회담 장(場)을 박차고 나갔던 트럼프 대통령의 데자뷰(deja vu) 같았다.

열흘 후에 개최된 '2022년 카타르 월드컵 축구 남북 간 예선전'은 이보다 더 가관이었다. 평양 김일성경기장에서 개최된 경기(10. 15.)는 FIFA 규정과 대한축구협회의 거듭된 요구를 무시하고 무관중·무중계 속에 마치 전쟁 같은 분위기 속에서 치러졌다. 세계 축구사에 길이 남을 기괴한 경기였다. 또한 축구 경기가 있던 날, 북한 신문·방송은 김정은이 첫눈이 내린 백두산에서 측근들과 함께 백마를 타는 모습(performance)을 일제히 보도하였다. 제재 국면 속에서 민족자존과 자력갱생 정신 관철을 촉구하고 "또다시 세상이 놀랄 웅대한 작전이 펼쳐질 것"이라고 강조하여 결전의지와 함께 모종의 중대결심이 있을 것임을 시사하였다.

> 우리는 적들이 우리를 압박의 쇠사슬로 숨조이기하려 들면 들수록 자력갱생의 위대한 정신을 기치로 들고 적들이 배가 아파나게, 골이 아파나게 보란 듯이 우리의 힘으로 우리의 앞길을 헤치고 계속 잘살아 나가야 한다(김정은).

> 또다시 세상이 놀라고 우리 혁명이 한걸음 전진될 웅대한 작전이 펼쳐질 것이다(2019. 10. 16. 로동신문).

이런 가운데, 10월 23일 북한 로동신문은 김정은의 금강산관광지구를 현지지도한 사실을 보도하면서, 김정은이 "남에게 의존했던 선임자들의 잘못이라며, 금강산 남측 시설을 싹 들어내라"라는 지시(다음의 '김정은의 금강산 南 시설 철거 지시 함의' 참조)를 하달한 사실을 대대적으로 보도하였다.

김정은의 금강산 南 시설 철거 지시 함의	
구분	**내용**
배경	○ 김정은의 脫 김정일 내면 심리 - 외양적으로는 계승, 실제적으로는 부정 ○ 핵-전략미사일 개발 완료에 따른 자신감(체제안전판 확보) ○ 미국과의 비핵화 협상을 통한 외자 유치 자신감 ○ 자력갱생과 중국 관광객 대규모 유치에 대한 확신 ※ 12.15. 김정은의 백두산 등정 시 최종 결심
비핵화 협상 관련	○ 비핵화 협상에서의 우위 선점을 위한 강경 드라이브 일환 ○ 우리 정부를 길들이려는 의도적인 무시 전술
체제 운영 목표	○ 남북 공동개발 방식 변화(남主북補 → 북主남補) ○ 미국과의 빅딜, 협력을 통한 대대적인 관광사업 전개 ○ 김정은식 新 강성국가 건설

이 같은 북한의 행동은 사안별로 구분되어 있는 것이 아니라, 철저한 사전 각본에 입각해 연속선상에서 진행되고 있다고 판단된다. 즉, 미국과의 세기적 담판을 앞둔 상황에서 김정은을 중심으로 한 내부 결속을 다지면서 벼랑 끝 협상을 위한 마지막 수싸움, 총력전이다. 당분간은 남북관계와 대미관계에 있어서 다양한 위협과 긴장을 고조시켜 나갈 것이다. 왜냐하면, 김정은이 4월 최고인민회의 연설에서 제시한 '금년 말' 시한이 임박해 오고 있는 가운데 당사국들의 이해가 절묘하게 합치되는 악마의 골든타임(golden time)인 내년 봄이 다가오고 있기 때문이다.

북한은 영구적인 체제안전보장을 줄곧 요구해 오고 있다. 그렇지만 사실상의 핵보유국인 상황에서 최종적인 목표일지는 몰라도 단기적인 목표는 될 수가 없다. 대북제재로 인해 바닥을 보이기 시작한 김정은의 돈주머니를 채울 외화가 더 간절하다. 상당수 북한 전문가들이 지금과 같은 제재가 지속된다면 1~2년을 버티기 어려울 것이라는 전망을 내놓고 있다. 특히 제1 국책사업인 원산갈마관광특구 완공일도 점차 다가오고 있다. 금강산관광 재개와 미국의 북한관광 금지 해제를 통한 매머드급 관광객 유치는 특구의 성공과 실패를 가늠할 열쇠이다. 지금과 같은 긴장 상황이 계속되면, 누가 비무장지대(DMZ)에서 얼마 떨어지지 않은 리조트를 찾겠는가? 준공 이후의 텅 빈 객실과 해변을 상상해보면 그 답은 의외로 쉽게 나올 것이다.

다음으로 미국은 완전한 비핵화(CVID/FFVD)를 강조하고 있다. 그러나 내년 초는 대선 캠페인이 본격화되는 해이다. 트럼프는 우크라이나 스캔들 관련 탄핵 조사로 곤궁한 입장에 처해 있다. 노벨평화상 수상(후보자 추천은 당해년도 1월 말경)의 꿈도 계속 꾸고 있다. 그만큼 외교 성과가 간절하다. 내년 3월부터 시작되는 한미합동군사훈련(동맹 20-1) 중지와 종전선언 등을 카드화할 가능성도 배제할 수 없다.

문재인 정부도 비핵화 협상과 남북교류협력 병행을 통한 한반도 평화경제 구상 조기 착수를 간절히 원하고 있다. 특히 내년은 4월 총선이 있는 해이다. 게다가 중국, 일본, 러시아도 변화를 바라고 있다.

이러한 구조적 환경으로 볼 때, 북한과 미국이 '과거 핵 처리방안이 포함된 로드맵 합의'를 도출하기보다는 '내년 1/4분기 내 영변 + α 사찰·검증과 종전선언, 한미합동훈련 중단, 제재 부분해제 등을 골자로 한 대타협'을 모색할 가능성이 상당하다. 물론 앞으로도 당분간 시계 제로의 기싸움은 계속될 것이다. 그러나 시간과 방식의 문제일 뿐이다. 북한과 미국 등 핵심 이해당사국이 내치(內治)에 활용할 수 있는 통 큰 '분식합의'의 유혹을 떨쳐버리기 어려울 것이기 때문이다.

따라서, 우리는 이런 시나리오가 현실화되지 않도록 눈을 부릅뜨고 경계해야 한다. 북한이 비핵화를 말하고 있지만, 실제로는 핵을 포기할 의사가 없다는 게 많은 전문가들의 예측이다. 그만큼 비핵화의 노정은 길고 험난할 것이다. 그래서 미국과의 철두철미한 사전 조율이 중요하다. 다소 시간이 걸리더라도, 바른 협상을 통해 불가역적인 합의를 도출해야 한다. 가칭 '북한 비핵화를 위한 포괄적 로드맵(다음의 '포괄적 북한 비핵화 로드맵 핵심 내용안' 참조)'을 성안하는 데 총력을 기울어야 한다.

포괄적 북한 비핵화 로드맵 핵심 내용안			
구분	내용		비고
명칭	가칭 'BH 프로세스(공격적인 페리프로세스 2.0)'		
대상	북한 비핵화 ※ 한국 비핵화는 이미 완료, 미국의 핵우산은 논의 대상이 아님		
단계별 상응 조치	단계	북한	미국	
	0단계	○ 핵 동결	○ 불가침 선언	fast track 원칙
	1단계	○ NPT, IAEA 복귀 ○ 핵물질, 핵시설 리스트 제출 ※ 핵무기도 시범 반출(제3지역)	○ 평양-워싱턴 연락 사무소 설치 ○ 1단계 경제제재 해제 및 남북교류 협력	snap back 원칙
	2단계	○ 사찰, 검증 허용	○ 2단계 경제제재 해제 및 남북교류 협력	
	3단계	○ 핵 폐기 시작	○ 3단계 경제제재 해제 및 국제적 경제지원	바이든 임기 내(2025년)
	4단계	○ 핵 폐기 완료	○ 평화협정 체결, 미북수교, 북한경제 재건 프로그램(북한판 마샬플랜) 시행	2030년이내 완료

※ fast track(신속 처리), snapback(합의 위반 시 제재 복원) 원칙은 0단계, 1단계는 물론 각 단계마다 적용됨

※ snap back 내용에는 대북제재는 물론이고 미국의 강화된 핵우산 제공, 한국과 일본의 자체 핵무장 허용(공포의 핵 균형 정책) 등도 포함

북한의 겁박에 흔들려서는 안 된다. 지금 김정은은 우리와의 대화를 전면적으로 거부하면서 우리가 무릎에 피가 날 정도로 기어올 것을 요구하고 있다. 미국과의 직거래를 통해 불가역적인 체제안전보장과 제재 해제를 쟁취하려고 하고 있다. 안이한 판단과 성급한 마음, 소리(小利)에 기초한 어설픈 타협은 국민과 역사 앞에 죄를 짓는 일이다.

필자가 강조하는 '비핵화 협상 3원칙'은 다음과 같다. 첫째, 비핵화의 전 과정을 포괄하는 로드맵 성안에 최우선을 두어야 한다. 둘째, 패스트 트랙과 스냅 백 원칙을 로드맵에 적용시켜 시간 끌기와 합의 파기를 예방해야 한다. 물론 그 적용은 상호적이다. 셋째, 이행 과정에는 과거 핵(무기·물질)이 단계별로 일정 비율 포함되도록 해야 한다. 미래 → 현재 → 과거 핵 순서의 단계적·점차적 검증과 폐기는 북한의 지연전술이나 핵보유국으로의 회귀 욕구에 매우 취약하다. 북한의 비핵화 해법인 '단계적·동시적 조치'를 이행 방안에도 그대로 원용해야 한다.

북한의 벼랑 끝 전술에 휘둘려서는 안 된다. 또한 미국의 이벤트성 분식합의에 들러리를 서서도 안 된다. 강요되거나 불완전한 평화는 반드시 긴장과 대결을 다시 불러온다는 사실을 역사는 생생히 보여주고 있기 때문이다. 북한의 전략전술에 일희일비하며 대응하기보다는, '북한 비핵화 및 체제의 근본적 변화'라는 원칙적·장기적 대전략에 입각해 때로는 압박, 때로는 포용을 병행해 나가야 한다. 특히 북한의 우리 대통령 비난, 안보위해 등 잘못된 행동에 대해서는 당당히 지적해야 하며, 비핵화를 지연시키거나 거부할 경우 자체 핵무장 등 플랜 B로 대처하는 문제도 심각히 고려해야 한다. 지피지기 백전불태(知彼知己 百戰不殆)라고 했다. 정확한 판단과 바른 협상, 튼튼한 안보를 위한 지혜와 강단이 그 어느 때보다도 절실한 때이다.

- 2019. 10. 23. 원코리아센터 곽길섭 정론

북한 비핵화 분식합의는 범죄이다

북한 비핵화 해법과 관련한 미국과 북한의 입장은 하늘과 땅처럼 다르다. 양국 정상이 만나면, 마치 무언가 큰 합의가 도출될 듯 보이지만, 실무로 조금만 들어가면 그야말로 물과 불이다. 바로 꺼진다. 이 모든 것은 현실을 직시하지 않고, 선의와 소망에 기초해서 북한을 대했던 후과이다.

북한과 미국의 기본입장은 대상, 목표, 시기, 방법에 있어 일치되는 것이 없다. 먼저, 협상의 출발점이라고 할 수 있는 비핵화 대상과 관련한 개념이 서로 다르다. 김정은은 '북한 비핵화'라는 용어를 단 한번도 쓴 적이 없다. 오직 '비핵화' 또는 '조선반도 비핵화'라는 말만 사용하고 있다. 2016년 7월 6일에는 정부 성명으로 주한미군 철수를 비롯해 한반도 전역 비핵화를 명문화하기까지 하였다. 이에 반해 미국은 "1992년 한반도 비핵화 공동선언에 기초하여 미국의 전술핵이 철수되었기 때문에 남한의 비핵화는 이미 달성되었으며, 북한 핵만 폐기하면 비핵화는 달성되는 것"이라는 게 기본적인 관점이다.

실제로 남북 간에 체결된 한반도 비핵화 공동선언, 미국과 북한 사이에 합의된 1994년 제네바 기본합의서, 6자회담 참가국이 공동으로 서명한 2005년 9·19 공동선언은 '북한 비핵화'와 유관국의 상응조치로 구성되어 있다. 그러나 김정은은 과거 1970년대 김일성의 조선반도 비핵지대화론을 재탕, 용어혼란 전술을 구사하면서 협상을 북한 비핵화가 아닌 한반도 전역의 비핵화로 은근슬쩍 변경시키려 하고 있다. 비핵화 개념에 대한 미국과 북한 사이의 큰 인식 차이는 향후 진행될 협상의 전망을 어둡게 하는 가장 큰 장애물이 될 것이다.

다음으로, 목표도 동상이몽이다. 미국은 최종적이고 완전히 검증된 비핵화, 즉 FFVD를 표방하고 있다. 그러나 북한은 미국의 전략자산 한반도 전개 금지, 한미합동군사훈련 중단, 주한미군 철수를 통한 영구적 체제안전보장, 그리고 제재 해제를 통한 경제실리 확보에 주력하고 있다.

셋째, 시기도 많이 다르다. 미국은 공개적으로는 속도에 연연하지 않는다고 말하고 있다. 그렇지만, 가능한 트럼프 1기 임기 이내를 희망하고 있다. 그러나, 북한은 속도조절을 하면서 다양한 카드를 만지작거리고 있다. 협상이 진행되는 과정에서도 핵·미사일 고도화를 중단하지 않았으며, 협상이 아닌 '새로운 길'로 갈 수 있다는 점을 계속 위협하고 있다.

넷째, 방법에 있어서도 확연한 차이를 보이고 있다. 미국은 지난 2월 하노이 미북정상회담에서 빅딜식 일괄타결안을 제시하였다. 그러나 북한은 이를 '일방적-강도적 조치'라고 비난하면서 '선 신뢰구축, 후 비핵화'의 단계적-동시적 조치를 주장하고 있다. 최근 들어 미국이 북한과의 접점을 모색하려 시도하고 있지만, 북한의 완강한 자세로 난항을 겪고 있다.

마지막으로 변수적 측면에서도 미국은 확실한 비핵화 약속을 받아내지 못한 상태에서 제재를 섣불리 풀 수가 없다는 입장이다. 대북제재망에 한번 구멍이 나면 다시 담기가 어렵기 때문이다. 북한도 핵보유로 유턴할 수 있음을 끊임없이 시사하고 있다. 현재 미북회담 속개에 어려움을 겪고 있고, 설사 대화가 재개된다고 하더라도 북한의 말처럼 '소뿔 위에 닭알을 쌓고, 물 위에 그림을 그리는' 격이 될 가능성이 크다.

그러나, 이러한 어려운 조건하에서도 미국과 북한이 모종의 합의를 도출할 가능성은 여전히 열려 있다. 이러한 판단은 김정은이 협상의 데드라인으로 제시한 '금년 말'이 다가오고 있는 상황에서, 내년 1/4분기가 각국의 이해관계가 절묘하게 합치되는 시기이기 때문이다.

북한은 최근 도발의 수위를 높이고 있다. 김정은은 금강산 내 남측 시설 철거를 지시하였고, NLL 인근 창린도를 방문하여 해안포 사격을 참관하였다. 이후 연이은 미사일-방사포 도발로 9·19 공동선언을 정면으로 위반했다. 최선희 외무성 부상을 비롯한 고위 인물들이 연일 전면에 나서 "대북 적대시 정책이 철회되지 않으면 회담은 없다"라며 밀어붙이고 있다. 이 같은 일련의 강경노선은 철저한 각본에 의해 진행되고 있다고 보는 게 합리적이며, 일종의 '성동격서식 벼랑 끝 전술'이라고 판단된다. 즉, 북한은 미국에게 새로운 셈법과 체제안전보장을 요구해 오고 있지만, 그 속을 들여다보면 제재 해제가 보다 절실한 상황이다. 김정은의 통치자금이 고갈되어 가고 있고, 야심차게 건설 중인 '원산갈마 해안관광지구'의 완공일도 코앞으로 다가오고 있다.

다음으로 미국은 완전한 비핵화에 변화가 없다고 강조하고 있지만, 내년도는 트럼프의 생명줄이 걸려 있는 재선 캠페인이 본격화되는 해이다. 지금 트럼프는 탄핵에 휘말려 있다. 무언가 돌파구가 필요한 시기이다. 게다가 다가오는 1월에는 트럼프가 간절히 바라고 있는 노벨평화상 후보자가 결정된다. 미북 간 비핵화 협상 타결은 트럼프에겐 매우 유혹적인 테마가 아닐 수 없다. 문재인 정부도 비핵화와 남북교류협력 활동의 병행을 간절히 원하고 있다. 특히 내년은 4월에 총선이 있는 해이다. 중국, 일본, 러시아도 대북제재 국면의 장기화로 인한 피로감을 호소하고 있다.

이러한 구조적 환경으로 볼 때, 앞으로도 일정 수준의 기싸움은 진행되겠지만 내년 1/4분기 내 대타협의 가능성은 상당하다. 그 형태는 나쁜 합의라는 비난을 피하면서 내치에 활용할 수 있는 통 큰 합의가 될 가능성이 크다.

따라서 우리는 북한과의 바른 합의, 지속 가능한 합의가 도출될 수 있도록 미국과 철저히 공조해 나가야 한다. 그리고 협상은 정공법으로 진행해 나가야 한다. 북한 비핵화는 김정은의 선의에만 기대하고 있을 문제가 아니다. 국가의 안위와 미래가 걸려 있는 중대사이기 때문이다.

얼마 전 법제처장을 지낸 헌법 전문가 이석연 씨의 강연은 매우 인상적이었다. "북한 핵 폐기가 물 건너가는 듯하다. 북한이 핵을 보유하여 힘의 균형이 깨지면 통일은 자유민주-시장경제를 기본으로 하는 대한민국 체제를 부정하는 북한의 의도대로 끌려갈 수밖에 없다. 국가의 독립, 영토 보전, 자유민주 기본질서 수호는 대통령의 최우선적 헌법적 책무이다. 핵보유를 국민투표에 붙여 정당성을 확보한 후 미국, 중국 등 국제사회를 설득해야 한다. 자유 수호를 위한 핵무장은 헌법적으로 정당하다."

평생을 안보와 국익, 자유민주통일을 위한 길에서 살아온 필자는 이 처장의 이런 주장을 적극 지지한다. 평화나 통일이 무조건 좋은

게 아니다. 목표뿐만 아니라 수단과 과정이 정당해야 한다. 평화와 통일은 자유민주와 시장경제에 기초해 이뤄져야 하며, 우리가 힘이 있을 때만 가능하다. 북한의 변수형 비핵화 전략전술에 농락당할 경우, 자유 대한민국의 미래는 암울하다. 대화와 협상과 함께 플랜 B도 꼭 준비해야 한다. 국가의 안위를 지킬 수 있는 옵션을 그냥 방기해서는 안 된다.

김정은의 의도를 제대로 알고, 어렵더라도 바른 협상을 통해 완전한 비핵화를 달성하는 지혜와 강단이 그 어느 때보다도 절실할 때이다. 분식회계는 범죄다. 비핵화 분식합의는 더 큰 범죄이다. 어설픈 합의를 묵인하거나 편승하는 일이 있어서는 절대 안 된다. 이러한 행위는 국민의 생명과 재산을 북한이나 미국에게 그냥 맡기는 것이나 다름없기 때문이다. 우리 모두 두 눈을 부릅떠야 한다!

- 2019. 12. 2. 원코리아센터 곽길섭 정론

※ 2019년 10월 22일자 조선일보에 기고한 '북한, 내년 봄 악마의 골든타임을 노리고 있다'를 기초로 작성

북핵 대응 실패,
누군가는 책임져야 한다

김정은이 신년사 육성발표를 생략하였다. 대신, 세밑 노동당 전원회의 결정 보도문을 통해 핵·미사일 모라토리움 폐기와 새로운 전략무기 공개로 위협하였다. 김정은의 이 같은 행동은 비핵화 협상의 이면에서 핵·미사일 능력 고도화와 실전배치를 거의 완성했다는 것을 시사한다. 이제 한반도는 김정은의 입과 손가락에 모든 것을 맡기고 살아야 할 운명으로 가고 있다.

그런데, 우리 정부는 여전히 한가한 대화 타령이다. 문재인 대통령의 '김정은 답방과 남북교류협력 활성화(1. 7. 신년사)' 강조는 과연 김정은의 승부수, 요동치고 있는 세계정세 등 복잡다기한 변수들을 고려하였는지 심히 의심스럽다. 지난 2년여를 돌이켜보면, 북핵 문제가 이 지경에 이르게 된 것은 정부가 정공법으로 접근하지 않고, 상대의 선의를 기대하며 정상회담과 같은 이벤트 위주로 대북정책을 추진하였기 때문이다. 통렬한 자기반성과 책임을 묻지 않을 수 없다.

가장 먼저 지적할 것은, 비핵화 협상이 시작된 결정적 계기였던 2018년 3월 방북한 정부 대북특사단의 역할이다. 특사단 방북 시 김정은이 언급한 비핵화라는 3글자가 '북한 비핵화'가 아니라 한미 합동군사훈련 영구 중단, 주한미군 철수를 통한 '한반도 비핵화'인데도 불구하고 이것을 자의적으로 과장·왜곡 해석하여 트럼프에게 전달한 게 아닌지에 대한 검토가 필요하다.

　　다음으로, 김정은이 2018년 신년사를 통해 '핵 능력 고도화'를 공개 지시한 것을 무시한 것이 두 번째 큰 실수이다. 김정은은 평창동계올림픽 참가 의사와 함께 핵·미사일 대량생산과 실전배치 준비를 함께 강조하였다. 이후, 수많은 관련 증거들이 미국 국방부와 IAEA, 민간연구소 등지에서 나왔다. 그런데도 불구하고, 이에 대해 북한에 공박한 적이 단 한 차례도 없다. 오히려 북한의 막말에도 불구하고 대화에 더 목을 맸다.

　　셋째로, 짧게는 지난해 12월 한 달 내내 진행된 크리스마스 선물 논쟁 과정에서도 북한의 위협 발언을 비핵화 의지로 해석하는 놀라운 상상력까지 발휘했다. 그래서 대통령마저도 "북한이 비핵화하면 국제사회는 상응하는 조치를 취해야 한다"라며 지금 전개되고 있는 위협적 현실과 전혀 동떨어진 발언을 서슴지 않았던 것이다. 특히 통일부는 노동당 전원회의 종료 이후 "북한이 미국과의 대화 중단을 선언하지 않은 것으로 평가한다"라며 마치 제3자인 듯한 뉘앙스의 논평을 내놓았다.

참으로 답답하지 않을 수 없다. 사안을 긍정적으로 해석하며 해결책을 모색하는 것은 물론 중요하다. 그렇지만 핵 문제는 국가안보, 국민의 생명과 재산이 걸린 문제이다. 그리고 시간도 별로 없다. 한가롭게 얘기하거나 실험할 문제가 절대 아니다.

이제 김정은의 핵 노선은 명확해졌다. 앞으로 김정은이 언제, 어디로 튈지 그 누구도 모른다. 분명한 것은 우리가 상시적인 위협 상태에 놓이게 되었다는 것이다. 국가안전보장은 헌법이 규정한 대통령의 최우선적 책무이다. 국가안보는 소망이나 가정에 기초해서는 안 된다. 일부에서는 트럼프의 독불장군식 태도를 미북협상 실패의 주원인으로 거론한다. 남 탓할 때가 아니다. 정부가 현실을 직시하지 못한 게 근본적인 이유이다. 북핵 대응의 실패를 깨끗이 인정하고 원점에서 모든 대안을 전향적으로 검토해 나가야 한다.

'늦었다고 생각할 때가 가장 빠른 때이다'라는 말이 있다. 정부는 이 경구(警句)를 잊지 말아야 한다.

- 2020. 1. 10. 원코리아센터 곽길섭 정론

※ 1월 15일자 조선일보 칼럼으로도 게재되었음

북한 비핵화냐, 한반도 비핵화냐?

미국 바이든 신행정부의 대북정책 재검토(review)가 한창 진행되고 있다. 그러나 코로나19 대처, 대선 기간 중 갈라진 민심 봉합, 미얀마 사태 등 국내외 산적한 긴급현안들을 처리하느라 로우키(low-key)로 진행되고 있다. 블링컨 국무장관을 비롯한 안보 라인들의 관련 발언이 조금씩 나오고는 있으나 아직은 원론적인 수준이다.

블링컨의 '북한 비핵화' 용어 선택이 갖는 의미

이런 가운데 지난 22일 블링컨이 제네바 군축회의에서 한 짧은 발언이 주목된다. 그는 화상회의 연설을 통해 '한반도 비핵화'가 아니라 '북한 비핵화'라는 말을 사용했다.

> 미국도 **북한의 비핵화**에 여전히 집중하고 있으며, 평양의 불법적인 대량
> 살상무기와 탄도미사일 프로그램에 대응하기 위해 동맹국 등과 긴밀히 협력
> 할 것이다.

외교와 협상에서 사용하는 단어나 합의 조항의 순서 하나하나가 갖는 중요성은 새삼 말할 필요가 없다. 시작이자 끝이라고 한다. 상황 정의, 합의 도출, 후속 이행조치의 방향을 규정하기 때문이다. 대표적인 사례가 북한 핵 폐기 협상에서의 '비핵화' 개념이다.

남·북·미가 의도했든, 의도치 않았든 각기 다른 의미로 해석하고 있다. 즉, '비핵화'라는 단어를 똑같이 쓰고는 있지만 ▲북한은 한반도 전역의 비핵화 ▲대한민국은 북한 비핵화 ▲미국은 북한의 완전한 비핵화(CVID/FFVD)를 염두에 두고 협상하고 합의했다. 한마디로 동상이몽(同床異夢)의 극치가 아닐 수 없다. 그러니까 정상들이 만나 큰 틀에서는 합의를 할 수 있으나, 실무자들이 세부 이행 방안을 협의하는 단계에 들어서면 갈등이 노정될 수밖에 없는 것이다. 지난 시기 미북 비핵화 협상의 난항과 파국이 이를 단적으로 보여주고 있다.

지금 우리는 북한 비핵화 협상의 새로운 출발선에 서 있다. 지난 4년간의 실수를 반복할지 아닐지는 첫 출발점과 마지막 결승점이 어디인지에 대한 공감(consensus)에 달려 있다. 지금이 좋은 기회라고 생각해야 한다. 가장 기초적인 것부터 다시 짚어볼 수 있는 시간이기 때문이다. 작은 건물 하나 짓는데도 기초공사가 중요하다. 그렇지 않으면 건물은 외부의 작은 충격에도 견디지 못하고 한순간에 무너질 수 있다. 하물며 국가의 백년대계를 세우는 정부 정책은 새삼 말할 필요도 없다. 기본·기초가 중요하다. 확인 또 확인해야 한다.

김정은이 '한반도 비핵화' 용어를 고집하는 속셈

김정은은 집권 이후 단 한 차례도 '북한 비핵화'라는 표현을 자신의 입으로 말하거나 공식 매체, 합의서 등에 명기한 일이 없다. 오로지 핵개발의 당위성과 권리를 강조하면서 '비핵화' 또는 '한반도 비핵화'와 같은 용어를 사용하고 있다.

> 북측(김정은)은 **한반도 비핵화** 의지를 분명히 하였으며 북한에 대한 군사
>
> 적 위협이 해소되고 북한의 체제안전이 보장된다면 핵을 보유할 이유가 없
>
> 다는 점을 명백히 하였다(2018. 3. 7. 정의용 방북특사단 단장 귀환 언론발표문).

> 남과 북은 **한반도를 핵무기와 핵 위협이 없는** 평화로운 터전으로 만들어
>
> 나가야 한다(2018. 9. 19. 제3차 평양 남북정상회담 공동선언문).

이처럼 김정은이 말한 비핵화는 '북한 비핵화'를 의미하는 것이 아니다. 김일성 시대부터 주장해 온 '미국의 핵우산이 철거되고 주한미군이 철수한 한반도'를 상정한 '조선반도 비핵지대화론'의 연장선이다. 이것은 2016년 5월 7차 당대회가 종료된 직후 북한이 '공화국

정부대변인 성명(7. 6.)'으로 발표한 ①남한 내 미국 핵무기 공개 ②남한 내 모든 핵기지 철폐와 검증 ③미국 핵타격수단(전략폭격기)의 한반도 전개 금지 보장 ④대북한 핵무기 사용과 위협 금지 약속 ⑤주한미군 철수 선포를 규정한 '한반도 비핵화를 위한 5대 조건'에 그대로 나타나 있다.

이후 북한은 남북-미북 간 합의문에 이를 관철시켜 나가고 있다. 즉, 세부 조항에 ▲'한반도 비핵화'로 표기하고 ▲다른 사항들이 이행될 경우 시행하는 조건부(후순위 배치)로 되어 있으며 ▲"이행한다"가 아니라 "노력한다"로 명기되어 있다.

2018년 6월 미북정상회담: ①새로운 미북관계 수립 ②한반도 평화구축 협력 ③**한반도의 완전한 비핵화 노력** ④신원이 확인된 미군 유해 송환

2018년 9월 남북정상회담: ①한반도 전쟁위협 제거 ②민족경제의 균형적 발전 대책 강구 ③이산가족 문제 해결 ④다양한 분야의 남북교류협력 추진 ⑤**한반도 비핵화 노력** ⑥김정은 위원장 서울 답방

이것은 2005년 9월 베이징에서 6자회담 참가국이 합의한 '9·19 베이징 공동선언'이 첫 조항에 "북한 핵 폐기"를 명기한 것과 큰 차이가 난다. 북한이 비핵화 협상이 진행되는 동안에도 미국의 대북 적대시 정책 철회를 요구하면서 핵·미사일 전력 강화를 중단하지

않은 것도 같은 선상에서 이해될 수 있다.

많은 사람들이 김정은이 2018년 4월 방북한 폼페이오 미국 국무
장관에게 "내 아이들이 핵을 지닌 채 평생 살기를 원하지 않는다"라
고 말한 것을 비핵화 의지의 중요한 사례로 들고 있다. 그러나 이
말은 북한 비핵화가 아니라 '북한 핵과 미국 핵우산이 함께 철폐된
한반도'를 상정한 발언이라는 점을 유념해야 한다. 왜냐하면 대한민
국은 1991년 11월 주한미군 전술핵을 모두 철수시킨 후 노태우 전
대통령이 "단 한 개의 핵무기도 없다"라고 이미 선언했기 때문이다.

김정은의 용어혼란 전술

한마디로 김정은의 속셈은 평화를 지향한다는 명분을 확보하는
가운데 협상에서 등가적(等價的) 상호 조치를 요구하려는 데 있다.
한국과 미국이 들어줄 수 없는 조건을 내걸어 협상 과정에서 핵도
갖고 경제외교적 실리도 챙기려는 위한 전략전술인 것이다. 김정
은 올해 들어서는 아예 한발 더 나아가, 8차 당대회를 소집하고 '핵
을 기반으로 한 무력적화통일 노선'을 당규약에 명문화하였다.

조국통일을 위한 투쟁과업 부분에 강력한 국방력으로 근원적인 군사적

위협들을 제압하여 조선반도의 안정과 평화적 환경을 수호한다는 데 대하여 명백히 밝히였다. 이것은 강위력한 **국방력에 의거하여 조선반도의 영원한 평화적 안정을 보장하고 조국통일의 력사적 위업을 앞당기려는** 우리 당의 확고부동한 립장의 반영으로 된다(개정 당규약: 2021. 1. 10. 조선중앙통신).

이는 핵무기 개발이 9부 능선을 넘은 상황에서 '더 이상의 비핵화 협상은 없다. 핵군축(nuclear disarmament) 협상만이 있을 뿐이다. 대결 국면이 격화될 경우에는 무력도발도 서슴지 않겠다'라는 것을 노골화한 것이다.

결론적으로, 김정은은 ▲비핵화 발언을 통해 역(逆)으로 북한이 핵보유국임을 공식화한 가운데 ▲핵·미사일을 더욱 고도화·대량생산할 수 있는 시간을 벌고 ▲향후 협상을 조건부 군축협상으로 진행함으로써 핵을 어떻게 해서라도 보유하려는 ▲그러다가 협상이 결렬될 경우 '파키스탄식 핵보유국'으로 회귀하려는 고도의 전략전술을 구사하고 있다고 평가된다.

'북한 비핵화'로 용어를 통일하는 것부터 시작해야

그렇다면, 과연 문재인 정부의 비핵화 개념과 대책은 정확한 상황

인식과 평가에 기초한 것일까?

> 김 위원장의 평화, 대화, 비핵화에 대한 의지는 분명하게 있다고 생각한다
> (2021. 1. 18. 대통령 신년 기자회견).

> 김정은 당 총비서는 판문점선언과 평양선언, 싱가포르 성명 등을 통해 완
> 전한 비핵화 의지를 직접 확인했다. 북한이 비핵화 의지가 있음을 확신한다
> (2021. 2. 5. 정의용 외교부장관 후보자 인사청문회).

아니다. 결코(Never) 아니다. '북한 비핵화'가 아니라 '한반도 비핵
화'로 전선을 넓혀 안보-경제실리를 동시에 챙긴 후, 실제로는 핵을
포기하지 않으려는 김정은의 속셈(가칭 '변수형 비핵화 전략')이 너무나
빤히 보이는데도 정부는 계속 소망성 얘기만 한다. 북한이 헌법과
당규약에 '핵보유국'임을 명문화하고 핵·미사일 고도화에 더욱 박
차를 가하고 있는 위협적 사실(facts)을 애써 눈감고 있다.

> 핵무기 소형화, 경량화와 전술무기화를 서둘러야 한다. 초대형 핵탄두 생
> 산도 지속…(중략)…다탄두별 유도기술을 더욱 완성하기 위한 연구사업을 마
> 감단계에서 진행하고 있으며…(중략)…새로운 핵잠수함 설계연구가 끝나 최
> 종 심사단계에 있으며 각종 전자무기들, 무인타격장비들과 정찰탐지수단들,
> 군사정찰위성설계를 완성한데 대하여…(2021. 1. 김정은의 8차 당대회 사업총화
> 보고).

깨어나야 한다. 그리고 김정은에게 당당히 물어야 한다. "당신이 말하는 비핵화가 북한 비핵화인지, 미국의 핵우산이 철거되고 주한미군이 철수한 상황을 가정한 한반도 전역의 비핵화인지?" 그리고 무엇보다도 시급한 것은, 지금 이 순간부터 정부가 '북한 비핵화' 용어를 사용하는 것이다. 지금까지의 애매모호한 행보에서 벗어나 '북한 비핵화를 위한 포괄적 로드맵'을 성안하고 분명하게 행동해야 한다. 그게 바로 진정한 북핵 폐기, 그리고 바이든 정부와의 첫 단추를 잘 꿰는 순리(順理)다.

- 2021. 2. 26. 원코리아센터 곽길섭 정론

※ 데일리INK 칼럼

제5부
—
김정은과 북한

김정은의 북한몽(夢)

지금 한반도는 북한의 '핵무력 완성' 선포(11. 29.)로 인해 시계 제로 상황에 있다. 이런 가운데 김정은이 지난 8일 영하 22도의 칼바람이 부는 백두산 천지에 올랐다. 김정은은 취임 이후 장성택 숙청 등 중요 결정을 앞두고 백두산을 찾고 있어 이번 방문에 대한 관심이 고조되고 있다.

김정은은 새해가 되면 집권 7년차를 맞는다. 후계자로 내정된 때 (2009. 1.)를 기준으로 하면 어느덧 10년차에 들어서고 있다. 강산이 한 번 바뀌는 시간이다. 김정은 체제에 대한 근본적인 복기(復棋)가 필요한 시점이다.

김정은 3대 부자세습 체제는 외부세계의 우려 속에서 출범했다. 그렇지만 '운구차 7인방' 등 잠재적 경쟁자들을 차례로 제거하며 권력을 장악해 나갔다. 핵·미사일 개발은 9부 능선을 넘고 있다. 경제도 대북제재에도 불구하고 플러스 성장을 구가하고 있다. 대북제재와 지도층의 면종복배 현상 증가 등의 문제점도 증가하고 있지만, 1

인 지도체제 확립에 성공한 듯하다. 이로 인해 김정은의 통치행태에 후한 점수를 주는 경향도 일부 나타나고 있다.

필자가 북한의 당규약과 유일령도체계 10대 원칙, 핵심적인 정책 노선 등을 종합 평가해본 결과, 김정은은 ▲유일령도체계 공고화와 백두혈통 영구집권 ▲핵보유 강성대국 건설 ▲적화통일의 3대 목표, 이른바 북한몽(夢)을 꿈꾸고 있다고 진단된다. 이를 실현하기 위한 핵심무기는 '공포통치를 통한 권력층 다잡기'와 '경제·핵 건설 병진 노선'이다. 중국 시진핑의 일대일로 노선에 비유하여 일대이로(一帶二路)라고 명명할 수도 있을 것이다. 당정군 간부들을 다잡으며, 핵 보유와 경제활성화라는 2마리 토끼를 잡겠다는 야심찬 꿈을 꾸고 있는 것이다.

북한이 이번에 '핵무력의 완성'을 예상보다 다소 빠르게 선언한 것을 고려해볼 때, 내년도에는 ▲핵·미사일 개발 마무리 ▲경제활성화 ▲평화 공세를 통한 제재 국면 타개 등에 주력할 것으로 예상된다. 신년(1. 1.), 평창동계올림픽(2. 9.), 김정일 생일(2. 16.), 김일성 생일(4. 15.), 6·15 남북공동선언일, 정권 창건 70주년(9. 9.), 10·4 선언일 등이 중요한 계기로 활용될 것이다.

주민들에게 '핵보유국'의 자긍심을 고취시키면서 제2 고난의 행군을 넘어 북한판 '잘 살아보세'를 외칠 것이다. 핵·미사일 개발 진척도에 따라 남북대화, 미·일 접촉 카드도 선택적으로 활용해 나갈 것이다. 북한은 이미 최근 러시아 의원대표단과 유엔 사무차장의 연이은 방북과정에서 '대화 복귀' 가능성의 애드벌룬을 띄우기 시작했다.

핵보유국 지위를 인정받아야 미국과의 협상 테이블에 앉을 것이다(2017.
11. 30. 김영남 북한 최고인민회의 상임위원장, 방북 러시아 하원의원 면담 시).

중장기적으로는 2022년과 2048년이 김정은 정권의 중요한 목표 연도가 될 가능성이 크다. 2022년은 김정은 집권 10주년, 김정일 80회 생일, 김일성 110회 생일을 맞는 이른바 '꺾어지는 해'이고, 2048년은 북한정권수립 100주년이기 때문이다. 그럼 우리는 북한을 어떻게 다루어 나가야 하나? 핵을 가진 김정은이 어느 날 갑자기 유화 제스처를 보낼 때 어떻게 할 것인가? 김정은의 틀(frame)에 이용당하지 않을 중장기 복안은 과연 가지고 있는가?

국가안보의 속성은 단 0.001% 가능성에도 대비하는 것이다. 따라서 지금은 북한체제에 대한 평가와 북핵 해법을 복합적으로 재검토할 시점이다. "김정은은 폭군이다. 북한체제는 곧 붕괴될 것이다", "김정은은 전략적이다. 정권은 공고하다"라는 판단은 장님 코끼리 만지기식의 평가일 뿐이다. 한반도 평화체제·통일 실현이라는 국가목표는 구호와 단기정책만 가지고는 안 된다. 상대(相對)가 있어 철두철미한 준비가 필요하고 지난한 과정을 감수해야 한다. 소동구

붕괴, 김일성·김정일 사망 등 3차례에 걸쳐 우리 사회를 휘감은 북한붕괴론은 허망한 꿈임이 판명되었다. 김정은과 당정군 엘리트들은 결코 만만치 않다.

그것이 '0.001%론'의 관점이다. 그들은 북한몽(夢)을 실현하기 위해 북한 주민을 인질로 삼는 것도 서슴지 않는다. 시진핑이 보낸 특사마저도 빈손으로 돌려보낸다. 국제사회의 강력한 대북제재에도 눈 하나 깜빡하지 않고 핵·미사일 단추를 계속 눌러댄다. 북한이 파키스탄같이 사실상의 핵보유국으로 인정받고, 북한판 '한강의 기적'이 일어나지 말라는 법은 없다.

따라서, 우리 정부는 김정은과 무엇을 주고받을지를 고민하며 플랜 A(북핵 폐기)와 플랜 B(북핵 관리)를 융합한 북핵 로드맵을 하루빨리 창안해야 한다. 현 시점에서는 ▲대북제재 강화와 함께 특사 파견, 미북 접촉 등으로 평화적 해법을 계속 모색하면서 ▲단계별 레드라인 공포를 통한 자체 대응력 제고를 병행해 나가는 게 답이다. 튼튼한 안보를 바탕으로 김정은의 북한몽(夢)에 제대로 대처하지 못하면 우리의 미래는 없다. 사상누각일 뿐이다. 우리 사회가 '신발끈을 다시 고쳐매는' 결의에 찬 모습으로 평화와 통일의 길로 함께 나아가는 모습을 기대해본다.

- 2017. 12. 11. 원코리아센터 곽길섭 정론

김정은 체제 전망

2016년 초에 만난 엘리트 탈북민 김하경(가명)은 "경제난이 심화되고 당정군 간부들이 김정은에 대한 기대감을 접어 김정은은 10년을 버티기 어려울 것이다. 지지도를 김일성을 100이라고 할 때, 김정일 50, 김정은은 10에 불과하다"라며 김정은 체제의 불안정성을 압축적으로 표현하였다.

그러나, 당시에도 상당수의 탈북민들은 "북한사회는 수령에 대한 무조건적 충성에 익숙해져 있고, 당정군 간부들은 기득권 유지에 혈안이 되어 있고, 주민들은 하루하루의 생활에 급급하고, 보위부 등 사찰기관의 거미줄 같은 철통감시로 인해 김정은 암살 등은 꿈도 꿀 수 없다. 경제적으로 어렵기는 하지만 장마당 등을 통해 필요한 것을 구입할 수 있어 김정은 정권에 이상이 발생할 가능성은 거의 제로에 가깝다. 일반적으로 북한 주민들은 자기들이 겪고 있는 생활난에 대해 수령의 잘못이 아니라, 그 밑에서 보좌하는 간부들이 무능하고 부정부패한 데서 기인한다고 생각하고 있다"라며 간부와 주민들의 속마음과 행동은 분명히 다르다는 점을 강조하였다.

이후 2년여의 시간이 흐른 지금, 북한 내부는 강력한 대북제재 속에서도 비공식 경제가 활성화되어 주민생활은 나아지고 있고, 연이은 남북-북중-미북정상회담으로 인해 김정은에 대한 기대가 고조되고 있다고 한다. 그리고 한국사회의 북한을 보는 시각도 많이 변하였으며, 미국도 주류사회의 부정적인 시각이 여전하지만 트럼프 대통령이 "사랑에 빠졌다(2018년 9월 29일 웨스트버지니아 공화당집회 연설)"라는 등 김정은을 칭찬하며 대북 협상을 계속해 나갈 의지를 표명하고 있다. 중국은 북한의 후원자를 자처하고 있고, 대북제재의 최선봉에 섰던 일본도 김정은과의 접촉을 모색하고 있다.

이러한 현실을 고려하면서, 김정은이 통치하는 북한을 'SWOT' 분석기법에 의해 강점(S), 약점(W), 기회(O), 위협(T) 요인으로 구분하여 개괄적으로 분석해보면 아래와 같다.

북한은 수령론·유일사상(령도) 체계에 의해 김씨 일가의 통치가 당연시되는데다가 2중 3중의 감시체계로 당정군은 물론 주민들의 저항이 근본적으로 불가능한 체제라는 점이 가장 큰 강점이다. 이와 달리 김정은의 출생 비밀, 경제난, 부정부패·양극화 심화 등이 최대의 아킬레스건이라고 할 수 있다. 또한 북한은 지정학적으로 해양과 대륙의 연결지점에 있어 한국 및 중·러·일 등과의 교류협력의 교두보 역할을 할 수 있는 천혜의 입지조건을 가지고 있으며, 반면에 국제사회와의 교류가 확대될수록 외부사조 유입의 증대로 유동성이 증대하는 반작용이 있을 수 있다.

　김정은이 2018년 국제무대로 나온 이후 변화된 큰 특징은 그동안 위협요인(T)이었던 남북관계 경색, 김정은을 목표로 한 전방위적 인권압박, 한·미군의 김정은 참수작전, 대북심리전, 엘리트계층 탈북 증가 등의 현상이 거의 미미해졌다는 점이다. 이런 가운데 김정은은 집권 이후 당우위체계 복원·핵무기 보유 등으로 체제의 강점(S)을 보다 강하게 구축하였으며, 국정운영 경험 미숙·경제난 등 약점(W)을 상당 부분 해소하였거나 개선을 진행 중이다. 게다가 남북교류협력 및 중국과의 관계 복원, 미국과의 협상 등으로 기회요인(O)은 날개를 달 가능성이 크다(다음의 '김정은 정권 안정도 SWOT 분석' 참조). 따라서, 지금 김정은 정권은 비록 국제사회의 대북제재가 지속되고 있어 경제적으로 어려움이 지속되고 있지만, 과거 김정일 시대 및 2018년 이전 김정은 시대와는 비교가 될 수 없을 정도로 여건이 좋아지고 있다.

김정은 정권 안정도 SWOT 분석

강점(Strength)	약점(Weakness)
○ 수령론	○ 김정은의 출생 비밀
- 유일적 령도체계 확립 10대 원칙	○ 김정은의 국정운영 경험 미숙(×)
- 김씨 일가 신격화	- 외교활동 기피(×)
○ 노동당 지배구조	○ 권력층 내 상호불신, 보신주의
- 당 조직지도부 및 선전선동부	○ '병진노선'의 근본적 모순
○ 군부 및 공안조직 완전 장악	○ 계획경제의 붕괴
- 이중, 삼중의 감시체계·공포통치	○ 김정은의 과시적 경제운영
○ 김정은 비자금	○ 공장기업소 기계설비 노후화
○ 저항세력 부재	○ 군사력 유지 부담 증대
- 신민적, 운명공동체 의식	○ 개인주의 확산
○ 지배엘리트들의 공생구도	○ 부정부패, 양극화 심화
- 북한판 음서제	○ 정치범수용소 존재
○ 경제난에 익숙한 사회	○ 급격한 정책변화에 대한 적응력(新)
○ 핵, 미사일 등 비대칭무기 보유	
기회(Opportunity)	**위협(Threat)**
○ 북한의 지정학적 요인	○ 국제사회의 대북제재
- 해양·대륙 진출의 연결로	○ 남북관계 경색(×)
- 주변국들이 급변사태 불원	○ 김정은을 목표로 한 압박(×)
○ 희토류 등 다양한 광물자원	- 유엔의 김정은 ICC기소(×)
○ 남한의 진보적인 정부(新)	- 한·미군의 김정은 참수작전(×)
○ 중국과의 전통적인 혈맹관계	○ 대북심리전(×)
○ 러시아의 신동방정책	○ 외부자유사조 유입
○ 대일청구권 자금	○ 외부의 북한개방 압력(新)
○ 한국의 민족동질감, 평화통일노선	○ 집단 탈북
○ 미국의 대북정책 전환	- 엘리트계층 탈북 증가(×)
○ 시장경제에 입각한 경제활성화 모색	○ 화폐 신뢰도 하락(외화결제)
- 5·30조치, 경제특구, 장마당,	○ 미국의 비핵화 협상에 대한 북한 태
휴대전화, 분조생산제 등	도 실망감(新)
○ 비핵화 협상(新)	
※ ×는 2018년 이전까지는 존재하였으나, 약화되었거나 사라진 현상	

이제까지 살펴본 바와 같이, 북한을 둘러싼 환경은 2018년 전후를 비교해볼 때 확연히 달라졌다. 김정은 정권은 이제 불안 국면에서 벗어나 '안정 속에서 변화를 추구하는 단계'로 이행하고 있다고 할 수 있다. 실제적으로 11월 5일 국방부 국방정보본부는 국회 정보위 국정감사에서 김정은 위원장의 리더십과 관련해 "상당히 자리가 잡혀 안정적"이라고 밝혔다.

결론적으로, 김정은은 2009년 1월 김정일의 후계자로 내정된 이후 지난 10여 년간 급변하는 대내외 환경하에서 수령론·후계자론·유일사상체계 확립 10대 원칙으로 대표되는 북한특유의 권력이론 체계를 기반으로 하여 ①법·조직·인사의 '제도적 기반' ②선대후광 활용 및 차별화의 '지도자 상징조작' ③핵보유국의 지위 확보·시장경제요소 도입 확대·비핵화의 '정책노선' 등을 통해 권력을 장악·공고화하는 데 성공하였다고 평가된다. 즉, 김정은은 초기의 혈통승계 정권이라는 한계를 넘어 막스 베버가 주장한 이른바 '전통적, 합법적, 카리스마적 지배'가 삼위일체로 구현된 유일지배체제를 구축하였으며, 지금은 정권 안정과 영구집권을 위한 중요한 기반인 경제 문제 해결을 위한 글로벌 인프라 구축으로 시선을 돌리고 있다.

이와 같은 김정은 정권의 안정화는 단기적으로는 국정운영에 대한 자신감을 제고시키고, 장기적으로는 북한체제의 근본 목표인 이른바 '김씨 일가가 영구통치하는 나라' 건설의 중요한 모멘텀이 될 것으로 예상된다. 그러나, 물론 이러한 과정에서 과거 장성택 숙청과 유사한 대규모 피의 숙청, 핵 협상에서의 이탈 등 돌발사태가 일어날 가능성도 전혀 배제할 수는 없다.

향후 김정은은 ▲내부적으로는 경제활성화와 이를 뒷받침하기 위한 각 분야의 혁신과 세대교체 ▲대외적으로는 '先 신뢰 조성과 後 단계적·동시적 조치'를 기조로 하는 한반도 비핵화(제재 해제·경제협력) 여건 조성에 주력해 나가는 가운데 ▲미국과의 협상 진척도에 따라 '비핵화' 및 '김정은식 개혁·개방'의 시기와 폭을 저울질해 나갈 것으로 전망된다.

- 2018. 12. 27. 원코리아센터 곽길섭 정론

※ 2019년 4월 출간한 『김정은 대해부』에도 인용·게재

김정은 심리구조와 리더십

김정은이 김정일의 후계자로 권력의 전면에 등장한 지 어느덧 10년이라는 세월이 흘러가고 있다. 김정일 사망 후 단독통치를 시작(2011. 12.)한 시기를 기준으로 해도 8년차 장기집권 지도자의 반열에 올라섰다. 그는 3형제 중 막내임에도 불구하고 후계자로 낙점되었다. 27살의 젊은 나이에 최고지도자로 등극한 이후에는 아버지가 권력의 안정을 위해 고심 끝에 만들어놓은 후견 체제를 피의 숙청을 통해 붕괴시키며 '조기 홀로서기'를 감행하였다.

그리고 핵·미사일 개발에 올인하여 북한을 '사실상의 핵보유국' 지위에 올려놓았다. 여기에서만 그치지 않았다. 비핵화 카드를 꺼내들고 미국과 세기적 담판을 벌이며 대한민국·중국·러시아 등과의 관계도 적극적으로 개척해 나가고 있다.

우리는 이러한 김정은의 모습을 어떻게 해석해야 할까?

김정은에 대한 평가는 다양한 관점이 혼재하고 있다. 일각에서는 부자세습을 통해 권력을 물려받은 애송이 젊은 지도자, 피도 눈물도 없는 폭군(暴君)으로 묘사하며 미래가 극히 불투명하다고 평가한다. 또 다른 한편에서는 뉴 리더, 전략가, 심지어는 북한 선전매체처럼 애민(愛民)지도자로까지 칭송하고 있다. 그러나 국가지도자에 대한 평가는 냉철하고 객관적이어야 한다. 과거에만 매몰되어 꼭 보아야 할 부분을 놓치거나, 소망성 사고(wishful thinking)에 기초하여 보고 싶은 것만 보아서는 안 된다. 왜냐하면 인간은 내면과 외면의 세계를 함께 가지고 있으며, 주변과 상호작용하며 끊임없이 진화하기 때문이다. 더구나 한 국가의 지도자는 개인의 차원을 넘어 안보·국익이라는 대의(大義)를 위해 자신을 버리거나, 분식(粉飾)하거나, 다른 사람·조직·국가를 희생물로 삼아야 하는 운명을 가지고 사는 사람이다. 특히 김정은은 김일성-김정일에 이어 3대째 철권통치를 휘두르며, 이른바 극장국가(Theatre state)의 지도자 역할을 충실히 수행하고 있다.

김정은 심리구조 – 콤플렉스의 잠재·승화와 분출

인간은 사회적 동물이다. 현대 정신분석학과 분석심리학은 한 개인을 분석할 때 그가 성장하면서 겪었던 다양한 환경과 무의식에 주목한다. 따라서 김정은의 성장기부터 최근까지의 심리상태를 추적해보는 것은 그의 통치행태를 평가하고 전망하는 데 있어 매우 유의미한 과정이다.

김정은은 특이한 환경 속에서 어린 시절과 청년기를 보냈다. 혈기 왕성한 왕손이었지만 서자(庶子)·삼남(3男)이라는 태생적 한계 속에서 성장하였다. 그리고 학교생활을 하며 같은 또래의 친구들과 어울리기보다는 사교육 위주로 학습을 받았다. 그리고 20세 성년이 되자마자 정신적·정치적 보루였던 어머니와 조기 사별(2004. 5. ‒ 52세)하는 아픔을 겪으며 엄혹한 권력투쟁의 장에서 혼자만의 힘으로 일어서야 했다. 후계자로 낙점된 이후에는 자신을 버리고 김일성의 아바타가 되어야 했다. 이런 과정에서 다양한 콤플렉스가 형성되었으며, 이러한 성격이 권력장악과 통치 과정에서 긍정적으로 승화되고 있거나 부정적으로 표출되고 있다.

스위스 정신분석학자인 칼 융(Carl Jung)은 콤플렉스를 "강렬한 감정체험으로 형성된 심리적 집합체"로 규정하고 "단순히 열등의식과 같은 것으로 취급하는 것은 틀린 접근법"이라고 하면서, "열등감, 충동성도 자극하지만 우월감, 대환희의 감정도 일으킬 수 있다"라고 강조하였다. 이러한 요인들을 고려하면서 그의 대표적 퍼스낼리티(personality)를 진단해보면 다음과 같다.

먼저, 김정은은 앞서 간략하게 언급한 바와 같이 '서자·오이디푸스 콤플렉스'를 가지고 있다. 어린 시절부터 홍길동과 같은 삶, 즉 '할아버지를 할아버지로 부르지 못하며' 살아 왔다. 오죽하면 북한이 '김정은 = 젊은 김일성' 이미지 조작을 선전사업의 제1목표로 추진하는 과정에서 김일성과 같이 찍은 사진 한 장 내놓지 못하고 있다는 점이 이를 반증하고 있다. 김정일이 고용희와 그 소생들의 존재를 알리지 않았거나, 김일성이 그 존재를 알았더라도 손자로 인정하지 않았던 것이 분명하다. 아마 김정은의 청소년기는 모(母)의 은둔생활에 대한 의문, 어머니의 존재를 당당하게 밝히지 못하고 일과 주흥에 빠져 사는 아버지에 대한 원망 등으로 인해 질풍노도의 시기를 보냈을 개연성이 크다. 이러한 내적 수치심과 불만 심리가 극명하게 표출된 것이 고모부 장성택을 비롯, 김정일을 에워싸고 있던 권력 실세들에 대한 잔인한 피의 숙청이었고, 그 마침표가 적장자인 김정남의 암살(2017. 2.)이라고 할 수 있다.

김정은의 아버지에 대한 회한과 원망은 자연스럽게 '오이디푸스 콤플렉스'로 연결된다. 김정은은 집권 이후 정책의 계승·발전을 계속 천명하고 있다. 그렇지만, 실제적으로는 김정일이 한번도 하지 않았던 공개연설과 비행기 탑승, 각본 없는 현지지도 등을 수시로 하고, 부인 리설주를 공식·비공식 행사에 대동하고, 김정일의 트레이드마크인 선군정치를 종식시키고, 후견인들을 잔인하게 숙청하는 등 아버지가 짜놓은 틀대로 움직이지 않는 脫 김정일(out of Kim Jeong-il) 행태를 많이 보이고 있다. 이러한 일련의 모습들을 보면,

김정은의 내면세계에서는 '가장 닮고 싶지 않은 인물'이 아버지일 가능성도 배제할 수 없다.

다음으로, 변덕스럽고 분노를 잘 조절하지 못하는 '경계선 성격장애(Borderline personality disorder)' 증상도 보이고 있다. 가장 대표적인 것이 인민무력부장 현영철의 즉결처형이다. 2015년 현영철 숙청이후 우리 사회에는 '졸면 죽는다'라는 표현이 유행어가 되었다. 북한군 서열 3위의 최측근이 4월 28일까지 김정은을 수행하다 이틀후에 1분에 1,200여 발이 발사되는 대공화기로 처형되었다는 보도를 접한 많은 사람들은 그의 분노조절 장애를 의심하지 않을 수 없었다.

마지막으로, 이러한 콤플렉스는 부정적으로만 작용하는 게 아니라 핵개발 올인과 비핵화 협상 추진, 권력층 숙청을 통한 조기 홀로서기, 36년 만의 7차 당대회 개최 등과 같은 과감한 정책 추진으로나타나고 있다. 이와 함께 부인 리설주 공식 행사 대동, 평양시 현대화 사업 추진과 최고일류 강조 등 변화와 파격을 적극 추동하고 있다. 따라서 우리는 김정은의 특정 성격만 부각해서는 안 되며, 매우복합적인 심리구조(다음의 '김정은의 긍정적·부정적 심리구조' 참조)를 가지고 있는 '두 얼굴(Janus)의 지도자'라는 가정하에 다양한 가능성을 열어두고 접근해 나가야 할 것이다.

김정은의 긍정적·부정적 심리구조	
상정 가능한 부정적 심리	긍정적 심리

○ 서자 콤플렉스
  - 할아버지(김일성)를 할아버지로 부르지 못한 서러움
○ 오이디푸스 콤플렉스
  - 일반적인 남성 콤플렉스
  - 어머니(고용희)를 은둔 속에서 살게 한 아버지에 대한 잠재적 증오감
○ 경계선 성격장애
  - 강한 지도자 이미지 강박감
  - 충동적·잔인한 공개처형
	○ 과감성
	  - 핵심 실세 숙청, 핵개발 총력 경주
	○ 변화·파격 지향
	  - 부인 공식 행사 대동, 비핵화 협상 정책, 한·미·중 정상회담 등
	  - 차남 콤플렉스, 려명거리 건설 등 최고·일류 강조
	○ 서구문화 동경
	  - 유학 시 문화충격, 비교의식 보유
	○ 낭만적 기질
	  - 천진난만, 솔직한 대화

김정은 리더십 - 결단·변화추구 승부사형

　일본의 정치심리학자 이리타니 도시오는 『권력은 어떻게 만들어지는가』 제하 저서(1996년)를 통해 권력장악 유형으로 '군주형(도쿠가와 이에야스)', '독재형(스탈린, 후세인)', '혁신형(바웬사, 고르바초프)'의 3가지 타입을 제시하였다. 김정은은 과연 어느 유형일까? 김정은이 김일성·김정일을 넘어서는 철권통치를 하고 있어 '독재형'을 쉽게 떠올릴 것이다. 그렇지만, 김정은의 권력장악 과정은 어느 한 가지 유형만으로는 설명할 수 없다. 보다 종합적인 접근이 필요하다.

김정은 집권 이후 취하고 있는 인사 및 대내외 주요 정책, 즉 고모부 장성택 숙청과 조기 홀로서기, 시장경제 요소 도입 확대, 박근혜 정부 출범 직전의 3차 핵실험 단행 및 이후 총 4차례의 핵실험과 백수십 차례의 미사일 시험발사, 이런 과정 속에서 미국과의 판갈이 싸움, 예상을 뛰어넘은 핵개발 완료 선언(2017. 11. 29.), 2018년 평화대공세로의 대전환, 문재인 및 트럼프와의 정상회담 합의 도출, 합의 이후의 또 다른 벼랑 끝 기싸움 등은 결단이나 변화를 빼놓고서는 이야기할 수 없다. 심리분석기법인 '융의 성격 유형(8가지)'에 적용해보면, 감각이 날카롭고 예측 능력이 우수한 '외향적 직관형'으로 분류할 수 있다.

따라서 이러한 통치행태를 고려해볼 때, 김정은은 김정일처럼 신중하기보다는 야망을 마음속 깊이 벌려온 마키아벨리형의 승부사로 판단된다. 이 같은 목표지향적 리더십은 어린 시절부터 형성된 공격적 성격에다 ▲권력층 조기장악 필요성 ▲미국과의 대결구도하에서 정책을 추진해 나가야 하는 환경 ▲부족한 카리스마(charisma) 보전을 통한 정통성 확보와 김씨 일가 영구집권 기반 구축 의지 등이 종합적으로 어우러진 결과라고 할 수 있다.

맺음말

　지금까지 살펴본 바와 같이 김정은은 만만치 않은 상대이다. 핵개발과 비핵화 전략전술을 비롯해 자신만의 대전략(가칭 '북한몽')을 가지고 있으며, 권력장악에 있어서는 인간이기를 스스럼없이 거부한다. 그리고 미국과의 판갈이 싸움도 주저하지 않는다. 이러한 승부수를 통해 권력기반을 확립하고 조심스러운 변화를 모색하고 있다. 한편 전 세계로 방송되는 TV카메라 앞에서 천연덕스럽게 거짓말하고, 자신을 음양으로 도와주고 있는 문재인 대통령에게 차마 입에 담을 수 없는 막말을 쏟아내고 있는 다중 성격의 인물이다.

　　김정은은 트럼프와의 6·30 판문점 깜짝 회동에 대해 당일 기자들 앞에서 "많은 사람들이 (이번 만남이) 사전에 합의된 만남이 아니냐고 하는데, 자신은 정식으로 만날 것이라는 걸 오후 늦은 시각에야 알게 됐다"고 발언했지만, 이후 트럼프는 8월 15일 라디오 인터뷰를 통해 "자신이 29일 아침 판문점 회동 제안 트윗을 보낸 후 채 10분도 안 되어 김정은이 전화를 걸어와 놀랐다"는 일화를 소개하였다(2019년 6월 30일 연합뉴스, 8월 17일 동아일보 등 관련 기사 참조).

　그렇지만, 분명한 것은 북한체제는 과거와 다른 새로운 궤도에 진입해 있다는 사실이다. 따라서 겉으로 드러난 면과 함께 이면과 특수성을 종합적으로 고려하는 마인드가 더욱 필요할 때이다. 또한 고정관념(bias)이나 소망(wish)이 앞서면 판단에 오류를 범할 수 있다는 사실도 간과해서는 안 된다. 한 사람이 아닌 여러 사람의 눈으로, 망원경과 현미경을 함께 가지고 철저히 분석, 대처해 나가야 한다. 혹시라도 김정은에 대한 판단을 잘못할 경우 현재를 사는 우리는 물론 후손들에게 엄청난 재앙으로 나타날 것이다. 사안의 본질을 직시하며 새로운 길을 당당히 개척해 나간 인물과 국가만이 위대한 평화번영의 시대를 열 수 있다는 점을 명심해야 한다.

- 2019. 9. 3. 원코리아센터 곽길섭 정론

※ 2019년 4월 출간한 『김정은 대해부』를 기초로 보완·작성

포스트 김(Post Kim)

최근 전 세계의 언론과 많은 전문가들은 김정은 건강 문제에 대한 정보 판단 실패와 오보로 큰 홍역을 치렀다. 우리 모두가 북한체제의 폐쇄성을 다시 한번 확인하고 소망성 사고, 확증편향과 같은 인식체계의 문제점에 대해서도 생각해볼 수 있는 시간이었다. 이런 과정에서 지나칠 수 없는 또 하나의 중요한 포인트는 국회 입법조사처, CNN을 비롯 국내외 많은 전문가와 언론들이 김정은 신변에 이상이 발생할 경우 후계자로 김여정과 김평일을 많이 거론하였던 점이다. 필자는 이번에 김정은 건강 이상설이 한바탕 큰 해프닝으로 끝났듯이, 이러한 주장들도 또 하나의 오판, 해프닝이 될 가능성이 크다고 생각한다.

김정은이 공개활동을 재개한 지금의 시점에서, '포스트 김' 이슈는 그리 시급한 주제는 아닐 수 있다. 그렇지만, 이번에 큰 화두로 대두되었고, 김정은 유고 사태는 언제든지 발생할 수 있는 사안이므로 북한의 후계 이론, 변수, 그리고 개인적 자질 등을 종합적으로 평가, 전망해보는 것도 의의가 있을 것 같다.

결론부터 먼저 말하면, 김여정은 김정은의 후계자가 아니다. 될 수도 없다. 오빠 김정은이 없는 김여정은 생각할 수 없다. 여자라는 태생적 한계도 있다. 김여정은 자신이 어떻게 처신해야 하는지를 그 누구보다도 잘 알고 있을 것이다. 김여정은 김정은의 정서적·정치적 동반자로서 오빠를 성공한 지도자로 만들며 자의 반, 타의 반으로 백두혈통의 관리자, 막후 2인자 역할을 자임할 것으로 판단된다.

또 다른 인물로 거론된 김평일은 가능성이 더 없다. 이번에 김정은이 99% 사망하였다고 주장하다가 낭패를 본 사람이 있으므로 굳이 확률로 얘기하지는 않겠다. 김평일은 '곁가지'이다. 권력투쟁에서 실패한 루저(loser), 흘러간 옛물이다. 40여 년간 해외를 떠돈 과객일 뿐이다. 김평일이 만에 하나 권력을 잡을 수 있는 상황은 쿠데타, 민중봉기, 중국의 반김-친중정권 수립 공작과 같이 김정은이 축출되는 상황뿐이다. 그것도 얼굴마담 정도의 역할에 지나지 않을 것이다. 평상시나 김정은 신변이상 시나리오에서는 거의 가능성이 없다고 할 수 있다.

북한은 현대사에 유례를 찾아볼 수 없는, 3대 세습을 성공시킨 나라이다. 따라서, 김정은의 아들에 더 주목해야 한다. 수령론, 후계자론, 기타 다양한 변수를 종합적으로 고려해볼 때, 지금 한창 성장하고 있는 자식, 특히 2010년생이라고 알려진 장남을 주목해야 할 것이다. 아직 나이가 어리고 알려진 것이 거의 없지만 이미 제왕학 수업에 들어가 있을 것으로 추정된다. 만약 김정은의 아들이 어릴 때 김정은이 사망한다면 ▲왕조 시대와 같은 부자세습과 섭정 ▲1998년 김정은이 도입한 책임분산형 권력구조의 2.0 버전 ▲태국의 국왕제 또는 일본의 천황제와 유사한 개념의 완전히 새로운 권력구조 도입 등을 상정해볼 수 있을 것이다.

김정은 후계 문제를 생각할 때는 북한체제의 특수성에 주목해야 한다. 북한의 유일지도체제 특성상 후계라는 단어는 함부로 꺼낼 수 없는 금기어이다. 자칫 잘못하다간 목숨이 날아간다. 게다가 북한은 당 우위 국가이다. 많은 사람들이 주목하는 군은 자유세계와 달리 수령과 당의 부속품일 뿐이다. 따라서 막후에서 당 속의 당, 북한체제의 뇌수, 수령의 오른팔로서 2인자를 키우고 또 제거도 하는 임무를 수행하는 당조직지도부가 매우 중요한 역할을 할 것이다. 수령의 유고라는 특이상황이 발생하면 조직지도부는 북한체제의 뇌수·신경망으로서의 역할을 더욱 강화할 것이다. 당연히 김여정이 올해 조직지도부 제1부부장으로 취임했으므로 중요한 역할을 수행할 것이다.

이제 본론으로 들어가서, 김정은 이후 최고권력자가 누가 될 것이냐 하는 문제를 좀 더 구체적으로 살펴보겠다. 먼저 후계의 개념부터 정의해보면, 후계란 김정은이 ▲계승자를 지정하여 자연스럽게 권력을 물려주는 상황이다. ▲혹시, 사정상 계승자를 내정하지 못하고 신변에 이상이 발생하는 상황에서도 차기 권력자가 김정은 정권의 계승을 표방하는 상황이다. 따라서 김정은 정권 타도를 목표로한 쿠데타, 민중봉기 등의 경우에는 혁명주도세력이 체제이념과 권력구조의 방향을 완전히 새로운 관점에서 고려할 것이므로 이번 논의에는 포함하지 않는다.

다음으로, 고려해야 할 핵심 요소는 ▲법률과 제도 ▲권력층과 사회 저변 환경 ▲개인의 직위와 역할, 정치적 자질 등을 생각해볼 수 있다. 첫째, 유일령도체계 확립 10대 원칙을 보면, 제10조 2항에 "우리 당과 혁명의 명맥을 백두의 혈통으로 영원히 이어 나가며"라고 명시하여 백두혈통으로의 세습을 명문화하고 있다. 동 조항은 김정은이 집권한 직후인 2013년 6월에 관련 조문을 새로이 삽입한 것이다. 따라서 후계자는 김일성 가계에서 나오는 것이 기본원칙이다.

둘째, 후계자론에 따르면, 후계자는 수령의 피를 이어받은 인물가운데 새 세대, 다음 세대에서 나와야 한다. 북한은 수령의 피를단순히 혈연 차원이 아니라 수령의 혁명사상을 계승하는 것으로 포장했으나, 사실은 물리적 핏줄을 의미하는 은유적인 서술이다. 그리고 다음 세대로 규정한 것은 지금 권력층 내에서 영향력을 행사하고 있는 인물들을 원천적으로 배제하기 위한 속셈이다.

셋째, 노동당(수령)이 모든 것을 지도하는 당 우위 국가체계라는 점도 중요한 고려요소이다. 따라서 수령이 지명한 당 인물이 후계자가 되는 것이다. 정부나 군의 인물은 직책이 아무리 높고, 조직이 방대해도 노동당의 하수인일 뿐이다.

이러한 법률적-제도적 측면의 조건을 충족하는 인물은 김씨 일가 중에서 김정은과 한 세대 차이가 나는 새 인물, 즉 김정은의 아들밖에 남지 않는다. 나이나 경험은 문제가 되지 않는다. 당 조직지도부와 선전선동부가 중심이 되어 하나하나 만들어 가면 되기 때문이다.

김정일은 22살인 1964년도에 당조직지도부에서 후계자 수업을 시작했다. 김정은도 24살인 2008년경에 국가안전보위부에서 첫 공직 생활을 시작했다. 당연히 제왕학 교육은 어린 시절부터 별도로 계속 받아 왔다. 이러한 사실은 2001년 7월 김정일이 러시아 방문 시 처음으로 "밑의 둘을 한 10년 정도 교육시켜 후계자로 삼겠다"라고 직접 말한 데서 알 수 있다. 김정일을 밀착 수행한 폴리코프스키 러시아 극동지역 대통령 전권대표가 시베리아 횡단열차 안에서 김정일과 나눈 대화는 "김정일이 이미 2000년대 초부터 김정은을 후계자로 고려하고 있었다"라는 사실을 시사해주고 있다. 당시 김정은의 나이는 17살이었다.

왕조국가의 국왕 즉위 사례도 큰 시사점을 보여준다. 많은 전문가들이 북한을 왕조국가에 비유하고 있다. 북한은 공식적으로는 사회주의 국가를 표방하고 있지만 신정체제이며 왕조국가이다. 왕조국가에서 나이는 전혀 문제가 되지 않는다. 실제로 500여 년간 이어진 조선왕조에서 8세에 즉위한 헌종, 11세에 왕위를 물려받은 순조 등 약 절반가량이 10대 이하였던 점이 이를 잘 뒷받침해주고 있다. 성군을 대표하는 세종대왕도 22세에 즉위하였다.

넷째, 권력층 내 정치문화와 사회 저변의 문화적 환경도 고려해야 할 중요한 포인트이다. 지금 북한 권력층 내에 있는 인물들은 수많은 숙청 속에서 살아남은 인물들이다. 그들은 마음이 맞는 사람들과 횡적 연계를 가지거나, 야심을 조금이라도 드러내는 건 곧 죽음이고, 개인의 죽음을 넘어 가문이 멸문지화를 당한다는 것을 70여 년의 숙청사를 통해 교훈을 생생히 체득한 인물들이다. "당정군 간부들은 혹시 취중이나 잠꼬대 하다가도 말실수를 할까봐 노심초사하고 있다"라는 탈북자의 증언이 이를 생생하게 입증해준다.

90살의 노인이자 대외적으로 국가를 대표하는 최고인민회의 상임위원장 김영남이 김여정에게 상석을 양보하려 하고, 북한군을 대표하는 황병서 군총정치국장이 만인들이 보는 앞에서 김정은에게 무릎 꿇고 입을 가리고 얘기하는 게 전혀 이상하지 않은 사회이다. 이들은 도전보다는 면종과 공생, 체면보다는 실리를 추구하는 게 합리적 선택이라고 생각하는 사람들이다. 김정은이 3대, 4대로 세습하면 자기들도 3대, 4대로 세습할 수 있어 좋아하는 부류들이다. 북한사회의 모습을 좀 더 단순하게 표현하면, 김정은만 3대 부자세습을 한 게 아니다. 권력층 인물을 비롯하여 200만 평양시민들도 3대 세습을 하고 있는 나라이다. 이들은 김정은을 지지하며 갖은 혜택을 누리고 있다. 그리고 좋은 직장, 좋은 생활 환경을 자식들에게 대물림해주고 있다. 일종의 운명공동체, 악의적 공생관계라고 할 수 있다.

게다가, 일반 주민들은 김정은을 비롯한 로얄패밀리 문제에 대해서는 알려고 하지 않는다. 북한 주민들은 우리 사회와 달리, 지도자 신변 문제에 대해 알면 도리어 위험에 처해질 수 있기 때문에 굳이 관심을 두지 않는다. 과거 김정일의 두 번째 부인인 성혜림의 친구였다는 사실만으로 요덕수용소로 끌려가 짐승처럼 생활하다가 탈북하였던 탈북 무용수 김영순 씨의 증언이 이를 잘 설명해주고 있다.

북한 주민들은 경제난도 지도자의 잘못이라기 보다는 중간간부들의 책임으로 인식하고 있다. 그래서 북한당국은 민심수습이 필요할 경우 간부들을 세도주의, 관료주의, 부정부패 등의 죄목을 씌워 수시로 공개처형하는 것이다. 일반 주민들의 관심은 오직 하루를 어떻게 잘 살고, 자식들을 잘 키워내는가에 온 신경이 집중되어 있을 뿐이다.

마지막으로 개인의 직위와 역할, 정치적 자질도 중요하다. 후계자가 되려면 당이나 군의 핵심 포스트에서 후계 수업을 받거나 주요 직책에서 활동해야 한다. 특히 김정은은 후계 수업 기간이 짧았지만 당과 군을 물론 체제보위 분야에서도 경험을 쌓았다.

지금부터는 김여정을 비롯한 김정철, 김평일, 김경희 등 다른 백두혈통 인물들이 후계자가 될 수 없는 이유, 그들의 한계에 대해서 한번 짚어보도록 하겠다. 먼저 김여정은 어릴 때부터 밥상머리 사교육과 스위스 해외유학 시절 내내 늘 같이 생활한 김정은의 정서적 동반자이다. 그리고 지금은 활동 폭을 차근차근 넓혀 가면서 정치적 동반자로까지 발전하고 있다. 특히 최근 들어 김여정이 대남-대미 문제에 대해서도 직접 발언을 하는 동향으로 볼 때 가칭 '사회주의 강국 건설 상무조'와 같은 TF 조직을 만들어 막후에서 활동하고 있지 않나 하는 추론도 가능하다.

그러나, 김여정은 명확한 한계가 있다. 첫째, 후계자는 다음 세대, 새 세대 인물이어야 한다는 세대교체론과 상치된다. 북한은 동일 세대 인물이 후계자가 되면 권력누수는 물론이고 권력투쟁이 발생할 소지가 있음을 경계하고 있다. 둘째, 유교적 문화가 뿌리 깊은 북한사회에서 여자라는 큰 핸디캡을 가지고 있다. 가부장적 유교문화가 팽배한 북한사회에서 '여성 수령'을 받아들이는 것은 아직은 시기상조이다. 셋째, 현재 당에서만 역할을 수행하고 있다. 군이나 보위부 계통의 활동이 전혀 없다. 게다가, 대부분의 활동이 김정은의 정서관리와 보필에 주안을 두고 있다. 정상회담 시 모든 의전을 챙기고, 열차 플랫폼에서 김정은의 담배 재떨이까지 챙겨 대령하고, 순천인비료공장 준공식 때에는 단상에서 커팅 가위가 담긴 받침대를 들고 있다가 김정은에게 전달했다. 이런 행동이 과연 권력의 2인자, 후계자의 행동과 어울릴까?

차라리 김여정은 오빠를 정서적·정치적으로 뒷받침하여 성공한 지도자로 만들고, 권력이 백두혈통으로 세세손손 내려가는 데 필요한 조치를 해 나가는 백두혈통의 관리자, 막후 2인자의 길을 모색하고 있다고 보는 게 보다 합리적인 추론일 것이다. 지난번 김정은이 20일간의 잠행을 깨고 순천인비료공장 준공식에 나타났을 때, 김여정이 주석단에서 김정은 바로 옆에 앉아 있는 사진을 본 많은 전문가들이 김여정이 후계자로 내정되었다는 분석을 내놓았는데, 필자는 조금 다르게 생각한다. 김정은의 20일간 잠행이 기획연출 쇼인 것처럼, 김여정의 주석단 자리 배정도 김여정이 후계자라는 보도를 쏟아낸 세계를 또 한번 혼돈에 빠지게 하려는 김정은과 선전당국의 연출 쇼일 수 있다. 왜냐하면, 그날 행사 비디오를 보면 김여정이 주석단에 앉기 전까지 지난해부터 현송월에게 상당 부분 넘겨주었던 의전 역할에 다시 치중하는 모습을 보였기 때문이다.

향후 김여정의 역할은 후계자는 아니며, 김정은이 조기에 건강에 이상이 생길 경우 북한권력의 핵인 당조직지도부를 확실히 장악한 후 ▲어린 조카를 즉위시키고 섭정을 하거나 ▲과도기적인 당정군 연합체를 막후 지도하는 역할 ▲아니면 국왕제, 천황제와 같은 새로운 통치체계를 만들어 나가는 백두혈통의 관리자 역할을 수행할 것으로 판단된다.

그럼, 김정은의 친형이자 김여정의 오빠인 김정철은 어떨까? 김정철은 어린 시절부터 김정은과 다르게 유순한 성격을 가지고 있어서 김정일의 눈에 후계자로 들어오지 않았던 인물이다. 오죽하면 김정일이 "계집애 같다"라고 했을까? 그 이후 김정철의 삶은 정치와는 전혀 무관했다. 일부 언론에서 당이나 보위부 계통에서 일하고 있다고 보도했지만 사실무근이다. 그는 호르몬분비계통에 이상 증세를 보여 치료하느라 고생한 데다 단 한번도 공직을 맡지 않았다.

오히려 그는 기타에 심취하여 독일, 싱가포르 등 해외에서 개최되는 유명 기타리스트 공연을 수시로 보러 다녔다. 후계 수업을 받는 사람으로서의 행태는 전혀 아니었다. 2015년 5월 에릭 클랩튼의 영국 공연 때 김정철을 61시간 내내 지근거리에서 밀착 보좌했던 전 영국주재 공사 태영호의 김정철에 대한 평가, "김정철은 아침부터 술을 찾고 오직 음악만 생각하는 사람"이라는 증언을 그냥 흘러들어서는 안 된다. 이처럼 김정철은 정치를 할 사람이 전혀 아니다. 단지 친정 쿠데타 같은 특별상황이 발생할 경우, 혁명세력들이 전혀 실권이 없는 일회용 얼굴마담 정도로 활용할 인물이다.

한편 최근 언론에 많이 거론되었던 김정일의 이복동생인 김평일은 외양적으로는 백두혈통이지만 '곁가지'이고, 끈 떨어진 패배자 (loser)일 뿐이다. 이미 40여 년 전에 해외로 나가 국내에 기반이 전혀 없는 인물이다. 지난해 말 평양으로 돌아간 것도 새로운 활동이나 예우를 하기 위한 차원이라기 보다는, 해외에 계속 놔둘 경우 반 김정은 세력이 그를 유인하여 망명시키는 것과 같은 돌발상황을 차단하기 위한 조치일 가능성이 크다. 그는 지금 평양에서 사실상의 연금 상태에 있다고 보면 될 것이다. 김평일이 혹시 정치무대에 다시 나서는 경우는 반 김정은 쿠데타 또는 중국의 김정은 정권 붕괴 공작과 같은 극단적인 반전 상황이 발생할 경우를 상정할 수 있지만, 현재 상황으로서는 그 개연성이 극히 낮다.

마지막으로, 김정은의 고모이자 장성택의 부인인 김경희도 이미 정치적 사망선고가 내려진 인물이다. 지난 1월 설맞이 공연 주석단에 출연시켜 아직 죽지 않고 살아 있음을 외부에 보여준 것으로 그 효용성은 다했다고 할 수 있다. 급변사태 발생으로 김경희가 다시 정치활동을 하는 상황을 완전히 배제할 수는 없지만 확률은 상당히 낮다.

결론적으로 김정은의 후계자는 수령론과 후계자론, 그리고 다양한 변수를 종합적으로 고려해볼 때 백두혈통, 그중에서도 아들 중에서 나올 것으로 예상된다. 김여정을 비롯해 김정철, 김평일, 김경희 등은 명확한 한계가 있다. 단, 김정은이 조기에 신변이상이 발생하는 경우에는 북한체제의 뇌수이자 신경망 조직인 당조직지도부를 중심으로 ▲어린 아들로의 왕위 계승과 섭정 ▲당정치국 중심의 과도기적 권력구조 운용 ▲1998년 김정일이 도입했던 책임분산형 권력구조의 2.0 버전 ▲태국의 국왕제, 일본의 천황제와 같은 새로운 백두혈통 권력구조 도입 등을 상정해볼 수 있을 것이다.

이러한 과정에서 김여정은 매우 중요한 역할을 수행할 것이다. 김여정은 보통 여자가 아닌 것은 맞다. 어린 시절부터 오빠와 함께 정치적 자질이 돋보였던 인물이다. 그러나, 본인이 스스로 후계자가 되고, 최고권력자가 되려고 시도하지는 않을 것이다. 김여정은 오빠 김정은이 있을 때 빛도 나고, 힘도 있다. 벌써부터 홀로서기를 시도할 만큼 우둔하지 않다고 생각된다. 그보다는 오빠 김정은을 성공한 지도자로 만들고 백두혈통의 관리자, 2인자로서 자리매김하기 위해 조심스럽게 활동의 폭을 넓혀 나갈 것으로 예상된다.

- 2020. 5. 20. 원코리아센터 곽길섭 정론

김정은식 인간·사회 개조 실험

최근 북한은 코로나19 팬데믹 확산 방지와 제국주의와의 대결전을 구실로 국제사회와의 협력이나 개혁·개방을 한사코 거부하며 자력갱생에 기초한 '제2 고난의 행군' 길을 걸어가고 있다. 올해 초 8차 당대회 폐막 이후 당대회 제시과업 관철을 위한 집체모임이 날마다 열리고 있다. 한 전문가는 올해 북한 당정군·단체의 집회 일수가 족히 1개월이 될 것이라는 분석을 내놓기까지 했다.

이런 가운데 북한의 관영매체가 보도한 당정치국 확대회의(6. 29.) 소식을 통해서는 군부서열 1·2위 인물 해임과 코로나19 국면을 책임지고 있는 최상건 당비서 체포·숙청 징후까지 확인되었다. 이밖에 김정은 건강 이상설, 주민봉기설, 쿠데타설도 꾸준히 나돌고 있다. 북한 내부에 뭔가 특이조짐이 있는 것은 사실인 듯하다.

그러나, 우리는 이 같은 현상을 평면적·단선적으로 봐서는 안 된다. 북한 내 급변사태 발생 가능성 문제는 늘 신중하게 다각적으로 접근해야 한다. 지금까지 나타난 정황으로 볼 때 문제가 있는 건 분명한 사실이지만, 그게 전부는 아닐 수 있기 때문이다. 따라서 북한 내 특이현상에 대한 지속 추적·평가는 물론 김정은이 의도적으로 빗장을 걸어잠그고 '김정은 식 인간·사회 개조 운동'을 펼치고 있지 않나 하는 점도 함께 유심히 짚어봐야 한다.

김정은은 콤플렉스와 야망을 지난 승부사이고 냉혈한이다. 집권 10년차에 즈음하여 '북한판 문화대혁명'을 추진할 수도 있다. 우리는 김정은이 자신이 추구하는 목표 실현을 위해 '전 주민의 반이 죽어 나가더라도 눈 하나 깜빡하지 않을 독재자'라는 점을 한시도 잊어서는 안 된다. 실제로 김정은의 자신의 나라·세계를 건설하기 위한 거대한 실험(이른바 '김정은夢', '북한夢')이 성공할 가능성도 배제할 수 없다. ▲70여 년 유일독재체제의 잔영 ▲수탈·분배 정권 특성 ▲당정군 기득권층들과 김정은 간의 악의적 공생관계 ▲전통적으로 굶주림에 익숙한 사회라는 점 ▲중국의 막후지원 등을 가볍게 봐서는 안 되기 때문이다.

최근 북한 동향을 이런 측면에서 볼 수 있는 근거는 첫째, 김정은이 코로나19 확산방지를 빌미로 2020년 1월에 하달한 북중 국경폐쇄 명령이다. 대외무역의 90%이상을 차지하는 중국과의 무역관계 전면 단절이라는 결단, 손실의 대가는 과연 무엇일까? 경제적 측면에서의 손실은 엄청나다. 그렇지만 ▲북한경제의 체질을 바꿀 수 있는 절호의 기회가 될 수도 있다. 북한과 중국은 전통적으로 좋은 관계를 유지하고 있지만, 서로 상당히 경계하는 사이이기도 하다. 위기가 곧 기회라는 인식만 하면, 대중 무역의존도를 줄이고 자력갱생 체제로 전환시킬 수 있는 좋은 모멘텀(好期)이다. ▲게다가 1990년대 고난의 행군 이후 북한체제의 가장 큰 골칫거리의 하나인 탈북민 문제를 근원적으로 해소하는 부가적인 이득도 얻을 수 있다. 탈북민 문제는 숫자로 바로 나타나고 있다.

> 김정은은 지난해 초 국경을 불법적으로 넘는 탈북민을 사살하라는 명령을 하달하는 등 국경경비를 더욱 강화했다. 이 결과 지난 5일 통일부가 발표한 자료에 따르면, 올해 6월 30일까지 국내에 입국한 탈북민은 단지 33명뿐이다. 2012년부터 2018년까지 연간 입국 탈북민이 많게는 1,500명을 넘기는 등 꾸준히 1,000명대를 유지하던 것이 지난해 229명으로 급감한 데 이어 올해는 100명도 넘기지 못할 전망이다. 통일부 관계자는 지난해에도 북중 국경봉쇄 이전 탈북민이 포함된 숫자라고 설명했다(2021년 7월 5일자 세계일보 요약).

둘째, 지난해 12월 제정한 '반동사상문화배격법'이다. 북한이 대한민국 영상물을 유포하는 자에게 최고 사형까지 형을 내릴 수 있게 한 이 악법의 제정 이유는 무엇이겠는가? 한마디로 '비사회주의 소탕전'을 전개하겠다는 것이다. 김정은이 "K-pop은 암이라고 규정하고 자본주의 문물의 침습을 막지 않으면 체제가 무너질 수 있다고 경계했다"라는 얼마 전 외신 보도(6. 10. 뉴욕타임스)는 이러한 추정을 뒷받침해준다.

셋째, 북한체제 운영의 가이드라인인 당규약 서문에 '공산주의 사회 건설'을 명문화한 점도 주목된다. 이는 장기적인 이상향을 제시하여 주민총동원 체제를 더욱 강화하려는 것이다. 김정은이 청년동맹 대회(4. 27.)에 보낸 서한을 통해 '2036년을 사회주의 강국 건설 원년'으로 제시한 점과 실천수단으로 간부혁명, 자력갱생, 간고분투의 정신 등을 강조하고 있는 것도 이러한 맥락에서 이해할 수 있다.

> 우리 당은 앞으로의 5년을 우리식 사회주의 건설에서 획기적 발전을 가져오는 효과적인 5년, 세월을 앞당겨 강산을 또 한번 크게 변모시키는 대변혁의 5년으로 되게 하려고 작전하고 있습니다. 그리고 다음 단계의 거창한 투쟁을 련속적으로 전개하여 앞으로 15년 안팎에 전체 인민이 행복을 누리는 룡성번영하는 사회주의 강국을 일떠세우자고 합니다(김정은 서한).

넷째, 공안기관의 역량 강화이다. 북한은 전통적으로 당조직지도부, 국가안전보위성, 사회안전성 등 이중, 삼중의 거미줄 같은 감시체계가 작동하고 있는 사회이다. 그런데 2021년 8차 당대회에 즈음하여 당중앙검사위원회와 당검열위원회를 통합시키면서 산하에 집행부서인 규율조사부까지 신설했다. 그리고 법무부·군정지도부도 신설하여 당정군 간부 감시체계를 보다 강화했다. 한마디로 지금 북한은 간부혁명과 부패와의 전쟁을 수행하고 있다고 할 수 있다. 이러한 공식조직 이외에 비상설 검열그룹**빠**들도 수시로 전국을 누비고 있다.

마지막으로, 김정은이 대한민국과 미국의 거듭되는 대화 복원 제의, 특히 경제난·코로나 위기 국면에도 불구하고 문재인 정부의 인도적 지원마저 거부하고 있는 현상은 이와 무관하지 않을 것으로 추정된다. 물론 북한의 기본입장은 "한미합동군사훈련을 비롯한 대북 적대시 정책 철회가 선행되어야 한다"라는 것이다. 그렇지만 김정은의 입장에서는 '아직은 때가 아니다. 핵을 보유한 자력갱생의 나라, 비사회주의 현상이 척결된 수령의 나라를 만드는 게 우선이다. 그런 연후에 경제도약을 노리자. 지금은 정비하고 보강할 때다. 고슴도치 전술이 최선은 아니더라도 차선책은 된다'라고 판단하고 있을 수 있다.

따라서, 우리도 장기적이고 실용적인 대북정책을 추진해 나가야 한다. 미국과의 긴밀한 공조하에 대북정책 플랜 A·B를 함께 검토해 나가야 한다. 그런 가운데 북핵과 분단을 넘어 세계로, 미래로 나아가야 한다. 상대가 거시적·복합적으로 행동하는데, 우리만 애달아선 안 된다. '이기는 것을 탐하면 얻지 못한다(부득탐승: 不得貪勝)'라는 바둑의 격언을 다시 한번 곰곰이 생각해보자.

- 2021. 7. 8. 원코리아센터 곽길섭 정론

※데일리INK 칼럼

한류(韓流) 차단을 노린 '악법 3종 세트'

최근 한국의 전통놀이를 테마로 넷플릭스사가 제작한 9부작 드라마 '오징어 게임'이 전 세계를 강타하고 있다. 상영되고 있는 88개국 모두에서 1위를 기록하는 고공행진을 계속하고 있다고 한다.

이처럼 한류는 아시아를 넘어 전 세계의 '뉴 노멀(new normal)'이 되고 있다. 드라마, 영화, K-팝, 클래식 등 장르를 불문하고 한국의 문화 콘텐츠가 글로벌 지구촌인들의 눈과 귀를 사로잡고 있는데, 예외인 곳이 딱 한 군데 있다.

다름아닌, 같은 말을 쓰고 같은 문화를 가진 북녘이다. 김정은은 집권 후 말로는 '애민', '우리민족끼리'를 외치고 있지만, 입법 활동과 국경통제 강화, 대외교류협력 거부 등으로 주민들의 알 권리와 민족 동질감 형성을 저해하고 있다. 특히 이른바 '남한풍'이 장마당 세대를 비롯하여 사회 저변에 확산되고 있는 현상을 차단하는 데 부심하고 있다.

> 김정은이 보다 공세적으로 사회주의 수호전을 진행할 것을 주문함에 따라 청년들의 옷차림이나 남한식 말투·행동을 집중 단속한다…(중략)…북한에서 남편을 '오빠'로 부르는 한국식 말투를 쓰다 걸리면 '혁명의 원수'로 낙인찍혀 최대 2년의 징역형에 처해진다. '남동무(남자친구)' 대신 '남친'을 써도 마찬가지다(2021. 7. 8. 국가정보원의 국회 정보 위원회 보고, 7. 9.자 조선일보 재인용).

'청년교양보장법'이 갖는 의미

얼마 전 최고인민회의(9. 28. ~ 9. 29.)에서 채택된 '청년교양보장법'도 이런 선상에서 입안된 법으로 추정된다. 남북 통신선 재가동 등 핫이슈가 포함된 김정은 시정연설에 가려 동 법안이 별로 주목을 받지는 못했지만, 한류·외부자유사조 확산 차단을 위한 법적 장치의 최종병기라고 할 수 있다.

아직 전문을 보지 못해 세부 조항을 알 수는 없으나, 그간 김정은의 발언과 법의 명칭을 고려해볼 때 지난해 말 통과된 '반동사상문화배격법', '이동통신법'에 이은 '악법 3종 세트'의 완결판임이 분명하다.

> 당의 당세포들은 오늘날 청년교양문제를 당과 혁명, 조국과 인민의 사활이 걸린 문제, 더는 수수방관할 수 없는 운명적인 문제로 받아들이고 이 사

업에 품을 아끼지 말아야 합니다(2021. 4. 9. 김정은의 제6차 세포비서대회 결론).

공화국 정부는 사람들의 의식상태와 변화된 환경에 맞게 자라나는 새 세대들 속에서 공산주의도덕 교양, 집단주의 교양을 방법론 있게 강화하기 위한 사업을 끊임없이 심화시켜 나가야 한다(2021. 9. 28. 김정은의 최고인민회의 제14기 5차회의 시정연설).

'악법 3종 세트'의 핵심 특징

2020년 12월 채택된 ▲'반동사상문화배격법'이 사후 처벌, '이동통신법'이 기기 사용 규제에 주안을 둔 것이라면, ▲지난 9월 말 통과된 '청년교양보장법'은 사전 예방에 초점을 둔 법이라고 평가된다. 핵심적인 특징을 보면 다음과 같다.

첫째, '반동사상문화배격법'은 "남한영상물 유포자를 사형에 처하고, 시청한 자도 징역 15년형에 처할 수 있다"라고 규정한 최악의 악법 중의 악법이다. 남한식 말투를 쓰거나 노래를 부를 경우에도 적발된다. 이 같은 고강도 처벌은 김정은이 "외부자유 사조가 북한체제를 무너뜨릴 수 있다는 위기감을 가지고 있다"라는 점을 시사해준다. 영국 BBC 방송은 김정은이 "무기 없는 전쟁을 벌이고 있다

(2021. 6. 7.)"라고 보도하기도 하였다. 공교롭게도 지난해 12월 북한에서는 반동사상문화배격법이 채택되고, 한국에서는 대북전단살포금지법이 강행 처리되었다.

둘째, '이동통신법'은 핸드폰을 사용하는 주민이 이미 600만 명을 넘어섰고 4차 산업혁명 시대 IT 인프라망 확충이라는 미래 과학기술적 수요가 당연히 있지만, 불법 영상물 확산과 정보 유출 등 체제보위 요소도 고려하여 독소조항을 삽입하였을 가능성이 크다. 이같은 점은 북한이 최고인민회의 상임위원회 결과를 보도하면서 "반사회주의 사상 문화의 유입과 유포 행위를 철저히 막고 우리의 사상, 정신, 문화를 굳건히 수호한다(2020. 12. 4.)"라고 강조한 데서도 알 수 있다.

셋째, 북한은 '청년교양보장법'을 채택한 후 상당 기일이 지났으나 개략적인 내용이나 해설을 내놓지 않고 있다. 동 법의 제정은 젊은 세대의 외부세계에 대한 호기심을 단순히 감시장치 확충이나 사후 처벌 강화만으로는 억제할 수 없다는 인식의 결과물이라고 할 수 있다. 이번 조치는 외부사조에 취약한 새 세대에 대한 사상교양을 보다 근원적·선제적으로 실시해 나가기 위한 것으로 추정된다.

당세포들은 청년들에 대한 교양사업을 청년동맹초급조직들에만 맡겨놓는 편향을 철저히 극복하고 이 사업을 당원대중의 사업으로 확고히 전환시켜야 하겠습니다…(중략)…당원들이 의식적으로 청년교양에 관심을 돌리며 특히 자녀교양에서 책임을 다하도록 하여야 합니다…(중략)…청년들의 옷차림과 머리단장, 언행, 사람들과의 관계에 대하여서도 어머니처럼 세심히 보살피며 정신문화생활과 경제도덕생활을 바르게, 고상하게 해나가도록 늘 교양하고 통제하여야 합니다(2021. 4. 9. 김정은의 제6차 세포비서대회 결론).

태영호 의원은 동 법이 입법 예고되자 "북한의 사회주의 시스템이 몰락단계에 접어들었다는 의미이다. 통일 준비에 나서야 한다"라고 주장(8. 31.)했으나 섣부른 판단은 금물이다.

맺음말

북한은 공식적으로는 사회주의 헌법에 "언론·출판·집회·시위와 결사의 자유를 보장"하고 있다. 그렇지만 이는 순전히 구색맞추기·대외 홍보용일 뿐이며 주민들의 기본권 침해는 어제오늘의 일이 아니다.

김정은은 대북제재, 코로나19 팬데믹, 자연재해의 3중고가 장기화되는 국면에서 오히려 문을 더욱 굳게 걸어잠그고 인간·사회 개조를 실험하고 있다. 당국자들은 국제사회의 항의에 대해 "각 나라마다 처한 상황이 다르다"라는 특수성을 강변한다. 그러나 이른바 '악법 3종 세트'는 분명한 개인 기본권 침해법이고, 한민족 공동체 건설의 과정에 반(反)하는 반통일적 법이다. 도대체 영상물 한편을 보거나 전파한다고 최고 사형(死刑)까지 구형하는 나라가 지구상 그 어디에 있을까? 그것도 모자라서 청년들을 특정해서 국가가 강제로 사상교육을 시키는 법령을 제정하는 게 과연 말이 되는가?

정부는 관련법을 공개하지 않고 있다. 지금은 데일리NK에서 2월에 입수한 반동사상문화배격법 해설 자료를 비롯, 언론이 보도한 개략적인 내용만 알려져 있을 뿐이다. 북한 법령은 기밀사항이 아니다. 보유하고 있는 법은 즉시 공개하고, 최근 북한이 통과시킨 법은 빠른 시일 내 입수하여 민간에 제공함으로써 다양한 분야의 기관, 학자, 활동가들이 연구·활용할 수 있도록 해야 한다.

통일부는 남북교류협력만을 위해 존재하는 부처가 아니다. 헌법에 규정하고 있는 자유민주통일국가를 건설해 나가기 위해서는 인류보편적 가치에 위반되는 행위에 대해서는 당당하게 문제를 제기해야 한다. 백번 양보해서, 북한과의 대화 복원에 목을 매고 있는 정부의 곤혹스런 입장을 이해한다고 치자. 그래도 자유민주사회의 최대 장점인 민간이나 국제기구·단체를 활용하려는 마인드는 가지는 게 최소한의 상식이 아닐까?

다시 한번 강조한다. 한반도 평화체제 구축은 목적보다 과정이 중요하다. 김정은의 불편한 심기를 예단하여 북한 주민들의 기본권 침해에 대해 눈을 감아서는 안 된다. 잘못된 행동을 보고도 침묵하는 것은 방조를 넘은 동조이고, 공동정범(共同正犯)이라는 사실을 한시도 잊어서는 안 된다.

- 2021. 10. 11. 원코리아센터 곽길섭 정론

※ 데일리INK 칼럼

김정은 집권 10년 성적표

　격동의 2021년 한 해가 저물어 가고 있다. 특히 12월은 북한 정치사에서 상당한 의미가 있는 계기이다. 2대 수령 김정일이 2011년 12월 17일 갑작스럽게 사망하고 김정은호(號)가 출범한 지 10주년을 맞이하기 때문이다. 당시 불과 27세의 나이에 정치경험도 일천했던 김정은은 일반의 우려와 예상과는 달리 아버지 장례를 서둘러 끝낸 후 군(軍) 최고사령관에 취임(12. 30.)하는 것을 시작으로 새 시대가 개막되었음을 내외에 알렸다.

　이후 김정은은 김일성·김정일이 60여 년간 구축한 권력 인프라와 이른바 백두혈통 후광(後光)을 배경으로 3대 부자세습의 정당성과 통치기반 확대에 총력을 경주하였다. 이 과정에서 때로는 인간이기를 포기한 폭군의 모습으로 공포통치의 칼을 휘둘렀으며, 때로는 미국과의 판갈이 싸움과 대협상을 마다하지 않는 전략가의 모습으로 우리에게 다가섰다.

고정관념이나 소망의 눈을 배제해야

'10년이면 강산도 변한다'라는 말이 있듯이, 이제 김정은이 통치하는 북한은 많은 것이 변했다. 외부에 드러난 겉모습은 과거와 비슷해 보이지만, 속을 보면 완전히 다르다. 왜냐하면 김정일과 김정은은 하늘과 땅만큼 다른 세상을 살았던 인물이기 때문이다.

김정은은 부자세습을 통해 권력을 장악했기 때문에 원천적으로 전임자인 아버지를 공식 부정할 수는 없지만 모든 것이 달라졌다. 조금 과장해서 말하면, 180도 달라졌다고 얘기해도 큰 무리가 없다. 김정일 시대에는 없었던 영부인 개념이 생겼고, 선군(先軍)이 선당(先黨)으로 바뀌었다. 핵 정책과 남북·대미관계 등 정책노선은 말할 것도 없다.

이제는 김정은의 집권 10년을 냉철하게 진단·평가해봐야 할 때다. 공포통치나 경제난 등 특정 부분을 과도하게 부풀리거나 우리의 잣대로 해석해서는 안 된다. 숲을 보면서 나무도 함께 봐야 한다. 나무들이 자라는 환경도 제각기 다르다. 말도 많고 탈도 많은 '내재적 접근법'이라는 표현을 굳이 쓰지는 않겠다. 예만 하나 들면, 경제 문제만 해도 김정일 시대는 백약이 무효일 정도로(사실상 국가가 손 놓고 간부·주민들이 각자도생) 바닥을 향해 마냥 추락하기만 했다. 그러나 김정은은 다르다. 국가가 다시 주도하고 있다. 마음가짐도 달라졌다. 바닥보다 더 아래인 지하실로 일부러 내려가 적폐와 모순을 해소하려고 부심하고 있다.

대북 경제제재, 코로나19 팬데믹, 자연재해 등 이른바 3중고라는 최악의 위기국면을 맞아 오히려 문을 걸어잠그고 '자력갱생 북한'을 복원하는 실험, 즉 기회의 장(場)으로 역이용하고 있는 모습이 역력히 보인다. 당연히 역주행이다. 시대착오적이다. 그렇지만 이런 모험(북한은 이를 '정비·보강 전략'이라고 표현)이 성공할 가능성도 배제할 수는 없다.

이처럼 우리는 김정은과 북한에 대해 보다 객관적 관점을 가지고 모든 가능성을 열어두고 접근해야 한다. 그래야만 과거 정권들이 수십 년 동안 실패한 전철을 또다시 밟지 않을 수 있으며, 대한민국이 주도적으로 북핵 위기를 해소하고 경제문화강국·자유통일한국을 건설해 나갈 수 있다.

지금은 모든 게 불투명했던 김정은 집권 초기도 아니다. 1년, 2년이 쌓여 어느덧 10년이라는 긴 시간이 흘렀다. 정상회담 및 당정군 정책회의 등에서의 어록과 용인술, 핵·미사일 시험과 비핵화 협상, 개성 남북공동연락사무소 폭파, 코로나19 사태와 국경폐쇄 등과 같은 사건을 통해 김정은과 북한에 대한 수많은 데이터가 축적되었다.

그러나 불행히도 지금 이 순간에도 "김정은이 곧 죽을 것이다", "대외활동을 하고 있는 김정은은 가짜 대역이다", "북한체제는 경제난이 심화되어 곧 망할 것이다", "한·미가 먼저 통 크게 양보하면 김정은이 대화의 문을 열고 비핵화에 호응해 나올 것이다", "교황방북, 베이징동계올림픽, 종전선언이 남북관계의 획기적 전환점이 될 것이다"와 같은 류(類)의 '근거 없는 억측·아집과 소망·당위성에 기초한 극단적 주장'만이 다람쥐 쳇바퀴 돌듯이 반복되고 있다.

현 정부 안보책임자를 비롯해 많은 사람들은 지난 10년간 자신이 했던 발언과 주장, 정책을 겸허하게 뒤돌아보며 자문자답(自問自答)해봐야 한다. '아니면 말고' 식으로 자기 주장만 내뱉고 있는 건 아닌지? 고장난 축음기나 흠집 난 레코드처럼 매번 똑같은 평화 레퍼토리만 반복하고 있진 않는지? 진보든 보수든, 정부관료든 야당인사이든 만약 자신의 일이었으면, 과연 이같이 무책임한 방식(frame)으로 접근했을까? 하는 생각을 지울 수가 없다.

필자는 30년간 국가안보 현장(field)에서 김일성-김정일-김정은 3대를 다루었으며, 공직에서 물러난 후 박사학위 논문(「김정은 권력공고화 과정에 관한 연구」)과 2권의 저술(『김정은 대해부』, 『김정은과 바이든의 핵시계』), 세미나, 칼럼 등을 통해 김정은의 심리구조와 통치행태를 심층 분석하며 나름의 대책을 제시해 왔다. 지금도 아침에 일어나면 인터넷에 '북한', '김정은'이라는 두 단어를 검색해보는 게 첫 일과이다.

이렇게 자칭·타칭(自稱·他稱) '영원한 북한맨'의 길을 걷고 있는 필자의 결론은 일반의 평가와는 사뭇 다르고 비장하기까지 하다. 즉, "김정은은 쉽지 않은 상대다. 과소평가하다가는 큰 코 다친다. 김정은 체제는 경제난 등 일부 어려움이 있지만 구조적 안정 속에 아무도 가지 않았던 새로운 길을 가고 있다. 특히 천신만고 끝에 손에 쥔 핵을 이용해 한반도 판(plate)을 근원적으로 바꾸려 하고 있다. 장성택 일파를 향해 휘둘렀던 피의 칼이 대한민국으로 향하지 말라는 법이 없다"로 요약된다. 좀 더 학술적인 개념으로 표현한다면 "김정은은 콤플렉스와 야망을 지닌 승부사·독재자·냉혈한(상세내용은 위의 도서를 참조)이라고 규정한다.

김정은의 와신상담(臥薪嘗膽)

지난 18일 이준석 국민의 힘 당대표는 언젠가 김정은과 만나면 "당신 지금 행복하냐, 왜 그렇게 사냐고 묻고 싶다"라고 말했다. 그러면서 "전 세계를 떠돌면서 서구적 사상을 교육받고, 본인도 분명히 인권 문제에 대해 교육을 받았을 텐데 그것에 반해서 사는 삶이 행복할까. 마음속에는 얼마나 그런 안타까운 마음이 있을까 궁금하다"라는 설명까지 친절하게 덧붙였다.

여기에 대한 김정은의 답은 무엇일까? 김정은은 한 살 아래 이 대표의 물음에 대해 속으로 이렇게 답을 하고 있을지 모른다. "그래, 네 말처럼 나는 그간 행복하지 않았다. 그렇지만 이건 내 운명이다. 나는 어린 시절부터 풍요는 했지만 외로운 눈물의 빵을 먹으며 끊임없이 선택해야 하는 삶을 살아왔다. 끔찍하기까지 하다. 그러나 앞으로는 행복해질 것이다. 아버지가 물려준 난파선 같은 북한호를 수리하는 일도 이제 어느 정도 끝내가고 있다. 그동안 정말 힘들었다. 악마와 같은 삶도 살았고, 남몰래 울기도 했고, 그래서 폭식과 과음도 많이 했다. 70킬로그램이었던 체중이 2배까지 불어난 건 다 이런 이유다. 그러나 이제부터는 많이 달라질 것이다. 솔직히 자신도 있다. 선대는 물론이고 나의 일생일대 목표인 핵·미사일 개발도 거의 마무리 국면이고, 대북제재와 코로나19 위기를 오히려 그동안 쌓인 적폐와 모순점을 일소할 기회의 장(場)으로 생각하며 밀어붙인 북한개조 실험도 큰 탈 없이 잘 진행되고 있다. 그래서 얼마 전부터는 내 자신에게도 눈길을 조금씩 돌리고 있다. 다이어트도 할 수 있을 정도로 여유도 찾았다. 그동안 한 20~30킬로그램 감량하면서 나에게 후한 점수도 주었다. 지난 10년은 힘들었지만, 내가 꿈꾸는 세상을 만들어 나갈 기초를 다졌다. 앞으로 10년은 당신이 걱정하지 않아도 될 정도로 행복하게 살 거다. 아니, 행복해야만 한다. 나는 꿈이 있는 사람이기 때문이다. 그러니 이제부터는 내 걱정 말고,

당신과 남조선 걱정이나 하라"라고 말이다.

김정은은 서자(庶子)로 태어나 형들을 제치고 최고지도자의 자리에 오른 입지전적인 인물이다. 김일성에게는 '없는(숨겨진) 손자', '없어야 할 존재'였기 때문에 북한에서 초·중·고 학교도 다니지 못했으며, 청소년기가 시작되자마자 곧바로 스위스로 보내졌던, '물질적으로는 풍요로웠지만 심적으로 매우 불우한 어린 왕자'였다.

김정은은 이런 시련과 콤플렉스를 딛고 권력 의욕을 불태웠고, 집권 이후에는 후견인들과의 공동통치라는 편안한 길을 스스로 버리고 힘든 조기 홀로서기를 선택하였다. 그리고 '제2 고난의 행군'을 외치며 핵·미사일 개발에 올인했고, 미국과의 판갈이 싸움을 진두지휘하고 있다. 대한민국과 국제사회의 지원도 한사코 거부하고 핵·자력갱생에 기초한 정면돌파전과 인간·사회 개조 실험을 추진하고 있다.

북한의 관료와 주민들은 당연하지만, 문재인 정부도 김정은 앞에만 서면 마냥 작아진다. 바이든은 김정은과 주고받은 수십 통의 친서(이른바 love letter)를 자랑하는 전임자 트럼프와는 다르지만, 북한과의 대화를 위해 부심하고 있다. 얼마 전 아프가니스탄 철군에서 보았듯이 언제 정책이 돌변할지 모른다. 일본의 지도자들은 취임 일성(一聲)이 언제나 김정은과의 정상회담 추진이다. 시진핑과 푸틴은 김정은과 함께하겠다는 마음을 수시로 표시하고 있다. 김정은의 와신상담, 승부사 면모를 과소평가해서는 안 된다.

김정은의 각 분야별 성적표

김정은의 지난 10년간 체제 운영 성과는 권력장악 정도, 상징조작, 정책노선의 3가지 수준에서 판단해볼 수 있다.

첫째, 권력장악은 최고점수인 A플러스(A⁺)를 줄 수 있다. 김정은은 김정일 사망 이후 100일도 안 되어 당정군 최고직위에 신속히 취임한 이후 김정일이 생전에 후견인으로 지명했던 리영호 군총참모장 숙청(2012. 7.)을 시작으로 장성택을 비롯한 측근(이른바 운구차 7인방과 현영철 인민무력부장, 김원홍 국가안전보위부장, 황병서 군총정치국장 등)들을 무자비하게 숙청하고 조기 홀로서기·유일독재체제를 구축하였다. 이는 아버지 김정일이 김일성이 사망한 이후 20여 년간의 공동통치를 했음에도 불구하고 3년상(1994. 7. ~ 1997. 8.)이라는 과도기간을 거쳐 공식적으로 권력을 승계했던 사실과는 극도로 대비된다.

이어 2016년에는 당위원장·국무위원장직을 신설하여 김정은 시대의 본격 출범을 선포하였으며, 지난 1월 8차 당대회에서는 김일성·김정일의 직책이었던 당총비서직에 취임하였다. 또한 10년간의 인사를 통해 당정군 주요인물들을 대부분 교체하였다. 취임 초기 인물들 가운데 지금도 역할을 하고 있는 고위급 인물은 최룡해 최고인민회의 상임위원장 정도밖에 없으며, 김여정·조용원 등 새로운 인물로 대부분 물갈이되었다. 이로써 김정은의 권력장악은 완결되었다고 할 수 있다.

2020년 5월 13일 통일부는 2019년 이후의 북한 주요인물 활동과 신규인물을 추가한 '2020 북한인물정보'를 발간했다. 통일부 당국자는 지난 1년 사이 당 정치국의 교체비율은 80% 가까이 되고, 국무위원회 11명 중 9명이 교체돼 변동률은 82%에 달한다. 최근 들어 계속 세대교체가 이뤄지고 있고 실용주의 인사패턴이 강화되는 것으로 보인다. 김정은 친정체제가 공고화되고 있다고 볼 수 있다고 평가했다(2020. 5. 14. 리버티코리아포스트).

둘째, 상징조작도 최소한 A학점을 줘야 할 것이다. 김정은 취임 초부터 백두혈통을 강조하면서 김일성의 모습과 행동, 통치슬로건 등을 벤치마킹하는 등 김씨 일가의 후광을 그대로 전수받으려고 노력했으며, 사실상 성공을 거두었다. 특히 최근 들어서는 북한당국이 김정은을 '수령'으로 호칭하고 '김정은주의', '위대한 김정은 시대'와 같은 용어를 확산시켜 나가는 동향도 포착되고 있다. 이제 김정은에 대한 상징조작·우상화는 거의 김일성·김정일의 반열에 올라서 있다고 할 수 있다.

셋째, 정책노선도 B⁺ 정도는 주어야 할 것 같다. 핵·미사일 개발은 전인미답의 길을 가서 이제 거의 마무리 단계에 접어들고 있으므로 단연 A⁺이다. 단, 경제가 핵·미사일 개발 올인의 후과로 제재에 시달리고 있어 문제(C, D)지만, 대미·대일 협상이나 문재인 정부와의 교류협력으로 타개할 수 있음에도 불구하고 자기 의지로 거부하고 있으므로 무조건 나쁜 점수를 줄 성질은 아니다.

즉, 자력갱생 노선과 경제발전계획에 의거해서 체제 자체의 내구력과 경제순환 사이클을 만들어 나가고 있어 아직 섣부른 판단은 이르다. 특히 향후 비핵화 협상, 대일수교회담, 남북 간 교류협력 복원의 정도에 따라 경제 문제는 언제든 지금과는 전혀 다른 수준으로 개선(D, C → B 정도)해 나갈 수 있다는 점도 고려해야 할 것이다.

이에 덧붙여 김정일 사후 권력공백기, 핵·미사일 개발 올인에 따른 자원배분 왜곡, 장성택 일가 숙청 등에 따른 권력층 동요, 트럼프와의 하노이 정상회담 결렬 이후 리더십 손상, 장기간의 대북제재·코로나19 팬데믹·재해 등 3중고에 따른 전대미문의 길(이른바 제2 고난의 행군), 트럼프의 퇴장과 바이든의 등장 등 난국을 헤쳐 나가고 있는 김정은의 위기타개 능력에도 상당한 점수(B⁺, A 정도)를 줘야 할 것이다.

특히 김일성·김정일이 경제난 등을 이유로 36년간이나 지연시켜
왔던 당대회를 2차례(2016, 2021년)나 개최하여 체제가 나아갈 방향
을 재정립하고 주민총동원 태세를 구축한 점, 그리고 당정군 회의체
와 하부조직 활동을 정상화시킨 것에 대해서는 그에 상응하는 높
은 점수(A, A⁺)를 주어야 할 것이다.

이렇게 볼 경우, 김정은의 집권 10년 성적표는 종합적·평균적으로
산출해보면 A학점 정도는 충분히 된다고 평가된다. 일부 사람들은
북한의 반인권 정책에 전혀 변화가 없고 경제난이 심화되고 있는데
"성적을 너무 후하게 준 게 아니냐"라는 반론을 제기할 수도 있다.
그러나 평가는 공정하고 객관적이어야 한다. 필자도 김정은에게 일
부러 높은 점수를 주고 싶은 생각은 추호도 없다. 그렇지만 이제까
지 살펴본 것처럼, 김정은은 약관 27세에 권력을 잡아 10년 동안 정
치, 경제, 군사, 외교적으로 엄청난 격변을 당당히 헤쳐 나오고 있
다. 김일성·김정일 시대부터 물려받은 북한체제의 구조적 모순점을
온전히 김정은의 탓으로 돌려 굳이 점수를 깎을 필요는 없다고 본
다. 선입관이나 고정관념과 같은 색안경을 쓰고 볼 필요는 없다는
뜻이다. 인정할 건 인정해야 한다. 그래야만 김정은을 정확하게 진
단할 수 있으며, 올바른 처방을 내릴 수 있다. 한마디만 더 첨언하
면, 우리가 상대를 과소평가하다 당하는 것보다는 조금 과하게 점
수를 주더라도 적극 대비만 할 수 있다면 차라리 그게 낫다는 게
역사를 통해 본 교훈이다.

새로운 15년을 향한 노정의 출발

김정은은 어느덧 집권 11년차 지도자이다. 우리 사회로 치면 재선에 이어 임기 3번째를 맞고 있는 지도자이다.

북한은 다가오는 12월 30일 김정은의 군 최고사령관 취임 10주년을 대대적으로 기념하면서 ▲김정은의 핵강국 건설·애민정치 노선을 비롯한 각 분야의 치적 총결산 및 홍보 ▲경제·외교적 곤궁국면 타개를 위한 새로운 비전과 정책노선 제시 ▲주민총동원과 체제 결속의 계기로 적극 활용할 것으로 보인다.

> 순간도 헛되이 할 수 없는 천금 같은 일각일초가 흐르고 있다…(중략)… 2021년의 승리는 경애하는 총비서동지의 영도 따라 조국과 인민이 아로새겨온 영광스러운 10년 역사의 빛나는 절정이 될 것이며 우리 당이 펼친 광활한 미래에로 천만 인민을 힘껏 떠밀어주는 도약대로 될 것이다(2021. 11. 8. 노동신문).

이후 이같이 고조된 사회분위기를 신년(1. 1.) → 김정은의 38회 생일(1. 8.) → 김정은의 당총비서 취임 1주년(1. 10.) → 베이징동계올림픽(2. 4. ~ 2. 20.) → 사망한 김정일의 80회 생일(2. 16.) → 김정은의 당·정 최고직위 승계완료 10주년(4. 11. 당 제1비서, 4. 13. 국방위 제1위원장 취임) → 사망한 김일성의 110회 생일(4. 15.) → 조선인민혁명

군 창설 90주년(4. 25.) 등과 연계하여 계속 에스컬레이트시켜 나갈 것이다. 특히 내년이 대한민국의 대선과 20대 정부 출범(5. 9.), 미국의 11월 중간선거 등 중요한 정치일정이 진행되는 점을 고려해볼 때 최소한 2022년 상반기까지는 체제 결속에 좀 더 비중을 둘 것으로 예상된다.

이 과정에서 당정군 연합대회의 개최, 새로운 정책노선 발표, 개인 우상화, 김정은의 전격적인 방중, 핵·미사일 개발의 대미(大尾)를 장식할 대륙간탄도미사일(ICBM: 위성발사용으로 호도) 시험발사, 대한민국의 대통령 선거 개입을 위한 이벤트 등과 같은 국면반전 카드도 언제든 유효하다. 최근 한 달 이상 지속되었던 김정은의 장기 칩거와 삼지연 건설현장 깜짝 시찰(11. 16.)후 또다시 공개행보를 보이지 않고 있는 동향도 김정은이 백두산 등지에서 큰 구상을 하고 있을 가능성을 간접적으로 시사해준다.

김정은은 2036년을 '사회주의 강국의 원년'으로 생각하는 장기포석을 가진 지도자이다. 취임 이후 줄곧 사회주의 강국 건설, 김씨 일가 영구집권 기반 구축에 매진해 왔다. 지난 1월 8차 당대회에서 "공산주의 사회 건설, 핵을 기초로 한 통일"까지 당규약에 명문화한 것이 예사롭지 않다.

따라서, 공식 권력승계 완료 10주년이자 집권 11년차가 시작되는 내년에도 경제난 타개를 위해 무리하게 개혁·개방을 추진하기보다는 지금까지 추진해온 핵과 자력갱생, 비사회주의 척결을 골자로 하는 '정면돌파전 2.0(제2의 고슴도치 노선)'을 당분간 유지해 나가면서 한·미의 대북정책 전환, 대양보를 압박할 것으로 전망된다.

맺음말

문재인 정부의 임기가 얼마 남지 않았다. 물러갈 정부의 성적표를 굳이 매기지는 않겠지만, 지난 5년을 뒤돌아보면 치밀한 전략전술보다는 '소망(wishful thinking)'과 당위성에 기초한 대북정책의 기간이었다고 할 수 있다. 멀리 떠나간 남편을 기다리다가 화석이 된 망부석(望夫石)의 전설처럼 참고 또 참으며, 김정은의 선의만 기다리다가 소중한 시간을 다 보냈다. 김정은의 긴 안목과 결단, 강·온 전략전술과는 너무나 비교된다. 평화, 통일과 같은 '말의 성찬(盛饌)' 속에서 남북한 사이의 핵 불균형은 더욱 심화(최소한 0:50)되었다. 얼마 전 모 일간지 논설위원은 아직도 김정은에 대해 미련을 버리지 못한 문재인 정부의 마지막 투혼을 "다음 정부가 어떻게 할 수 없도록 하기 위한 대못박기, 자신의 DNA를 후세에 남기려는 영생의 충동"으로까지 혹평했다. 당사자들은 많이 아프고 아니라고 부정하겠지만, 많은 것을 생각하게 하는 글이었다.

일찌기 중국의 개혁개방을 성공적으로 이끈 등소평은 건국의 아버지인 모택동을 평가하면서 "공(功)이 일곱이고 과(過)가 셋인데, 공이 과보다 크므로 그를 중국 근현대사의 최고지도자로 받들어야 한다"고 주장하였다. 이른바 '공7과3론'이다. 김정은도 지난 10년간 수많은 굴곡을 겪었으며, 앞으로 헤쳐 나가야 할 길도 만만치 않다.

그러나, 옳고 그름의 여부를 떠나 ▲그가 27세의 젊은 나이에 집권해 ▲조기 홀로서기와 글로벌 리더로 자리매김하는 데 성공하고 ▲급기야 김일성·김정일과 같은 수령의 반열에 올랐으며 ▲북한을 '사실상의 핵보유국'에 올려놓은 일은 과소평가해서는 안 된다. ▲게다가 대북제재와 코로나 팬데믹이라는 치명적 위기국면에서도 외부의 지원 수용을 한사코 거부하며 북한체제를 정화(淨化)하는 기회, 즉 부정부패·비사회주의 척결의 장(場)으로 활용하고 있는 것은 합당한 평가를 받아야 할 것이다. 아무나 할 수 있는 일이 아니다. 현재 가장 문제가 되고 있는 경제난도 '핵·미사일 강국'이라는 목표를 달성하기 위해 스스로 감내하고 있는 것이라고 할 수 있다. 지금 당장이라도 미국·일본과 협상하고 대한민국과 교류협력을 하면 곧바로 개선될 수 있지만, 아직은 때가 아니라는 판단을 하고 있는 것이다.

이런 시기에 대한민국은 새로운 정부를 선출하는 정치일정에 들어가 있다. 새로이 선출될 20대 대통령은 독재자이자 승부사인 김정은과 진검승부를 펼쳐야 할 운명을 가지고 있다. 문재인 대통령은 갑(甲)의 입장에서 성장해 가는 젊은 지도자, 악마의 발톱을 숨긴 김정은을 상대했다. 그렇지만, 새 대통령은 이미 여러모로 강해진 김정은과 상대해야 한다. 북한의 핵 갑질이 이미 시작되었다고 할 수도 있다. 진실의 순간과 마주 설 것이다. 정말 쉽지 않은 노정이 예상된다.

그럼 대한민국은 김정은을 어떻게 상대해 나가야 할까? 가장 먼저 김정은이 38살의 젊은 지도자이지만 어느덧 집권 11년차의 노회한 정치인이 되었다는 사실부터 정확히 인식해야 할 것이다. 두 얼굴을 넘어 세 얼굴, 네 얼굴을 가진(multi-faced) 승부사·냉혈한이라는 사실을 유념해야 한다. 고정관념과 소망을 경계하고 담대한 포석과 냉철한 현실 인식에 기초한 대응이 필요하다. 서두르거나 소망에 입각해 김정은을 상대하면 필패(必敗)다. 북한 문제와 관련해서는 우리가 당사자라는 사실을 분명히 한 가운데 미국 등 국제사회와 협조하여 ▲비뚤어지고 헝클어진 남북관계를 정상화하면서 ▲인류보편적 가치의 구현, 국제규범 준수를 관철시켜 나가야 한다.

따라서 새로 출범할 대한민국의 리더십은 단기적인 이벤트성 대화와 교류협력을 지양하고 '당당하고 원칙 있는 자세'를 기초로 북한을 '비핵화·자유화·시장화·친한화·국제화(5化)'시켜 나가는 활동을 입체적·지속적으로 전개해야 한다. 그리고 세계의 기준을 만들어 나가는 국가답게 '북핵·분단의 굴레를 넘어 세계로·미래로' 나아가는 담대한 자세가 필요하다. 이런 기조와 활동은 처음에는 어려움을 초래할 수 있다. 혹자는 대결노선이라고 매도할 것이다. 그렇지만, 남북관계는 길고도 긴 노정이다. 먼 길을 가기 위해서는 첫걸음이 매우 중요하다. 역사와 국민 앞에 숨결을 고르며 첫 단추를 새로 잘 꿰어야 한다.

- 2021. 11. 24. 원코리아센터 곽길섭 정론

※ 데일리NK 칼럼

김정은은 김정일과 180도 다른 종(種: DNA)이다

12월 17일은 북한의 2대 수령 김정일이 사망한 지 10주기가 되는 날이다. 곧이어 30일은 3대 수령 김정은이 최고권력자로서 첫 직책인 군 최고사령관에 오른 북한정치사적으로 의미 있는 기념일이다. 지금 북한은 당정군과 지역별로 김정은의 지난 10년 치적을 부각하면서 또 다른 10년을 다짐하는 다양한 행사를 진행하고 있다. 특히 하순에는 올해 초 8차 당대회에서 결의했던 '핵과 자력갱생에 기초한 정면돌파전 2.0 노선'의 총결산과 2022년 시행계획 논의가 예정되어 있다.

최근 김정은이 직접 주재한 당정치국회의와 군사교육일군대회를 비롯한 각종 논조를 평가해볼 때, 북한이 금명간 대화·협상의 장(場)으로 복귀하는 등의 변화를 모색하기보다는 기존의 핵·미사일 전력 고도화와 북한사회 개조 활동에 계속 주력해 나갈 가능성이 큰 것으로 보인다.

총적으로 올해는 승리의 해…(중략)…다음 해는 올해에 못지 않게 대단히 방대한 투쟁을 전개해야 하는 중요한 해이다(2021. 12. 1. 김정은의 당정치국 회의 시 발언)

지난날 열강들의 흥정판에 올라 난도질당해야만 했던 조선이 오늘은 세계적인 군사강국의 전열에 당당히 올라선 존엄 높은 나라, 사회주의 강국 건설의 승리를 담보하는 강위력한 보검을 틀어쥔 위대한 나라로 되었다(2021. 12. 북한의 대외용 월간지 「조선」).

김정은에 대한 오판

이런 국면하에서 문재인 정부는 '종전선언 드라이브'에 총력을 경주하고 있다. 아예 문 대통령은 방한한 미국 오스틴 국방장관과의 접견(12. 2.)시 "차기 정부에 북미대화와 남북대화가 진행 중인 상황을 물려주기 위해 '한반도 종전선언'을 제안했다"라며 복심(腹心) 아닌 복심을 공개했다.

다음 정부에 한반도 평화체제 구축을 위한 대화의 바톤을 넘겨주려는 심정은 충분히 이해된다. 그렇지만, 바이든의 '2월 베이징동계올림픽 외교적 보이콧' 선언(12. 6.), 110여 개국이 참가한 '민주주의 정상회의' 개최(12. 9. ~ 12. 10.) 등 가열되는 패권경쟁에 대한 예측과 적절한 대응은 차치하더라도 김정은의 통치행태와 전략전술에 대한 기본적인 평가가 제대로 되어 있는지 의문스럽다.

현 정부는 김정은이 '야누스의 얼굴을 가진 극장국가의 지도자이고 냉혈한 승부사'라는 점을 애써 외면하고 있다. "솔직한 지도자"로 평가하는 발언까지 했다. 상대와 대화를 잘 진척시켜 나가기 위한 수사(rhetoric) 차원으로 이해하려 해도 표현이 너무 과하다.

'2018년 한반도의 봄'은 '김정은의 이중전술', 즉 비핵화가 아닌 핵 보유국의 위상을 굳히기 위한 고도의 위장 평화 책동이었음이 지난 3년여간 보여준 행태를 통해 다각도로 확인되었음에도 불구하고, 여전히 미련을 버리지 못하고 있다. 김정은의 선의를 믿고 또 믿으며 이른바 진보정권, 김대중-노무현 정부의 대북 유화접근법만이 절대 진리인 양 신주단지처럼 모시고 북한에 끊임없이 러브콜(love call)을 보내고 있다.

그렇지만, 과거 10~20년의 진보정권보다 창의성과 열정, 현실 인식이 부족하다는 느낌을 지울 수가 없다. 우리를 둘러싼 환경은 그야말로 대변혁기다. ▲김정은은 김정일과는 완전히 다른 종(種)이다 ▲북한의 전략적 위치(사실상의 핵보유국)는 과거와 비교할 수 없을 정도로 상승했다 ▲동북아·세계 질서의 급격한 변화는 상상을 초월하고 있다.

그런데도 현 정부의 안보팀은 한반도 평화체제 구축의 당위성만 얘기하며 케케묵은 구닥다리 방법을 그대로 베껴쓰고 있다. 아니, 예전보다 훨씬 못하다. 아전인수(我田引水), 조삼모사(朝三暮四)라는 비판을 들을 만도 하다. 한발 더 나아가 국가안보를 걱정하며 당당한 남북교류협력을 강조하는 사람들을 반평화주의자·대결주의자로 낙인찍는 것도 서슴지 않는다.

오늘은 현 정부 대북정책의 옳고 그름을 논하는 자리는 아니다. 이와 관련된 사항은 지난 11. 5.자 데일리NK의 '곽길섭 북한정론 - 복차지계: 지금은 3차 북핵 위기 국면이다'를 참조하면 된다. 단지, 김정은 집권 10주년을 맞아 그의 통치방식과 정책노선이 선대(先代)와 얼마나 다른지에 대해서만 얘기할까 한다. 이를 통해 현 정부가 김정일과는 완전히 다른 '여러 얼굴을 가진(multi-faced) 승부사·냉혈한'을 상대로 과거 20년 전에 사용했던 대북정책과 비슷한, 아니 훨씬 뒤떨어져서 삼척동자도 바로 알고 코웃음칠 단선적인 전략전술을 구사해 오고 있는 안타까운 현실을 간접적으로 지적하고자 한다.

김정은은 김정일이 아니다

지난 10년간 김정은은 김정일의 노선을 계승해 왔을까? 한마디로, '절대 아니다(Absolutely not)'이다. 김정은은 3대 부자세습 정권이기 때문에 외견상으로는 계승성을 강조하고 있지만, 조금만 더 관심을 갖고 주목해보면 북한을 180도 다른 나라로 전변시켜 나가고 있다. 그나마 선대 정책을 계승하고 있는 분야가 '전 한반도 공산화 통일' 목표라고 할 수 있는데, 이마저도 상투적인 슬로건이 아니다. 경제외교적 리스크를 감내하며 대단히 공격적으로 능력을 강화시켜 나가고 있다. 김정은은 왜 김정일과의 차별화 길을 걸어가고 있을까?

그것은 여러 복합적인 요인이 작용하고 있지만, 가장 대표적인 원인은 김정은의 어린 시절부터 형성된 아버지 김정일에 대한 잠재적인 반감 때문이며, 자신이 건설하고 싶은 세상이 선대와는 차원이 다르기 때문이다. 대표적인 사례들을 적시해본다.

○ **출신성분**

가장 먼저 태생이 완전히 다르다. 김정일은 적장자(嫡長子)이다. 그렇지만 김정은은 서자(庶子) 출신이다. 그것도 이복형 김정남을 포함한 3형제 중 막내다. 김일성으로부터 인정받지 못한 감춰진 손자이다. 그래서 어린 시절부터 북한에서 공교육을 일체 받지 못했고,

또래 친구도 없다. 청소년기가 되자 스위스로 보내졌다. 이로 인해 후계자로 내정된 이후 김일성을 벤치마킹하면서도 할아버지와 같이 찍은 사진 한 장도 공개하지 못하는 게 현실이다. 이런 성장과정은 김정은을 콤플렉스형 인간으로 만들었다.

○ **후계 수업**

김정일은 당에서, 김정은은 군과 보위계통에서 정치 수업을 시작했다. 완전히 다른 경로에서 출발했다. 그리고 수업 기간이 너무나 짧았다. 김정일은 1964년 당조직지도부 지도원으로 시작하여 30년간 차근차근 활동 폭을 넓혔지만, 김정은은 2009년 후계자로 내정된 후 얼마 안 되어 김정일이 사망함으로써 정치경험이 너무나 일천했다. 불과 3년에 불과했다.

○ **공식 승계**

김정일이 3년상(1994~1997)을 거쳐 최고수뇌 자리에 공식 취임한 것과 달리, 김정은은 불과 10여 일 만에 군 최고사령관직에 취임하였다. 신중함보다는 공격적인 자세를 엿볼 수 있다.

○ **유학 경험**

김정일은 순수 국내파이고, 김정은은 해외유학파이다. 경험과 시각이 많이 다를 수밖에 없는 환경이다.

○ **형제 서열**

김정일은 맏형이고, 김정은은 막내다.

○ **성격**

김정일은 내향적이고, 김정은은 외향적 기질이 두드러진다.

그래서 김정은은 어린 시절부터 아버지와 전혀 다른 길을 걸어오고 있다. 아니 가고자 노력하고 있다. 지난 10년은 이 같은 노정의 연속이다.

○ **조기 홀로서기**

김정일은 김일성과 오랜 기간 동안 공동통치를 해 왔기 때문에 항일빨치산 등 원로 그룹들과 함께 국정을 운용하는 데 전혀 문제가 없었다. 그러나, 김정은은 리영호 군총참모장 등 김정일이 지명한 후견인들을 대부분 조기에 숙청하고 홀로서기를 선택했다. 자신이 젊고 국정경험이 부족하다는 열등의식, 아버지의 선택을 거부하고자 하는 속마음이 작용했을 가능성도 배제할 수 없다.

○ **친지 살해**

김정은은 김정일과 달리 고모부 장성택, 이복형 김정남 등 가족, 친지들을 무자비하게 처형했다. 잠재된 콤플렉스와 정치적 후환 제거라는 두 측면이 작용했다고 평가된다.

○ **영부인**

김정일은 북한 주민들이 자신의 부인이 누구인지도 모르게 본처와 애첩들을 장막 뒤에 숨겼다. 그러나 김정은은 '리설주 신드롬'이 생길 정도로 각종 행사에 젊은 부인을 거리낌 없이 대동했다. 김정은이 2012년 7월 미니스커트를 입은 리설주와 팔짱을 끼고 간부들과 함께 능라인민유원지를 시찰한 것은 개혁개방 마인드를 시사해주는 동향이라기 보다는 "나는 아버지와 다르다"라는 점을 주변에 보여주기 위한 의도적 행동이라고 판단된다.

○ **사생활**

김정일은 방탕한 기쁨조 파티를 즐겼지만, 김정은은 아직 그런 기미를 보이지 않고 있다.

○ **연설**

김정일은 공개연설을 하지 않았다. 신비주의 등 여러 요인이 작용한 결과이지만, 신년사도 신문 공동사설로 대체할 정도였다. 그러나 김정은은 수시로 다양한 형태의 연설을 하고 있다.

○ **이동수단**

김정일은 고소공포증, 경호 등을 고려하여 비행기를 타지 않았다. 김정은은 비행기 이용은 물론이고 직접 조종하기도 한다.

○ 현지지도

김정일의 현시시찰은 사전에 잘 짜여진 각본에 입각해 본보기 모델 창조의 일환으로 진행된다. 그렇지만, 김정은은 불시 시찰을 즐겨한다. 심사가 뒤틀릴 경우, 관계자를 즉결처형하기도 한다. 쪽배를 타고 전방 해안기지를 방문하기도 한다.

○ 정책결정

김정일은 소수 측근들과의 비공식 밀실통치를 선호한 반면에, 김정은은 당정군 공식회의체를 활용하여 정책을 결정, 집행하고 있다. 김정은은 김일성·김정일이 6차 당대회(1980. 10.) 이후 36년간 개최하지 않았던 당대회를 벌써 2차례나 개최하였다.

○ 용인술

김정은은 당조직비서, 국가안전보위부장 등 핵심 포스트를 공석(空席)으로 두고 부부장을 활용한 통치를 하였다. 그러나 김정은은 충성심이 확인된 최룡해, 김원홍 등을 보임하여 적극 활용하였다. 물론 이들 중 상당수는 토사구팽되었다.

○ 군부인사

김정일은 군부를 신뢰하여 변화를 크게 주지 않았으나, 김정은은 특정 인물과 조직으로의 권력집중을 경계하여 수시로 물갈이했다. 국방상의 경우 김일성 시대는 46년 동안 5명, 김정일 시대는 17년간

3명이었지만, 김정은 시대 들어서는 10년 동안 8번이나 교체를 단행하였다.

○ 체제목표

김정일은 강성대국 건설이라는 비현실적인 슬로건을 내걸었으나, 김정은은 강성국가라는 표현으로 바꾸었다. 글자 한 자를 바꾼 것이지만, 김정은의 현실적인 마인드를 읽을 수 있다.

○ 수령관

김정은은 수령 무오류성의 원칙과 달리, 악어의 눈물을 보이거나 자신이나 북한의 치부를 그대로 드러내기도 하고 있다. 친인민적 지도자 이미지를 만들고 주민분발을 독려하기 위한 극화적인 행동으로 평가된다.

○ 공산주의관

김정일 시대에는 공산주의 표현을 삭제하였으나, 김정은은 2021년 초 8차 당대회에서 공산주의 사회 건설을 또다시 당의 최종목표로 설정하였다.

○ 핵심정치

김정일 시대는 선군정치가 트레이드마크였지만, 김정은은 전통적인 선당정치를 복원하였다.

○ **통치시스템**

김정일은 국방위원장 직함으로 통치하였지만, 김정은은 국방위원회를 폐지하고 국무위원회를 새로 만들었다. 정상국가 지도자의 이미지를 고양하려는 속셈으로 보인다.

○ **핵 정책**

김정일은 핵개발의 모호성을 바탕으로 한 경제외교적 실리 획득에 주력하였지만, 김정은은 공격적인 자세로 핵·미사일 개발에 올인하였다. 그리하여 사실상의 핵보유국이 되었다. 헌법에 핵보유국임을 명시하였으며, 당규약에 '핵을 기초로 한 통일' 목표를 규정하였다.

○ **군사력**

김정일은 재래식 군사력 증강에 주안을 두었으나, 김정은은 핵·미사일 등 첨단 전략군 강화에 주력하고 있다.

○ **경제건설**

김정일은 공장, 기업소, 발전소 등 기간산업에 중점을 두었으나 김정은은 평양 려명거리, 마식령 스키장, 관광지 조성 등 전시성 건설사업과 관광특구 개발에 주안을 두고 있다.

○ 남북관계

김정일은 통일을 강조하면서 금강산관광·개성공단 등 남북협력 사업을 진행하였지만, 김정은은 통일보다는 핵을 기반으로 한 평화를 주창하면서 남북교류협력을 거부하고 있다. 김정은이 금강산관광사업을 "손쉽게 관광지나 내어주고 득을 보려고 했던 선임자들의 잘못된 정책"으로 비난(2019. 10.)하고 개성 남북연락사무소를 폭파(2020. 6.)한 것이 대표적인 사례다.

○ 대외 정책

김정일은 친중 일변도였지만, 김정은은 미국과의 정상회담 등을 통해 글로벌 리더로 자리매김하였다.

맺음말

지금까지 살펴본 것처럼 김정은은 김정일과 전혀 다른 성격, 통치 행태, 정책노선을 가지고 있는 리더이다. 이는 개인의 태생적 차이일 수도 있지만, 대부분은 고도의 복선(伏線)을 가지고 있다고 판단된다. 3대 부자세습 정권의 특성상 선대를 정면으로 비판할 수 없는 상황에서 자연스러운 차별화를 통해 자신의 세계(이른바 '김정은몽')를 만들어 나가는 과정이라고 할 수 있다. 한마디로, 현재 북한은 겉으로는 계승성을 강조하고 있지만, 머리부터 발끝까지 완전히 달라졌다고 할 수 있다. 바야흐로 '김정은의 나라'가 건설된 것이다.

그럼, 우리는 ▲탈(脫) 김정일을 지향하는 ▲콤플렉스와 야망으로 똘똘 뭉쳐 있는 ▲승부사, 독재자, 냉혈한인 김정은을 어떻게 상대해야 할까? 필자가 이번 글에서 답을 별도로 적시하지는 않겠다. 너무나 자명한데다가, 그간 여러 계기를 통해 수없이 이야기했기 때문이다.

그 대신 현안 중의 현안인 '종전선언 채택' 문제에 대해 간단히 전망해보는 걸로 대체할까 한다. 불행히도, 현 정부의 종전선언 드라이브는 실패할 가능성이 크다. 의도와 추진 과정이 그야말로 억지춘향인데다가, 김정은의 대전략과 전술을 완전히 오판하고 있기 때문이다. 혹시라도, 김정은이 얼마 남지 않은 대한민국의 대선 정국에 개입하고 대북 경제제재의 숨통을 틔우기 위해 호응해 나오더라도 원포인트(one point) 전술로 그칠 확률이 크다. 김정은이 지난 12월 초에 전군의 교육 관련 일군 6천 명을 평양에 소집하여 이틀 동안이나 강습회를 진행한 것을 예사롭게 봐서는 안 된다. 통일부의 '일상적인 대회' 평가는 거의 직무방기 수준이라고 할 수 있다. 김정은은 종전선언 논의 국면에서 플랜 A와 B를 동시에 준비하고 있을 것이다.

'콤플렉스와 야망을 지닌 독재자, 승부사, 냉혈한'인 김정은의 다음 행보는 무엇일까? 지나온 10년을 봤으면, 앞으로 10년도 볼 수 있어야 한다. 필자는 북한이 종전선언을 거부하든, 호응하든 불문하고 ▲핵보유국 노선을 지속 견지하면서 ▲남남갈등, 한미이간, 대북제재공조 와해를 노린 이른바 '3대 혁명(대내-대남-대외)역량 강화 노선' 관철 투쟁을 전방위적으로 전개해 나갈 것이라고 예상한다.

우리는 김정은이 극심한 경제난 속에서도 대한민국과 국제사회의 지원을 계속 거부해 오고 있는 상황을 과소평가해서는 안 된다. 지금 그의 속마음은 중국의 고사성어 '와신상담(臥薪嘗膽)'과 2002년 월드컵 4강 신화의 주역 히딩크 전 감독의 "나는 아직 배고프다(I'm still hungry)"로 설명될 수 있을지 모르겠다. 이런 김정은이 또다시 무대로 나온다면 그건 너무나 자명한 일이 아닐까? 우리도 비둘기나 파랑새 얘기만 하고 있을 때가 아니다.

이상과 소망은 우리에게 희망을 준다. 남북관계에서 이 같은 주장을 하는 사람들은 도덕적 우위뿐만 아니라 다양한 유무형의 실리도 함께 챙길 수 있다. 그렇지만 이상이나 당위성에 집착하여 현실을 경시하면 실망감을 넘어 국가적 위기, 파국을 불러올 수 있다는 점도 유념해야 한다. 안보는 공기와 같아 평소에는 그 소중함을 모른다. 그렇지만, 국가안보가 흔들리면 모든 것이 한순간에 무너진다는 것은 역사의 진리이다.

이제 우리는 김정은을 바로 보는 것부터 다시 시작해야 한다. 북한은 수령유일독재체제이고, 김정은은 한반도 적화통일을 목표로 하는 승부사·냉혈한이라는 점을 한시도 잊지 말아야 한다. 대결노선으로 회귀하자는 게 절대 아니다. 자유 대한민국이 선도하는 핵 없는 한반도 평화체제 건설을 위해서이다. 대한민국은 평화적 수단에만 의지하지만, 김정은은 핵과 통일전선 전술을 배합하며 우리를 겨누고 있다. 누구의 손에 한반도의 미래를 맡겨야 하겠는가? 미혹(迷惑)에서 깨어나 현실을 직시하자. 바른 진단이 바른 처방의 기본이다.

- 2021. 12. 13. 원코리아센터 곽길섭 정론

※ 데일리INK 칼럼

제6부
—
원코리아를 위한 단상

탈북민이 행복을 느낄 때
진정한 통일이 시작된다

지금 대한민국은 탈북민 3만 명 시대에 살고 있다. 정부의 '한반도 평화와 협력의 시대 개막' 구상이 김정은의 막가파식 핵·미사일 질주에 가로막혀 있는 지금, 우리는 이들에 주목할 필요가 있다. 최근 탈북민은 핵심엘리트 계층이 다수 포함되는 등 양과 질적 측면에서 큰 변화를 보이고 있다. 그러나 '먼저 온 통일'이라는 핑크빛 레토릭도 있지만 내부 속사정은 만만치 않은 게 사실이다.

탈북민은 통일의 소중한 자산이지만 위기요소도 함께 내포하고 있다. '우리 사회가 이들 3만 명에게도 행복을 주지 못하는데 어떻게 2천 5백만 북한 주민들의 마음을 얻을 수 있을까?'라는 물음에 대해 진지한 고민을 해야 한다. 이 같이 탈북민 정책에 의문이 제기되고, 북핵 해법은 코리아 패싱(korea passing) 이야기가 공공연하게 회자될 정도로 우리의 역할은 답답하고 제한적인 게 현실이다. 따라서 우리만이 실행할 수 있는 대안, 탈북민 정책을 보다 내실화할 필요가 있다.

최근 탈북 추이와 의미

북한 주민이 탈북하는 동기는 생존형과 기획형으로 대별할 수 있다. 먼저 생존형 탈북은 식량난, 처벌 숙청에 대한 두려움 등에 기인한다. 특히 김정은 체제가 출범한 이후 공개처형이 횡행하면서 간부들은 자신도 언젠가는 '고구마 연줄 캐는 듯한' 숙청 방식의 희생양이 될 수 있다는 두려움 속에서 생활하고 있다고 한다.

다음으로 기획이민형 탈북은 자유세계 동경, 자식의 미래 등을 고려하여 발생하고 있다. 북한의 국가안전보위부 등 체제보위기관은 해외체류자에 대해 "머리가 자본주의로 돌았다", "많은 돈을 가지고 있을 것이다"라는 의구심을 기본적으로 가지고 있어 파견자들 사이에는 귀국 후 '언제든지 역적으로 몰릴 수 있다'라는 공포감이 팽배해 있다고 한다.

현재 중국 등 국경지역에 체류 중인 탈북민의 정확한 규모를 파악하기는 어렵지만 최고 30만 명 정도로 추정하고 있으며, 이 가운데 국내에 입국한 사람은 31,000여 명이다. 1990년대 초에는 군인 등 특정 계층이 주류를 이루었으나 현재는 간부, 학생, 주부 등 출신이 고르게 분포되어 있다. 그리고 과거에는 식량난이 주된 이유였으나 점차 외부세계와의 정보 접촉으로 인해 더 나은 삶의 환경을 찾아 이주를 선택하는 비율이 증가하고 있다. 특히 최근 김정은이 공포통치를 강화함에 따라 당정군 핵심엘리트 계층의 탈북 행렬이 늘어나고 있다.

탈북민은 우리 사회에 기회(opportunity)이자 위기(challenge)의 요소이다. 무엇보다 북한정권하에서 출생하여 그 사회를 직접 체험한 당사자라는 점에서 그 존재 자체만으로도 통일역량이 배가된다. 그리고 통일 달성까지 각 단계별로 중요한 역할을 수행할 수 있다. 단기적으로는 북한체제의 변화를 유도하는 촉매제로서, 중장기적으로는 급변사태를 포함한 남북통합 과정에서 핵심인력으로서의 잠재적 가치가 풍부하다.

그러나, 자유민주주의 체제에 대한 올바른 인식과 한국사회 적응에 실패하는 경우 갈등요인으로 작용할 수 있다. 평생을 사회주의 체제에서 살아온 이들이 전혀 다른 환경인 자본주의 사회에 빠른 시간 내에 착근하는 것은 말처럼 쉬운 일이 아니다. 최근 일부 탈북민이 자살하고 해외 도피를 시도하는 현상은 이러한 부정적 요인이 작용한 대표적인 결과이다.

탈북민 정책 발전 방안

탈북민들은 이구동성으로 남북한 간 문화가 너무 달라 적응하기 힘들다고 말한다. 따라서 무엇보다도 주변의 따뜻한 정서적 배려가 필요하다. 그다음으로는 취업난과 같은 진입장벽을 제거해주는 노력을 병행해 나가야 한다.

이를 위해서는 먼저, 대통령이 추석·연말연시 등 계기에 탈북민을 초청 또는 방문하여 격려해주기를 건의한다. 수용시설인 '하나원' 또는 가정을 직접 방문하거나, 청와대로 청년 엘리트들을 초청하는 방법을 생각할 수 있다. 혹자는 북한을 자극할 수 있다며 반대할 수도 있다. 그렇지만 이러한 사고는 진부하고 피동적이다. 이제부터는 보다 당당해질 필요가 있다. 탈북민은 분명히 대한민국의 국민이다. 구더기 무서워 장 못 담그는 우(愚)를 범해서는 안 된다.

특히 김정은의 막가파식 북핵 질주와 미국의 강경대응 속에서 정부의 운신 폭이 사실상 없는 상황에서 우리가 북한을 변화시킬 수 있는 방법 중의 하나가 북한 내부에 '진실의 바람'을 조용하게 불어넣는 것이다. 수단은 방송, 인터넷, 영상물 투입 등 다양하다. 그렇지만 가장 영향력이 큰 것은 '탈북민이 진정으로 행복해하고', '이런 분위기가 직·간접적으로 북한 주민에게 알려지는 것'이다. 현재 탈북민의 70% 이상이 북한에 송금하며 연락을 주고받고 있다고 한다. 따라서 3만의 목소리는 수십만 가족·친지들의 '나팔'을 통해 수백만 주민들에게 전파되어 북한을 변화시켜 나가고 있다.

북핵 위기 국면에서 우리가 실제적으로 할 수 있는 남남통일, 즉 탈북민 정책을 보다 강화시켜 나갈 필요가 있다. 이를 위해서는 물적 지원 강화는 물론이고 이들의 인정감을 고양시키는 활동을 병행하여야 한다.

둘째, 탈북민에 대한 한국사회 인식과 정책을 획기적으로 바꿔 나가야 한다. 탈북민 정책의 캐치프레이즈를 '중산층 이상의 삶 보장'으로 간결화하고 민관의 협력하에 의무형-맞춤형 정책을 실시해야 한다. 탈북민이 행복해야 대한민국이 건강하다.

그렇지만 탈북민은 기본적으로 약자(弱者)일 수밖에 없다. 건전 시민·단체와의 자매결연 사업 등 탈북민을 위한 사회적 프로그램을 많이 개발해 이들이 우리 사회에 빠르게 적응, 경쟁할 수 있도록 지원해주어야 한다. 신문, 방송은 흥미 위주로 탈북민을 활용하거나 보도하지 말아야 한다. 사선을 넘어온 이들을 두 번 울려서는 안 된다. 과감한 인식의 전환과 실천이 필요하다. 일단 우리 사회로 오면 '행복이 시작되고', 노력하면 중산층 이상의 생활을 영위할 수 있다는 '희망 스토리', '성공 신화'를 확산시켜 나가야 한다.

셋째, 탈북민이 우리 사회의 주요 포스트에서 당당하게 활동할 수 있는 제도적 장치를 보완해 나가야 한다. 이북5도청, 민주평통 등 북한 관련 국가조직은 이들에게 통일운동의 장(場)을 보다 적극적으로 제공해야 한다. 관련 기관들이 3만 탈북민 각각에게 합당한 직위를 부여하고 함께 활동해 나간다면 이들의 인정감은 몰라보게 고양될 것이다.

그리고 수시교육을 통해 북한 급변사태 시 지역관리 요원으로 육성한다면 이들의 사기는 하늘을 찌를 것이다. 이런 측면에서 이북5도청을 현재 북한의 행정구역에 걸맞게 이북12도청으로 재편하는 것도 고려해봄 직하다. 혹시 개인이나 조직이 기득권 지키기 또는 차별화에 집착한다면 남북통일은 요원한 일이 될 것이다.

넷째, 엘리트 탈북민 수는 엄청나게 늘고 있는데 비해, 활용도는 미미하므로 종합적 관리 및 활용 대책이 필요하다. 고위층 탈북민은 학위취득 등 재교육을 통해 인적 활용가치를 지속적으로 제고해 나갈 필요가 있다. 또한 탈북민 정착지침에 기계적으로 매여 이들을 예우하는 데 소홀히 해서는 안 된다. 필요시에는 파격적인 대우를 해줄 필요가 있다. 탈북한 엘리트들의 근황은 어떤 경로를 통해서든 북한과 해외에 있는 간부들한테 역류된다. 최소한 동료 탈북민들이 북한에서와 같은 정도의 삶을 보장받으며 행복한 생활을 영위하고 있다는 소식이 북한과 해외에 근무하는 인사들에게 흘러들어가면 그들의 심리는 크게 동요할 것이다.

다섯째, 국정원, 군, 경찰 등은 북한이 대남 고첩망 구축을 위해 파견할 수 있는 위장 탈북자를 색출하는 데 한 치의 빈틈이 있어서도 안 된다. 그리고 탈북민의 일탈행위를 예방하기 위한 대책을 철저히 수립, 시행해야 한다.

맺음말

김정은과 트럼프 간 막말 전쟁이 도(度)를 지나치고 있다. 그렇지만 너무 두려워할 필요는 없다. 국론통합과 국제사회와의 철저한 공조만 있으면 대처가 가능하다. 이를 위해서는 작지만 강한 실천, 즉 '먼저 온 통일'에 대한 보다 전향적인 관심과 배려가 필요하다.

지금은 탈북민 3만 명 시대이다. 그렇지만 북한정세가 악화될 경우, 상상을 초월하는 규모로 확대될 수도 있다. 청와대·통일부를 비롯한 정부부처는 탈북민의 자긍심을 고양하고 핵심 통일 준비 역량으로 육성해 나가는 데 모든 힘을 경주해야 한다.

- 2017. 10. 12. 원코리아센터 곽길섭 정론

※ 2017년 9월 28일자 중앙일보 시론
'가슴으로 탈북민 안아주는 대통령 보고 싶다'를 기초로 작성

통일은 목적이 아니라 과정이다

교육부와 통일부는 지난 11일 '2019년 학교 통일교육 실태조사' 결과를 발표하였다. 초·중·고등학교 598개교 6만 9,859명을 대상으로 2014년부터 이어지고 있는 법정조사이므로 신뢰도가 매우 높은 조사라고 할 수 있다.

결과 중 주목되는 것은 먼저, '통일의 필요성과 시점'에 대한 비관론이 증가했다는 것이다. 통일이 필요하다는 응답은 절반 정도인 55.5%에 불과했다. 10년 내에 통일이 가능하다는 응답은 47.7%에서 30.8%로 17%나 감소했다. 아예 불가능하다는 응답도 18.1%로 두 배가량 증가했다.

다음으로, '북한은 우리에게 어떤 대상인가에 대해서는 경계해야 할 대상이라는 응답이 35.8%, 적이라는 응답이 8.1%로 각각 상승하였다. '북한 하면 떠오르는 이미지'도 전쟁 31.8%, 독재 27.0%, 한민족 21.8%, 가난 8.0% 순(順)이었다. 2018년 조사 때와 비교해 부정적 이미지 비율이 상승했고, 한민족 또는 통일 이미지는 하락했다.

이와 관련 교육부는 "접경지와 비무장지대 등 현장 체험교육과 통일 수업 활성화를 통해 평화와 통일에 대한 학생들의 공감대를 확산해 나갈 계획"이라고 밝혔다. 물론 이런 조치는 당연히 취해야 한다. 그러나, 보다 근본적인 질문과 조치가 필요하다. 정부가 통일 교육을 해 오고 있는 게 어제오늘의 일이 아닌데 이런 조사결과가 나오는 이유는 무엇일까에 대해 곰곰이 생각해보아야 한다.

필자는 민족 정체성보다는 글로벌 디지털인, 이념·명분보다 실용·실익을 더 소중히 생각하는 이른바 Z세대의 가치관에 그 원인을 둔다. 교육을 통해 기성세대의 관점을 주입하는 방법으로는 한계가 분명히 있다. 차라리 이제는 기성세대가 변화한 환경에 맞춰 기존의 관점을 바꿔야 할 때가 아닐까?

평창동계올림픽 아이스하키 단일팀 구성 시 불공정 문제를 거리낌 없이 제기하고, 한류 열풍을 전 세계로 확산시키고 있는 글로벌 세대들을 구세대의 시각으로 재단해서는 안 될 것이다. 이보다는, 분단과 전쟁의 아픔을 직접 겪거나 아픔을 공유해 온 기성세대들의 통일에 대한 관점이 지금 이 시점에도 과연 맞는지, 특히 온·오프라인을 통해 전 세계인들과 실시간으로 호흡을 같이하며 살고 있는 새로운 세대, X, Y, Z세대들에게 어필할 수 있는지에 대해 제로베이스에서 진지하게 고민해봐야 할 것이다.

통일은 목적이나 이벤트가 되어서는 안 된다. 과정이 중요하다. 그 과정에는 남북 간 교류협력은 물론, 대한민국 국력의 신장, 북한 비핵화를 위한 전략전술적인 대결 등 모든 것이 망라되어 있다. 그런데 우리 사회에서는 이런 이야기를 하면 반통일주의자로 낙인찍는 풍토가 지배해 왔다. 해방 이후 분단-동족상잔-대립의 70여년 역사에서 보수-진보 정부를 불문하고 통일지상주의를 국민들에게 주입시키며 정권 기반 강화에 활용해 왔다.

이제는, 국민 모두가 젊은 세대들처럼 보다 솔직해지고, 실용적으로 생각해야 하지 않을까? 평화와 통일, 말처럼 쉬운 일이 아니다. 셋 이상만 모여도 불협화음이 있는 게 세상 이치다. 작은 단체나 정당의 통합도 쉽지 않다는 걸 요즘 잘 보고 있지 않은가? 하물며, 동족상잔의 6·25 전쟁을 치르고 핵·미사일로 무장한 3대 세습 독재국가와 평화체제를 구축하고, 나아가 통일의 길로 나가는 것은 정말로 지난한 과정이 될 것이다.

무리할 일이 전혀 아니다. 설문조사에 응한 학생들을 걱정의 눈초리로 볼 것이 아니라, 현명하다고 생각할 수 있어야 한다. 역사적으로 통일은 전쟁이나 자체 붕괴에 의한 흡수통일이 대부분이었다. 더구나, 우리는 헌법에 평화통일을 규정하고 있다. 그래서 목적이 아니라 과정이 중요한 것이다. 서독처럼 통일을 목표로 내세우지 말고 경제발전, 내부통합, 방송 상호개방을 비롯한 실질적인 교류협력,

북한 비핵화, 자유시장경제 가치 전파 등에 집중해야 한다.

이와 같은 통일의 초석을 하나하나 놓는 과정은 김정은의 적화통일 대전략, 주변국의 한반도 현상유지 선호라는 어마어마한 장애물을 넘고 또 넘어야 한다. 정말 쉽지 않은 노정이다. 따라서 우리는 품격 있는 자유 대한민국 건설에 주력하면서, 북한과의 합리적 교류협력을 통해 북한을 글로벌 스탠다드(global standard)에 맞는 국가로 점차 정상화시켜 나가는 게 통일로 향하는 실천적이고 실용적인 길이라는 점을 유념해야 한다.

통일은 목적이 아니라, 비전이며 과정이다!

- 2020. 2. 19. 원코리아센터 곽길섭 정론

※ 2021년 7월 출간한 『김정은과 바이든의 핵시계』에도 인용·게재.
한편 2022년 2월 18일 공개된 정부의 '2021년 학교 통일교육 실태조사' 결과
에서는 청소년층의 통일에 대한 비관론이 좀 더 증가

북핵과 분단을 넘어 세계로, 미래로, 하나로!

이 책에 이어 좀 더 세부적인 내용은 저자가 최근 저술한 『김정은 대해부』,
『김정은과 바이든의 핵시계』와 '원코리아센터' 홈페이지 자료를 참조하기 바랍니다.